KB210243

니체는 이렇게 말했다

니체는 이렇게 말했다

초판 1쇄 발행   2018년 5월 20일

원제	What Nietzche Taught
지은이	윌러드 헌팅턴 라이트
옮긴이	정명진
펴낸이	정명진
디자인	정다희
펴낸곳	도서출판 부글북스
등록번호	제300-2005-150호
등록일자	2005년 9월 2일

주소	서울시 노원구 공릉로63길 14, 101동 203호(하계동, 청구빌라)
	(139-872)
전화	02-948-7289
전자우편	00123korea@hanmail.net
ISBN	978-11-5920-085-4 03160

What Nietzsche Taught

니체는 이렇게 말했다

윌러드 헌팅턴 라이트 지음 정명진 옮김

옮긴이의 글

위험하게, 치열하게 살아라.
삶은 그런 것이다

프리드리히 니체의 책을 한두 권 읽었는데도 그의 철학이 구체적으로 그려지지 않는다면, 이 책이 그 궁금증을 확 풀어줄 뿐만 아니라 그의 철학의 핵심까지 확실히 안내할 것이다. 옮긴이 역시 니체를 읽었지만, 최근에 가족으로부터 "『차라투스트라는 이렇게 말했다』를 읽었는데 도무지 무슨 내용인지 이해가 안 돼요."라는 소리를 듣고도 대답을 시원하게 해 주지 못했다. 그것이 이 책을 번역하는 계기가 되었으며, 결과물에 만족한다.

이 책은 니체의 책 모두를 연대순으로 설명하면서 니체의 사상이 발달해가는 과정을 니체 본인의 말을 통해 상세하게 보여준다.

많은 독자들이 니체의 여러 책들 중에서 다소 화려한 문체 때문에, 주요 저작물 중에서 네 번째로 발표된 『차라투스트라는 이렇게 말했다』를 가장 먼저 택하는데, 이 번역서의 저자(예술 평론가)는 니체의 철학 세계로 들어가는 데 필요한 준비를 갖추지 않은 상태에서 『차라투스트라는 …』를 읽을 경우에 책을 읽는 것 자체도 어려울뿐더러 니체의 철학 세계를 절대로 이해하지 못한다고 강조한다. 우선 니체가 쓰는 단어들의 개념이 우리가 익숙한 개념과 정반대인 경우가 너무 많다. 예를 들면, '도덕'이라는 단어는 일상 속에서 긍정적인 의미로 쓰이지만 니체는 도덕이 없는 세상을 꿈꾼다. 그러니 니체의 책을 읽을 때엔 신경줄을 잠시도 놓을 수 없다. 발표 당시에도 기존의 가치 기준을 뒤엎는 내용으로 혁명적이라는 평가를 들었지만, 지금 읽어도 과격하게 들리긴 마찬가지이다.

니체가 이상(理想)이나 선, 악, 진리, 미덕, 가치 등의 상대성을 강조하고 있는 것도 독자들을 헷갈리게 하는 요소이다. 일반 대중에게 미덕인 것도 탁월한 사람들에겐 악덕이 될 수 있다는 점을 뒷받침하는 글이 거듭 제시되다 보니, 개념이 다소 혼란스럽다. 이런 측면에서 본다면, 니체의 글은 대중을 위해 쓴 것이 아니라 탁월한 존재들을 위해 쓴 글이라는 점을 염두에 두면 이해가 조금 더 쉬워질 것이다. 독자 스스로 탁월한 존재라고 생각하며 읽어도 도움이 될 것 같다.

니체가 옹호하는 가치는 당시에 널리 받아들여지던 규범과 정반대였으며, 그는 이상으로 생명 자체의 충만을, 극도로 치열한 삶을, 말하자면 최고의 아름다움과 권력, 열정, 박력, 부(富)로 넘치는 삶을 내세웠다. 그의 가르침은 한마디로 힘과 용기의 강령이다. 이 강령의 최종 목표는 힘과 확신, 충만, 긍정 등 대담한 덕목을 두루 갖춘 종족을 탄생시키는 것인데, 이 종족이 바로 니체가 말하는 초인

(超人)이다.

　미래의 어느 때보다 지금 이 순간에, 내세보다 현세에, 천상보다 지상에, 영혼보다 육체에, 상상보다 현실에, 인공보다 자연에 충실하라, 평범함을 피하라, 현재 모습에 만족하지 말고 늘 위로 향하라고 니체는 외친다. 이렇게 가르치는 그의 강인한 정신은 "인간은 극복해야 할 그 무엇이다."라는 말에 잘 압축되어 있다.

　인간이 인간에 대한 확신을 더 강하게 품으면서 모든 일에 더욱 과감하게 나서도록 하는 것, 그리하여 인간이 잠재력을 완전히 발휘하도록 하는 것, 그것이 니체가 다수의 책들을 통해 간절히 추구했던 목표였다. 아마 니체가 정신적으로 무너지지 않고 당초 계획한 바를 다 성취할 수 있었더라면 틀림없이 우리는 그의 철학 세계를 조금 더 쉽게 들여다볼 수 있게 되었을 것이다.

　"한 국가에서 학식이 높은 사람들이 출중해 보이는 시기가 있다. 그때는 종종 소진의 시기이고, 일몰의 시기이고, 쇠퇴의 시기이다. 활력 넘치는 힘과 삶에 대한 자신감, 미래에 대한 확신이 더 이상 없는 그런 시기인 것이다. 관료들의 우위도 아무런 도움이 되지 않는다. 그것은 민주주의의 도래, 전쟁 대신 중재, 동정의 종교, 쇠락하는 생명의 여러 징후들이 아무런 도움을 주지 않는 것이나 마찬가지이다."

　이런 생각을 품었던 니체가 지금 우리 사회를 내려다본다면 어떤 반응을 보일지 궁금하다.

머리말

프리드리히 니체(Friedrich Nietzsche)의 가르침을 무시하거
나 현재의 지식 창고에 기여한 사상가들 목록에 이 초인(超人:
superman)의 철학자에게 높은 지위를 부여하지 않고 현대 사고의
경향을 고려하는 것은 더 이상 불가능하다. 강력하고 냉혹한 니체
의 정신은 현대의 사고에 영향력을 크게 행사했다. 칸트(Immanuel
Kant) 이후의 철학자들 중에서 현대의 사고에 니체만큼 뚜렷한 흔
적을 남긴 사람은 없다. 유럽에 큰 영향력을 행사한 쇼펜하우어
(Arthur Schopenhauer)조차도 니체만큼 광범위하게 인상을 남기
지는 못했다.

니체의 영향력이 작용하고 있는 곳은 윤리와 문학만이 아니다.
교육과 예술, 정치, 종교에서도 그의 원리들이 영향력을 발휘하고
있는 것으로 확인되고 있다. 그러나 이런 평가에도 불구하고, 니체

의 가르침과 관련해서는 아직 많은 사람들이 상당히 무지한 편이다. 니체의 글쓰기 방식 자체가 오해를 불러일으키는 경향이 있다. 학문적으로 꼼꼼히 접근하지 않고 그냥 무심코 보면, 그의 책들은 모순점을 많이 안고 있다. 언제나 간략하고 경구적인 그의 글쓰기 스타일은 인용에 아주 적절하다. 또 그의 발언에 담긴 혁명적 본질 때문에, 그의 초기 작품들에서 발췌한 내용이 잡지와 신문에 널리 실렸다. 맥락을 벗어난 이런 인용이 미숙하고 그릇된 판단을 낳는 경우가 자주 있었으며, 그 결과 그의 철학의 진정한 의미가 종종 엉뚱한 방향으로 빠지고 말았다. 그런 탓에, 세상에 널리 알려진 그의 아포리즘 중 많은 것이 초월적인 이상한 의미를 얻게 되었으며, 그의 가르침과 정반대의 의미가 널리 알려지면서 원래의 가르침으로 통하기에 이르렀다.

이 같은 오해는 대부분 피할 수 없는 것이었다. 철학자의 말까지도 자신의 목적에 맞게 바꾸며 체계화하려 드는 사람들은 니체의 글에서 의도적으로 떼어놓을 경우에 자신의 결론을 뒷받침하는 내용을 쉽게 발견할 수 있었다. 그런 한편, 기독교 도덕주의자들은 니체의 글에서 강력한 반대자를 보면서, 그가 기독교를 공격하는 내용 중에서 자신의 입장을 설명하는 긍정적인 부분은 몽땅 배제하고 공격만 부각시킴으로써 그의 윤리 체계를 부정하려 들었다. 그러나 니체의 원리들을 그의 전체 가르침과의 관계 속에서 고려하지 않으면, 니체의 원리를 정확히 이해하는 것은 불가능하다.

일반적인 믿음과 정반대로, 니체는 단순히 파괴적인 비판가도 아니었으며 실행 불가능하고 낭만적인 개념들을 고안해 낸 사람도 아니었다. 그의 초인 원리는 그의 철학을 합리적으로 해석하는 길에 커다란 걸림돌처럼 보이지만 엄격히 파고들면 현재의 인간과 관계없는 막연한 공상이 절대로 아니다. 그의 주된 관심이 미래 세대에 있었던 것도 아니다. 니체는 현재의 조건과 그런 조건의 기원을 연구하는 데 헌신했다.

이보다 더 중요한 것은 그가 매우 긍정적이고 일관성 있는 윤리 체계를 남겼다는 점이다. 오늘날의 필요를 충족시킬 수 있고 또 이해도 쉽게 되는 그런 행동 강령이다. 이 체계는 정확하게 다듬어지지 못했다. 아마 니체가 애초에 생각했던 계획을 최종적으로 마무리할 수 있었더라면 틀림없이 그 정확성을 확보할 수 있었을 것이다. 그럼에도 그의 행동 강령 중에 그의 작품 전체에서 발견되지 않거나 명확히 설명되지 않는 요소는 거의 없다. 이 행동 강령은 모든 단계의 사회를 두루 아우르고 있다.

니체는 자신의 가르침을 직접적으로 전하려 한 대상인 오늘날의 지도자들을 위해서 외적인 행동 방식과 내적 이상(理想)에 대해 설명하고 있는데, 이 행동 방식과 이상은 현재의 모든 조건과 맞아떨어진다. 그가 제안한 도덕적 일상은 추상적인 추론이나 사변적인 결론에 근거한 것이 아니라, 유기계와 무기계의 지배적인 본능에 바탕을 두고 있는 실용적인 강령이다. 그가 제시하는 도덕적 일상은 당시에 널리 받아들여지던 규범과 정반대이며, 그 이상(理想)으로 생명 자체의 충만을, 극도로 치열한 삶을, 말하자면 최고의 아름다움과 권력, 열정, 박력, 부(富)와 도취로 충만한 삶을 내세웠다. 그것은 힘과 용기의 강령이다. 그가 제시하는 행동 강령의 목표는 힘과 확신, 충만, 긍정 등 대담한 덕목을 두루 갖춘 어떤 종족이다.

이 이상이 무수한 오해를 낳은 원인이 되었다. 내가 이 책에서 바로잡으려 하는 것은 바로 타인들이 그의 가르침을 악의적으로, 또 부적절하게 전파한 데서 비롯된 잘못들이다. 나는 니체의 말을 최대한 그대로 살리며 그의 철학의 전모를 드러내 보이는 방법으로 그 목표를 성취하려 한다. 이것은 그다지 어려운 과제가 아니다. 그의 글은 현대의 다른 철학자들의 글에 비해 그런 식으로 접근하기 편하게 쓰였다. 그의 작품에는 간략하고 명쾌한 인용을 끌어낼 곳이 아주 많다. 더욱이, 그의 사상은 연대순으로 일관되게 논리적으로 발달해 왔다. 그렇기 때문에 각 책의 결론 부분에서 독자는 그의 사고의 길을 따라 그 만큼 더 앞으로 나아간 것을 확인하게 될 것이다.

니체의 첫 번째 파괴적인 책인 『인간적인, 너무나 인간적인』(Human, All-Too-Human)을 시작으로, 그의 가르침을 따라 피라미드를 오르듯 점진적으로 올라가면서, 『권력 의지』(The Will to Power) 2권에서 의지의 원리를 전하는 마지막 문장까지 두루 섭렵할 것이다. 이 책들 사이의 작품들은 모두 새로운 주제를 다루고 있으며, 각 작품은 그의 필생의 작업이 될 거대한 구조 안에서 하나의 명확한 구분을 이루고 있다. 이 책들은 많은 부분에서 서로 중첩되며, 앞의 책들에서 사변적으로 제기된 사항들을 더욱 깊이 있게 발전시킨다. 그런 가운데서도 니체의 작품들은 서로를 조직하고 있으며, 간혹 에두르긴 하지만 확실히 그의 사상의 주요한 원리들로 향하고 있다.

대부분의 비평가는 니체의 다양한 책에 담긴 사상들을 분리시키고 구체적인 항목("종교" "국가" "교육" 등)으로 분류함으로써 그의 가르침을 체계화하는 쪽을 택했다. 이런 식으로 그의 사상을 매우 일관되게 요약하는 데 성공한 예도 많다.

그러나 니체의 원리들은 그런 식의 자의적인 구분과 배치에 본질적으로 맞선다. 왜냐하면 그가 고려하고 있는 다양한 사회학적 사항들 그 아래에서 그의 사고 전체를 통합시키는 일반적인 원리들이 두세 개씩 작용하고 있기 때문이다. 니체는 현대의 제도에서 시작해 원리 쪽으로 거꾸로 거슬러 올라가지 않는다. 그보다는 제도를 낳은 조건들을 분석함으로써 결론에 도달했으며, 그는 뒷날 새로운 행동 방식을 다듬는 데 이 결론을 이용했다.

그가 고대 제도와 현대 제도 사이에 변화가 있어야 한다고 목소리를 높이도록 한 것은 고대와 현대의 조건과 필요에 나타난 변화였다. 바꿔 말하면, 그가 현대의 일을 처리하는 데 새로운 방식을 옹호하고 나선 것은 현대적 방법의 기원과 역사에 대한 연구에서 비롯되었다는 뜻이다. 예를 들면, 종교와 사회, 국가, 개인 등에 관한 그의 발언은 그가 인간의 제도라는 측면에서 설명한 기본 원리에서 나온 것이었다. 그러므로 '응용한' 그의 가르침을 통해서 그의 철학의 기본 원리들을 설명하려는 시도는 진지한 비평가들이 극복하려고 노력하는 바로 그 실수를 저지르게 되어 있다. 이 방법을 택할 경우에 원리 자체에 관심을 주지 않고 그의 원리를 적용하는 문제에 관심을 쏟게 되는 것이다.

그래서 나는 그의 글을 연대순으로 살폈다. 순수하게 철학적인 작품으로 첫 번째로 꼽히는 『인간적인, 너무나 인간적인』에서 시작해서 그의 작품 모두를 살피면서 그 자신의 말로 중요한 모든 결론을 제시했다. 이런 식으로 하면, 니체의 가르침이 발달해 가는 과정을 전부 살필 수 있다. 추상적인 이론만 아니라 이론을 적용하는 과정까지 한눈에 들어온다. 니체의 사상 중 중요한 것은 이 책 안에 다 담겨 있다.

학생들의 공부를 용이하게 하기 위해, 각 장마다 그 책과 책의 내용에 대해 간략하게 소개했다. 짤막한 에세이를 통해서, 나는 각 책의 내용을 전부 검토하고, 그 책이 쓰인 상황에 대해 설명하고, 각 책이 다른 책과의 연결 속에서 차지하는 비중을 파악하려고 노력했다. 니체가 어떤 동기의 기원을 더듬거나 어떤 원리가 세상에 받아들여지기까지의 과정을 설명하는 등 연구에 몰입하는 모습을 보이는 대목에서, 나는 그의 이론을 압축해 소개했다. 요약하면, 독자가 각 작품의 내용과 상대적 의미를 명쾌하게 이해하는 데 결정적인 도움을 줄 자료들을 각 장마다 담았다는 뜻이다.

이 책은 솔직히 초심자를 위한 것이다. 니체의 철학을 본격적으로 파고들기 전에 대략적으로 살펴보기를 원하는 학생들을 위한 책이다. 이런 측면에서 본다면, 이 책은 가이드의 역할을 훌륭하게 해낼 것이다.

〈머리말〉에 이어 나올, 니체의 생애에 관한 스케치는 처음부터 끝까지 니체의 삶의 외적 사실들에 충실하면서 그의 인격과 성격을 파고드는 일은 삼갔다. 그의 인격은 내가 인용을 위해 선택한, 활발하고 왕성하고 자극적인 발언에서 확인될 것이며, 나의 논평은 그런 발언이 풍기는 인상에 색깔을 추가로 더 입히지 못할 것이다. 니체와 그의 작품을 따로 떼어놓고 보기는 어렵다. 사람과 그 사람의 가르침은 분리 불가능하다. 니체의 철학뿐만 아니라 그의 글쓰기 스타일도 그의 인격의 직접적인 산물이다. 이것이 니체의 가르침이 그렇게 개인적이고, 친밀하고, 인간의 본능과 그처럼 밀접하게 연결되어 있는 이유이다.

이 책에는 니체의『이 사람을 보라』(Ecce Homo)나 바그너 (Wilhelm Richard Wagner)를 다룬 소책자들의 내용은 들어 있지 않다.『이 사람을 보라』는 자전적인 글이며, 그래서 니체의 성격과 작품에 대해서는 어느 정도 밝혀줌에도 불구하고 철학적인 글과는 다소 거리가 있다. 그리고 바그너 관련 글들은 흥미롭긴 하지만 니체의 사상과는 별로 관계가 없다. 그래서 나는 니체의 성격을 나보다 더 깊이 파고들기를 원하는 학생들을 위해서 그 작품들을 가만 놓아두고자 한다.

W. H. W.

프리드리히 니체의 일생

니체는 자신이 폴란드인의 후예라고 믿었다. 니체는 독일인보다 폴란드인들을 더 좋아했다. 그래서 자신이 그냥 폴란드인의 후손이 아니라 폴란드 귀족의 후손이라는 점을 증명하기 위해 조사 작업을 벌이기도 했다. 니체의 여동생에 따르면, 이 이론을 뒷받침할 만한 증거가 일부 나오긴 했지만, 그의 노력은 그다지 성공을 거두지 못했다. 그러나 그 보고서의 날짜 몇 개는 정확하지 않았다. 족보를 연구한 결과를 담은 그의 논문들 중 많은 것이 그가 정신병을 일으킨 뒤 토리노에서 분실되었기 때문에, 그가 폴란드인 후예라는 가설은 다소 신화로 남게 되었다.

니체의 주장은 이렇다. 그의 고조할아버지는 종교전쟁 동안에 사형 선고를 받고 폴란드를 빠져 도망 나온 니키(Nicki)라는 이름의 귀족이었다. 이 고조할아버지가 어린 아들을 하나 데리고 나왔는

데, 이 아들이 훗날 이름을 니체로 바꿨다는 것이다. 이 철학자에게 호소력을 강하게 발휘한 이 믿음에는 지어낸 구석이 있다. 니체는 자신의 조상이 종교적 및 정치적 견해 때문에 도망자가 되었다는 사실에서 순수한 위엄 같은 것을 보았다. 이 믿음은 시간이 지니면서 확신으로 자리 잡았다. 그래서 니체는 만년에 이르러 이 전설을 강하게 믿는 모습을 보였다.

그러나 이 문제는 어느 쪽이든 별로 중요하지 않다. 니체의 정신이 보편적인 특성들을 구현했기 때문이다. 니체의 정신은 드물게 민족적 특성으로부터 자유롭다. 그의 삶과 그의 가까운 조상에 관한 중요한 사실들은 모두 잘 알려져 있다. 니체는 1844년 10월 15일 프로이센의 작센 주에 위치한 작은 마을 뢰켄에서 태어났다. 그날은 프로이센 왕인 프리드리히 빌헬름(Friedrich Wilhelm) 4세의 생일이었으며, 니체는 이 일을 기념하여 빌헬름 프리드리히라는 세례명을 받게 되었다.

이 우연은 니체의 아버지가 3년 전에 알텐부르크(Altenburg) 공주들의 가정교사를 했다는 사실 때문에 더욱 두드러져 보였다. 니체의 아버지는 공주들의 가정교사로서 통치자를 만나 아주 좋은 인상을 남겼으며, 그가 뢰켄에 거주했던 것도 왕실의 호의 덕분이었다. 니체의 가족에는 아이가 둘 더 있었다. 1846년에 태어난 딸과 1850년에 태어난 아들이 있었다. 소녀의 이름은 그녀의 아버지로부터 공부를 배운 알텐부르크 공작의 세 딸의 이름을 따서 테레세 엘리자베트 알렉산드라(Therese Elizabeth Alexandra)로 지어졌다. 훗날 그녀는 니체의 가장 가까운 동료이자 보호자, 그의 전기 작가가 되었다. 알텐부르크 공작 본인의 이름을 따서 지은 아들 요제프(Joseph)는 첫 해를 넘기지 못하고 죽고 말았다.

니체의 조상들의 특징으로 꼽히는 장수와 인내력은 니체의 병과 신경쇠약이 유전적 결과라는 이론이 엉터리라는 점을 보여주고 있다. 니체의 증조할아버지 8명 중에서 75세까지 살지 못한 사람은 2명에 지나지 않는다. 한 사람은 86세까지 살았고, 다른 한 사람은 90세에도 생존해 있었다. 할아버지 2명은 모두 70세까지 살았으며, 외할머니는 82세에도 살아 있었다. 게다가, 니체의 가족 규모는 3대에 걸쳐 아주 컸으며 어느 모로 보나 건강하고 튼튼했다. 니체의 친할머니는 아이를 12명이나 두었고, 외할머니도 아이를 11명 낳았다. 두 가족 모두 강하고 병이 없었다. 니체의 여동생이 전기에서 밝히듯이, 니체 본인도 어린 시절부터 성숙할 때까지 강하고 건강했다. 니체는 수영과 스케이트, 구기 운동 같은 스포츠를 즐겼으며, 불그레한 얼굴색이 특징이었다. 이 같은 용모 때문에 학창 시절에 건강하다는 소리를 자주 들었다. 한 가지 육체적 결함이 그의 청춘 시절 내내 뚜렷한 영향을 끼친 것 같다. 아버지로부터 물려받은 근시였다. 이 장애는 처음에는 가벼웠으나 공부하느라 눈을 끊임없이 혹사함에 따라 갈수록 악화되었다.

기독교와 그 이상을 맹렬히 비판한 니체는 알고 보면 신학자 두 사람의 노선이 결합된 정점인 셈이었다. 그의 할아버지 니체는 기독교에 관한 논문으로 신학 박사 학위를 받은, 학식이 아주 높은 사람이었다. 이 할아버지의 두 번째 아내, 그러니까 니체의 아버지의 어머니는 가족 모두가 목사인 크라우제(Krause) 가문 출신이었다.

니체의 어머니가 가장 좋아하던 남자 형제는 뉘른베르크 성당의 설교자였으며, 다른 두 남자 형제도 하나는 신학 박사였고 하나는 시골 목사였다. 니체의 어머니의 아버지도 욀러(Oehler)라는 이름의 교구 목사였으며, 포블레스에 교구목사관을 두고 있었다. 마찬가지로, 니체의 아버지 칼 루드비히 니체(Karl-Ludwig Nietzsche)도 루터 교회의 목사였으나 흔히 시골 목사라고 하면 떠오르는 수준 그 이상의 문화적 소양을 갖추고 있었으며, 알고 지내던 모든 사람들로부터 존경을 받던 인물이었다. 사실 그가 뢰켄에서 그 자리에 임명된 것도 프로이센 국왕이 그의 재능을 높이 평가했다는 사실을 뒷받침하는 것이다. 니체가 태어났을 때, 니체의 아버지는 서른한 살로 결혼 생활을 겨우 1년 한 터였다. 니체의 아버지는 건강이 완벽했음에도 니체가 태어나고 나서 5년도 더 살지 못했다. 1848년에 돌계단에서 넘어져 뇌진탕을 일으킨 뒤 1년 동안 힘들어하다가 세상을 떠난 것이다.

아버지의 죽음은 니체의 가족에게 결정적인 영향을 미치면서 가족의 계획을 완전히 바꿔놓았다. 니체의 가족은 교구목사 관사에서 8개월 더 살다가 뢰켄을 떠나 잘레 강을 끼고 있는 나움부르크로 이사했으며, 거기서 니체의 할머니 집에 새로운 보금자리를 잡았다. 가족은 두 아이, 즉 프리드리히와 엘리자베트, 당시 겨우 스물네 살이던 아이들의 어머니, 아이들의 할머니, 죽은 아버지의 미혼 여형제 둘로 이뤄져 있었다. 이 가족은 엄격하고 청교도적인 원칙을 지키고 있었다. 여자들 모두는 신학적 성향이 강했다. 미혼 숙모 중 하나인 로잘리에(Rosalie)는 기독교 자선 기관에 헌신했다.

또 다른 숙모인 아우구스타(Augusta)는 니체의 친할머니를 많이 닮아 경건하고, 신을 두려워하며, 이타적인 활동으로 바빴다. 과부가 된 니체의 어머니도 가족의 기독교 전통을 계속 지켰으며, 자신이 루터교 목사의 아내였다는 사실을 결코 잊지 않았다. 기도를 올리고 성경을 읽는 것이 고정적인 일과였다.

어린 프리드리히는 가족의 총애를 한몸에 받았으며, 가족들 사이엔 그가 아버지의 뒤를 따라 교회에서 존경 받는 인물로 성장했으면 좋겠다는 은밀한 희망이 있었다. 네 여자들의 노력과 영향은 이 희망을 실현시키는 쪽으로 모아지고 있었다.『적(敵)그리스도』 (The Antichrist)를 쓴 저자는 어린 시절을 이런 환경에서 보냈다.

가족이 나움부르크로 이사한 직후, 당시 겨우 6세이던 프리드리히 니체는 어린아이에겐 집단 교육이 유익하다고 믿은 할머니의 교육관에 따라 그곳 시립 남자학교로 보내졌다. 그러나 니체의 할머니는 손자의 독특한 성격을 고려하지 않았으며, 그 결과 손자를 시립 교육 기관에서 교육시키려던 시도는 실패로 끝나고 말았다. 가족이 그를 양육한 방식이 그를 다소 건방지고 과민하게 행동하도록 만들었다. 그는 다른 소년들 사이에 "꼬마 목사"라는 별명으로 불리며 놀림을 당했다. 그는 대다수를 이루던 하찮은 소년들과 섞이기를 거부하면서 스스로 외톨이로 지냈다. 따라서 그 해가 끝나기 전에, 그는 시립 학교를 그만두고 가톨릭 문법학교에 들어가려는 아이들을 가르치는 사설 교육 기관에 입학했다. 여기서 그는 보다 편안한 환경을 누릴 수 있었다. 급우 중에 니체의 가족과 친구 사이로 지내던 가족의 아이가 둘 있었다. 훗날 니체의 젊은 시절에 영향을 미치게 되는 빌헬름 핀더(Wilhelm Pinder)와 구스타프 크루그(Gustav Krug)가 그들이다.

소년으로서 니체는 언제나 생각이 깊고 학구적이었다. 그는 말이 없는 아이였으며, 혼자 시골길을 오랫동안 산책하곤 했다. 말하자면 남들과 동행하는 것보다 고독을 더 좋아했다. 그는 대단히 민감하고, 예의 바르고, 자신에 관한 모든 것을 걱정하고, 우울한 경향이 있었다. 글을 배우자마자 일기를 쓰기 시작했는데, 거기에 그의 삶에 일어난 외적 사건뿐만 아니라 그의 생각과 아이디어, 의견까지 담았다. 부분적으로 전해오는 이 일기를 읽는 것은 특별히 재미있는 경험이다. 그는 아주 어릴 때부터 시를 쓰기 시작했다. 그의 시는 주제나 운율에서 진부한 형식을 보임에도 불구하고 그가 그 나이의 소년에게 기대하기 어려운 작시법 지식을 갖추고 있었음을 보여준다. 그는 집에서 좋은 음악을 자주 들었으며, 아주 일찍부터 음악에 대한 사랑을 드러냈다. 그는 피아노를 배우는 데 많은 시간을 들였으며 간혹 작곡도 시도했다. 훗날에도 그는 여전히 음악을 작곡하고 발표까지 했다. 품행 면에서, 니체는 모범이 되는 아이였다. 그는 주변의 종교적 분위기에 흠뻑 젖었으며, 또래의 평균적인 청년보다 훨씬 더 경건했다. 그의 태도는 가족이 그에게 걸고 있던 목사의 꿈을 이뤄줄 것이라는 점을 오랫동안 암시했다. 따라서 그의 보호자들도 그가 본성의 경건함을 처음으로 드러낼 문학적 노력을 열심히 펴도록 격려를 아끼지 않았다.

니체는 나움부르크의 학교에서 모범 학생으로서 다른 학생들보다 두드러지는 모습을 보였으며, 학교를 찾은 감독관들이 던진 질문에 척척 대답함으로써 그들에게 강한 인상을 남기기도 했다. 이 학교에서 몇 년 공부한 뒤, 그는 유명한 포르타 란데스 슐레에 입학 시험을 쳤다. 이 학교는 과학적 연구를 촉진하는 것으로 유명한 곳이었다. 어린 니체의 지적 재능에 대한 소문을 들은 교장이 학교의 빈자리를 니체의 어머니에게 제시했다. 니체는 시험을 무난히 통과했으며, 1858년 10월에 눈물을 흘리며 가족과 작별한 뒤 이 학교에 들어갔다. 당시에 포르타 란데스 슐레는 영국의 이튼과 다르지 않은 전통을 가진 탁월한 교육 기관이었다. 그곳은 학구적인 문화의 온상이었으며, 교수들도 학식이 가장 높은 사람들로 구성되어 있었다. 이 학교는 12세기에 시토 수도회 수사들에 의해 수도원으로 설립된 곳이었다. 16세기에 이 수도원은 작센의 모리츠 공작(Duke Moritz)의 지배를 받게 되었는데, 모리츠 공작이 이곳을 세속적인 교육 기관으로 바꿈으로써 보다 새로운 이상이 펼쳐질 길을 열어주었다.

니체의 시대에 포르타의 생활은 엄격했으며, 어린 철학자는 대단히 깐깐한 규율 아래에서 다소 괴로워한 것으로 확인된다. 그러나 시간이 지나자 그도 규율에 익숙해졌으며, 곧 학교생활에 흥미를 갖고 능동적으로 참여하기 시작했다. 그러나 새로운 사상들이 그의 내면에서 움트고 있었다. 그는 외적으로 일상에 순응하는 한편 내적으로는 반란 상태에 있었다. 그는 이미 독창적인 사고에 몰입하기 시작했으며, 그러는 가운데 자신의 생각을 다른 사람들과 소통하는 자유를 제대로 누리지 못하고 있다는 느낌을 받았다. 이 기간에 그가 유일하게 속내를 털어놓을 수 있었던 사람은 바로 여동생이었으며, 그는 휴일을 맞거나 잠시 휴가를 얻을 때면 어김없이 그녀를 만났다. 그의 여가 시간은 학교 교과과정에 포함되지 않은 음악과 문학에 바쳐졌다. 그는 주어진 시간에 주어진 주제에 대해 생각해야 한다는 사실에 강한 불만을 품었으며, 이 같은 태도는 틀림없이 그의 훌륭한 선생인 부덴지그(Robert Buddensieg) 교수를 꽤 불편하게 만들었을 것이다. 니체의 일기를 근거로 판단하면, 니체가 강압적인 교과 과정에 대한 불만을 속으로만 다스리고 있지 않았기 때문이다.

이 같은 불만이 틀림없이 '게르마니아 클럽'(Germania Club)이라 불린 클럽을 조직하게 했을 것이다. 니체가 나움부르크에서 다니던 학교의 친구였던 빌헬름 핀더와 구스타프 크루그도 이 클럽의 조직에 참여했다. 잘레 계곡이 내려다보이는 망루의 꼭대기에서, 이들은 포도주 한 병을 옆에 놓고 클럽의 목표에 대해 논하고 클럽의 시작을 경건하게 축하했다. 이 클럽은 단순히 젊은 열정의 특징을 보였음에도 니체의 삶에 중요한 전환점이 되었다. 그것은 심리학적으로 중요한 시점에 이단적인 사상과 영감을 밖으로 표출할 수 있는 안전판의 역할을 해주었다. 그때까지 니체는 오직 여동생과 일기에만 자신의 속을 털어놓을 수 있었을 뿐이었다.

이 클럽의 목표에 대해 니체는 이렇게 말하고 있다. "우리는 우리 외에 다른 몇몇 친구들과 함께 일종의 작은 클럽을 조직하기로 결심했다. 이 클럽의 목적은 예술과 문학에 대한 창조적인 관심을 불러일으키도록 유도하면서 우리 자신에게 안정적이고 강제적인 어떤 조직을 제공하는 데에 있다. 달리 말하면, 우리 각자는 클럽에 독창적인 작품을, 시나 논문, 설계, 작곡 등을 매달 한 편씩 의무적으로 제시해야 할 것이다. 그러면 이 작품을 놓고 우리 모두가 호의적인 정신에서 자유롭게 무제한적으로 비판할 것이다. 이런 상호 교정을 통해서 우리는 각자의 창조적 충동을 더욱 자극함과 동시에 정제하는 효과를 누릴 것이다." 니체가 기독교에 대한 자신의 진정한 견해를 처음 밝힌 것은 이 젊은 개인주의자들 집단 앞에서 한 강연을 통해서였다. 독실했던 그의 가족이 엿들었더라면 경건한 가슴에 큰 슬픔을 느꼈을 법한 견해였다. 니체가 이 클럽 활동에 따라 내놓은 작품은 작곡과 시, 정치 연설, 문학 등에 걸쳐 총 34건이었다.

니체는 1864년까지 포르타 란데스 슐레에 남았다. 앞서 니체는 1861년 부활절에 견진성사를 받았으며, 외적인 표현에도 불구하고 자신의 종교적 원리를 그대로 지키고 있었다. 그의 마지막 성적표에는 "기독교 교리에 능동적으로 관심을 보였다."라고 적혀 있다. 종교에서 그는 "우수" 등급을 받았다. 포르타에서 지내던 마지막 몇 년 동안에, 그는 에머슨(Ralph Waldo Emerson)과 셰익스피어(William Shakespeare), 그리고 특히 그리스와 라틴 저자들의 작품에 관심을 보였다. 수학에 대한 혐오감은 꾸준히 깊어갔으며, 소포클레스(Sophocles)와 아이스킬로스(Aeschylus), 플라톤(Plato)과 그리스 서정 시인들에 대한 사랑은 "급속도로 커져갔다". 졸업생으로서 의무적으로 냈던 그의 논문은 메가라의 테오그니스(Theognis of Megara)에 관한 라틴어 에세이('De Theognide Megarensi')였다. 니체와 민주주의를 경멸했던 고대의 이 귀족정치주의자 사이에 기질적으로 비슷한 점이 많이 있었으며, 학창 시절의 이 마지막 에세이는 디오니소스적인 경향이 있는 이 젊은 철학자가 훗날 자신의 귀족주의 철학을 세우는 바탕이 되었다. 9월 7일에 니체는 포르타 란데스 슐레를 떠났다.

나움부르크에서 10월 중순까지 쉰 다음에, 니체는 본 대학으로 향했다. 니체가 훗날 그에게 엄청난 영향을 미칠 리츨(Friedrich Wilhelm Ritschl) 교수의 지도를 받게 된 것은 바로 이곳이었다. 리츨은 당대의 가장 탁월한 문헌학자였을 뿐만 아니라 고전 문학과 수사학에도 매우 조예가 깊은 인물이었다. 오늘날 우리가 알고 있는 역사문헌 비평이란 분야를 창설한 사람이 바로 그였다. 그는 니체를 만나자마자 깊은 관심을 갖게 되었으며, 두 사람의 관계는 급속도로 가까워지며 우정으로 깊어갔다.

리츨에게 니체는 많은 신세를 졌다. 니체가 당대를 주도하던 지식인들을 많이 알게 된 것도 리츨의 집에서였다. 미래의 철학자가 고대 문화에 대해 관심을 지속적으로 갖게 된 배경에도 리츨이 작용했다는 점을 인정하는 것이 타당하다.

본에서 니체는 비상한 열정을 갖고 대학 생활을 시작했다. 그는 프랑켄 학생회(Franconia Student Corps)의 회원이 되어 음주 시합에도 자유롭게 나갔다. 그가 집으로 보낸 편지를 보면, 이 단체의 회원이 되면 음주 시합은 누구나 다 하게 되어 있는 의무 중 하나였다. 그러나 이 단계의 학생 생활은 그의 취향과 맞지 않았으며, "선한 동료"로서의 역할을 하면서 잠깐 그런 활동을 한 다음에 그는 콘서트나 연극을 관람하는 데서 더욱 자연스런 재미를 느꼈다. 그는 개인적으로 슈만(Robert Schumann)을 공부했으며, 1864년과 1865년은 그의 삶에 음악적 흔적을 뚜렷하게 남겼다.

니체의 종교적 관점에 결정적인 변화가 일어난 것은 니체가 본에서 지낼 때였다. 고대 문학과 문화를 비판적으로 연구한 것이 그가 가족이 보이던, 형식적이고 거의 신학적인 믿음에서 벗어나도록 만들었다. 본에서 공부하던 어느 부활절에 그의 새로운 이상과 어머니의 확고한 편견이 처음 공개적으로 마찰을 일으켰다. 그때 그는 휴일을 맞아 집에 갔으며, 거기서 착한 사람들이 성찬식에 참석하려고 준비하고 있을 때 그가 돌연 가족들에게 자기는 함께 가지 않을 것이라고 선언했다. 논쟁도 아무런 효과를 발휘하지 못했다. 격한 언쟁이 벌어졌고, 그 과정에 그는 자신의 태도를 단호하게 옹호했다. 그날 이후로, 그의 종교적 관점과 가족의 종교적 관점 사이에 화해가 이뤄지지 않았다. 학식 높은 성직자 두 명이 상담에 나섰으나 이 젊은 이단자의 불안스런 주장을 꺾지 못했다. 이 문제는 니체의 숙모 로잘리에의 중재에 따라 당장은 수면 아래로 가라앉았다. 니체의 숙모는 이런 주장을 폈다. 아주 독실한 기독교인들도 삶을 살다 보면 종종 회의에 빠지게 되는데, 그때는 문제를 회의에 빠진 사람의 양심에 맡기는 것이 최선의 방법이라는 것이었다. 그러나 니체는 그 후로 양떼 속으로 다시는 들어가지 않았다.

정말 흥미롭게도, 그가 학생생활의 무절제함에 혐오감을 품은 것은 바로 이 시기였다. 그는 자신의 도덕적 이론을 프랑켄 학생회 회원들에게 강요하려고 시도했으나, 이 같은 개혁 노력이 오히려 그의 인기를 떨어뜨리는 결과를 낳고 말았다. 본에서 다소 지나치게 강조되던 오락인 결투를 대하는 태도에서, 니체는 자신의 다른 믿음들을 굳게 지키는 모습을 보였다. 그가 학생단체의 관점에서 결투의 정신을 혐오했을지라도, 결투의 기사도적인 측면만은 그에게 호소력을 지녔다. 그러나 그는 틀에 박힌 것을 싫어하면서도 자신이 겁쟁이로 오해를 받지 않기 위해 영웅적인 방법으로 결투를 벌이는 쪽을 택했다. 그는 자신에게 어울린다고 판단되는 상대를 한 사람 선택해서 가벼운 마음으로 결투장에서 결투를 벌이자고 제안하면서 이렇게 덧붙였다. "흔히 하는 사전 준비 같은 것은 하지 말자." 상대방도 이에 동의했고, 결투가 벌어졌다. 그러나 그 일은 니체가 학생생활에 대한 혐오감을 더욱 키우게 하는 결과를 낳았다. 그의 여동생은 이렇게 말한다. "오빠의 분노를 불러일으킨 환경은 무엇보다도 그 가증스런 '맥주 유물론'(beer materialism)이었다. 오빠는 어딜 가나 이 맥주 유물론을 만났으며, 본에서 이런 경험을 일찍 한 탓에 오빠는 흡연과 음주, 그리고 소위 '맥주 파티'에 혐오감을 깊이 품었다."

니체가 본을 떠나 라이프치히 대학에 들어가기로 한 결정은 리츨에 대한 애정 때문이었다. 얀(Otto Jahn) 교수와 리츨 교수 사이에 일어난 논쟁에서, 니체는 얀 교수를 대단히 존경함에도 불구하고 리츨 교수와의 우정 때문에 리츨의 편을 들었다. 이어서 리츨이 라이프치히로 옮기기로 결정하자, 젊은 철학자도 다른 학생들 몇 명과 함께 그의 뒤를 따랐다. 이때가 1865년 가을이었다. 니체는 10월 17일 라이프치히에 도착했으며, 이튿날 대학교 위원회에서 자신을 소개했다. 그날은 괴테(Johann Wolfgang von Goethe)가 학적부에 이름을 올린 100년을 기념하는 날이었다. 대학도 그 일을 축하하고 있었다. 이 우연의 일치가 니체를 크게 들뜨게 만들었다. 그는 이 우연을 새로운 교육 기관에서 펼쳐질 자신의 미래가 밝을 것임을 예고하는 전조로 받아들였다.

니체의 미래에 깊은 영향을 미치게 될 두 가지 사건이 일어난 것은 그가 라이프치히에 거주하고 있을 때였다. 한 가지 사건은 바그너를 알게 된 것이었다. 바그너와의 관계는 몇 년 뒤에 그의 생애에서 가장 돈독한 우정으로 발전하게 된다. 또 다른 사건(이것이 앞의 사건보다 여러 모로 훨씬 더 중요하다)은 쇼펜하우어를 발견한 것이었다. 이 발견은 니체가 여동생에게 보낸 편지에 감동적으로 묘사되어 있다. "어느 날 늙은 론 씨의 골동품 가게에서 이 책을 우연히 발견했어. 책을 아주 조심스럽게 집어 들고 책장을 넘겼단다. 그런데 어떤 귀신이 나에게 '이 책을 집에 갖고 가도록 해.'라고 속삭이는 것 같더군. 어쨌든 책을 서둘러 구입하지 않는 평소의 버릇과 정반대로, 나는 그 책을 집으로 갖고 왔단다. 방에 들어서자마자, 나는 전리품을 들고 소파 구석에 처박혀 열정 넘치고 암울한 천재가 나의 마음을 마음대로 주무르도록 내버려뒀어. 행마다 포기와 부정, 체념을 외치고 있는 이 책에서 거울 같은 것을 발견했는데, 거기서 나는 세상 전체와 삶과 나의 정신을 보았어. 그런 것들이 놀랄 만큼 장엄하게 그려져 있더군. 이 책에서 예술이라는 천상의 눈이 나를 노려보고 있었어. 거거시 나는 질병과 회복, 추방과 피난, 하늘과 지옥을 보았어. 맞아, 나 자신을 알려는 욕구가, 나 자신을 갉아먹으려는 욕구가 나를 엄습했어."

쇼펜하우어의 책은 더 나아가 젊은 문헌학자의 철학적 능력을 일깨웠으며, 그는 훗날 이 위대한 염세주의자를 찬양하거나 반박하는 에세이를 많이 썼다. 니체가 처음에 쇼펜하우어의 가르침 모두에 동의한 것은 자연스런 일이다. 니체는 활발했으며 열정에 쉽게 굴복했다. 그가 염세주의에 끌린 것은 용기와 힘으로 충만한 그의 젊은 본성과 일치한다.

라이프치히에서 니체는 엄청난 연구를 했으며, 그에 따라 그의 본성도 자연스럽게 개발되었다. 그곳의 삶은 포르타나 본에서의 삶보다 자유로웠다. 그는 내면의 믿음을 드러내는 데 방해를 받기는커녕 주변 환경이 자기표현에 특별히 너그럽다는 사실을 깨달았다. 그는 친구를 많이 사귀었으며, 그 중에 중요한 인물을 꼽는다면 훗날 니체의 삶의 많은 지점에서 교차하는 어윈 로데(Erwin Rohde)가 있다.

니체는 문학과 음악뿐만 아니라 정치적 사건에도 큰 관심을 보였다. 프로이센과 오스트리아 사이의 전쟁은 그의 젊음의 열기를 한껏 고조시켰다. 그는 군인으로 복무하는 것이 허용되길 기대하면서 당국에 두 차례 지원했지만 근시 때문에 거부당했다. 그러나 공부에 대한 관심은 조금도 식지 않았다. 그는 영어와 프랑스어, 그리스어와 라틴어 텍스트를 폭넓게 읽으면서 테오그니스와 디오게네스 라에르티우스(Diogenes Laertius), 데모크리토스(Democritus) 등을 학문적으로 연구했다. 이 주제에 관한 그의 에세이 '디오게네스 라에르티우스의 출처에 대하여'(De Fontibus Diogenis Laertii)는 대학이 주는 최초의 상을 받았으며 훗날 문헌학에 관한 다른 에세이와 함께 '라이니셰스 무제움'(Rheinisches Museum)에 발표되었다.

이때쯤 프로이센 군대는 남자들을 절실히 필요로 하는 상황에 처했다. 그래서 병역 의무에서 면제되고 자원조차 받아들여지지 않았던 니체도 느닷없이 1867년 가을에 강제 훈련에 소집되었다. 막 새로운 병역법이 통과되어, 시력이 나쁜 사람일지라도 다른 육체적 조건이 건강하다면 모두 병역 의무를 져야 했던 것이다. 따라서 니체는 라이프치히를 떠나 훈련소로 들어가야 했다. 그는 베를린 수비대에 배속되려고 노력했으나 최종적으로 나움부르크의 기마대에 합류했다. 예전에 복무를 자원한 그였지만, 군대 생활은 그가 상상한 것보다 훨씬 더 괴롭고 훨씬 덜 낭만적이었다. 그는 불행을 느끼고 절망했으며, 말을 타는 포병의 노예 같은 생활에 분노했다. 그러나 고된 병역 의무를 끝까지 다 채울 운명은 아니었다. 군대 생활을 1년 정도 했을 때, 그가 말에서 떨어진 것이다. 처음에는 근육에 약간의 문제가 있는 것으로 여겨졌으나 최종적으로 심각한 부상으로 확인되었다. 안장 머리가 그의 가슴을 눌렀고, 그로 인해 생긴 염증 때문에 더 이상 군 복무를 하지 못하게 되었다.

군의관들이 니체의 회복을 낙관하지 못하는 상황에 처하자 그를 유명한 전문의인 폴크만(Volkmann)에게 넘겼으며, 니체는 폴크만의 치료를 오랫동안 받았다. 회복기에 니체는 새로 시작할 대학 생활을 위한 준비로 바쁘게 지냈다. 그는 1868년 10월에 라이프치히로 돌아가 자신의 일을 재개할 수 있었다. 그러나 예기치 않은 또 다른 사건이 일어났다. 스위스에 있는 바젤 대학으로부터 리츨 교수에게 조회장이 온 것이다. 이 사건은 그에게 유리하게 작용하면서 그의 미래 전체를 확 바꿔 놓을 수 있는 것이었다. 그 대학의 교육 위원회의 구성원들이 '라이니셰스 무제움'에 실린 니체의 에세이에 끌려 리츨 교수에게 젊은 문헌학자에 관한 정보를 요청했던 것이다. 이에 대해 리츨은 니체를 마음만 먹으면 무엇이든 할 수 있는 천재라는 식으로 평가하는 답장을 썼다. 이리하여 니체는 겨우 24세의 나이에 바젤 대학의 고전 문헌학 교수에 오를 기회를 갖게 되었다. 그것도 시험 같은 형식을 거치지 않고. 그럼에도 그는 라이프치히 대학에서 박사 학위까지 받았으며, 1869년 4월 13일에 새로운 임무를 맡기 위해 나움부르크를 떠났다. 그의 출발은 가족의 해체를 의미했다. 그의 할머니와 미혼이던 두 숙모는 세상을 떠났고, 틀림없이 종교적 차이 때문에 그와 그의 어머니는 사이가 틀어져 있었다. 그렇게 끈끈한 애정을 보였던 가족 중에서, 니체와 여동생의 깊은 우정만 그대로 이어졌을 뿐이다.

5월 28일, 니체는 바젤 대학에서 호메로스(Homer)의 인격을 주제로 취임 연설을 했다. 그가 취임 연설을 한 홀은 만원이었으며, 연설은 학생들과 교수진 모두에게 강렬한 인상을 남겼다. 강연은 아주 특별하고 관행을 벗어난 것이었다. 니체의 연설은 라이프치히 대학의 교수들 사이에도 적잖은 동요를 불러일으켰으며, 라이프치히 대학의 진부한 문헌학자들은 솔직히 연설의 대담성에 아연실색했다. 그러나 연설은 니체의 성격을 반영하는 것이었다. 지금시점에서 이 연설을 되돌아보면, 그의 정신이 미래에 발달하며 밝게 될 길이 보인다.

바젤에서 이 젊은 문헌학자는 사람들이 친절하게 대함에도 불구하고 고독으로 힘들어 했다. 그의 강의를 듣는 학생은 소수였다. 그가 자신의 학문에 관심을 기울여 달라고 열정적으로 호소했음에도 불구하고, 문헌학에 실제로 관심을 보인 사람은 많지 않았다. 그의 오전 강연을 듣는 학생은 겨우 8명이었다. 니체에겐 사상과 생각을 서로 나눌 동료가 한 사람도 없었다. 그가 유일하게 기분전환을 꾀할 수 있었던 방법은 가까운 곳으로 이따금 여행을 하는 것이었다. 그가 여동생과 옛 친구들에게 쓰는 편지엔 우울한 분위기가 물씬 배어났다. 그러나 그는 연구에 성실하게 임했으며, 1년 뒤 그에게 교수 자리가 정식으로 주어졌다.

그가 이 교수 자리를 받기 위해선 스위스로 귀화를 해야 했다. 그래서 1870년에 프랑스와 독일 간에 전쟁이 발발했을 때, 그는 전투원으로 활동할 수 없었다. 이 같은 사실이 그에게 큰 실망을 안겨주었다. 그러나 그는 의료 부대에서 앰뷸런스 요원으로 활동할 수 있었기 때문에 의무를 수행하기 위해 기쁜 마음으로 바젤을 떠날 수 있었다. 대학에 휴가를 신청한 것이 받아들여지자, 그는 에어랑엔으로 적십자사를 찾아가 외과와 의약 코스에 등록했다. 간호사 훈련을 짧은 기간 받은 뒤, 그는 어느 앰뷸런스 부대의 책임자로 전쟁터로 보내졌다. 이 훈련을 받을 때, 그는 탁월한 적응력을 보여주었다. 그는 전쟁터에서도 지칠 줄 모르고 정력적으로 움직였으며 밤낮을 가리지 않고 일했다.

그러나 과로가 그에게 무리인 것으로 확인되었으며, 그는 곧 인내의 한계에 도달했다. 심하게 부상을 입거나 병에 걸린 병사들로 가득한 차 안에서 장시간 일했던 어느 날, 그는 심각한 병의 조짐을 보이기 시작했다. 어렴사리 에어랑엔에 도착해서 진단을 받은 결과, 디프테리아와 심각한 이질을 앓고 있는 것이 확인되었다. 겨우 몇 주일 동안 병원 일을 했을 뿐인데, 이젠 니체가 모든 의무에서 완전히 손을 떼야 할 상황이 되었다. 니체의 여동생은 이 병이 오빠의 건강을 크게 훼손시켰으며 이후 니체의 건강이 좋지 않게 된 첫 번째 원인이었다고 말한다. 설상가상으로, 그가 앰뷸런스 요원으로 활동하기 위해 배운 약간의 의학 지식이 그만 그가 자기 치료의 길을 걷도록 만들었다. 이 같은 관행이 평생 이어졌으니, 니체는 스스로 자신을 해쳤다고 할 수 있다. 그는 건강이 나아지기도 전에 대학 일을 재개했으며, 이미 고갈된 신경체계에다가 이런 식으로 새로운 긴장을 가중한 것이 정신적 붕괴에 큰 영향을 끼쳤다.

전쟁이 끝나고 속물근성이 독일 전역을 휩쓰는 것을 보고, 니체는 본에서 '우리 교육 기관의 미래에 대하여'(On the Future of Our Educational Institutions)라는 제목으로 강연을 열었다. 독일은 자국의 승리가 육체적 용맹뿐만 아니라 게르만 민족의 문화와 이상의 우월 때문이었다고 주장했다. 니체는 이런 유아독존적인 태도에서 자국에 매우 큰 위험을 보았으며, 이를 계기로 일련의 강연을 통해 이 같은 태도를 바로잡으려 노력했다. 그는 당대의 독일 교육 기관들을 맹렬히 비판하면서 교육 기관이 열렬히 옹호하던 위대한 문화의 계승자라는 지위를 인정하기를 거부했다. 이 강연이 표적으로 삼았던 속물근성의 물결을 국지적으로도 막지 못했지만, 거기에 담긴 비판은 철학자 본인의 발달을 이해하는 데 아주 중요하다. 그 강연은 훗날 독일뿐만 아니라 문명화된 세계 전체에 엄청 난 영향력을 행사하게 될 그의 철학적인 요소들 중 많은 것을 담고 있었다.

바로 그해, 그러니까 1872년에 니체의 중요한 책이 처음으로 모 습을 드러냈다. 리하르트 바그너에게 헌정된 이 책은 1869년에 시 작되었으며, 처음에는 『음악의 혼으로부터의 비극의 탄생』(The Birth of Tragedy from the Spirit of Music)이라 불렸다. 1886년에 3 판이 나왔을 때, 제목이 『비극의 탄생 혹은 헬레니즘과 페시미즘』 (The Birth of Tragedy, or Hellenism and Pessimism)으로 바뀌고 '자기비판의 시도'(An Attempt at Self-Criticism)라는 머리말이 더 해졌다.

크게 보면 이 책은 바그너에게 바치는 것이었으며, 당시에 낙담 의 세월을 보내고 있던 이 음악가에게 도움을 주려는 노력으로 쓰 였다. 그때 바그너는 바젤에서 멀지 않은 트립셴에서 살고 있었으 며, 니체는 바그너를 자주 방문했다. 두 남자 사이의 위대한 우정 이 깊어진 것은 이 시기였다. 그러나 『비극의 탄생』은 대중으로부 터 좋은 반응을 얻지 못했다. 음악가들은 그 책을 좋아했으나, 특히 문헌학자들은 그 내용에 분노했다. 문헌학자들은 학계의 형식주의 라는 좁은 한계를 감히 넘어서려고 한 저자를 문헌학의 배신자로 여겼다. 유명한 문헌학자 묄렌도르프(Wilamowitz-Möellendorf)는 소책자를 통해 니체를 공격했으며, 이에 대해 어윈 로데가 역시 소 책자로 적절히 대답했음에도 불구하고, 그 같은 공격은 바젤 대학 에서 니체의 입지를 크게 좁힌 것으로 드러났다. 이어진 겨울 학기 동안에, 이 젊은 문헌학자의 강의를 듣기를 희망한 학생은 한 사람도 없었다.

그러나 그의 정신은 결정적으로 중요한 변화를 겪고 있었다. 그는 더욱 대담해지고 자신을 더욱 확신하고 있었다. 새로운 이상들이 낡은 이상들을 대신하고 있었다. 1873년에 그는 유명한 소책자들을 연속적으로 발표하기 시작했다. 이것이 훗날 『낡은 생각들』(Thoughts Out of Season)이라는 제목의 책으로 묶여진다. 그의 첫 번째 공격은 다비드 슈트라우스(David Strauss)를 향한 것이었다. 두 번째 공격은 당대의 독일 역사학자들을 대상으로 한 것이었다. 세 번째 공격은 쇼펜하우어가 표적이었고, 네 번째는 그 유명한 찬사의 글인 '바이로이트의 리하르트 바그너'(Richard Wagner in Bayreuth)였다. 이 에세이를 쓰는 일과 바젤 대학에서의 활동이 1876년까지 니체의 주요 관심사였다.

니체는 이제 무덤까지 안고 갈 위염으로 심하게 고통 받고 있었다. 심한 두통도 따랐다. 그래서 그는 휴가 동안에 건강을 회복하기 위해 스위스와 이탈리아를 오갔다. 스위스에서 지낼 때면 바그너와 함께 있었다. 이탈리아의 소렌토에서 니체는 파울 레(Paul Rée) 박사를 만났으며, 막스 노르다우(Max Nordau)의 말을 믿을 수 있다면, 레 박사는 니체의 모든 사상의 아버지였다. 그러나 이 같은 비판은 합당하지 않다. 왜냐하면 니체가 훗날 보여줄 모든 사상의 핵심이 레 박사를 만나기 전에 쓴 글에 이미 확실하게 담겨 있기 때문이다. 레 박사가 니체에게 약간의 영향을 미쳤다는 점에 대해서는 누구도 부정하지 않을 것이다. 젊은 철학자가 당대의 영국과 프랑스의 과학자들에게게로 관심을 돌리도록 만든 것이 레 박사였기 때문이다. 니체가 최초의 독자적인 철학 작품『인간적인, 너무나 인간적인』을 쓰기 시작한 것도 레 박사와의 만남이 있은 직후였다.

니체와 바그너의 그 유명한 우정이 식기 시작한 것은 1876년이었다. 니체는 '니벨룽엔의 반지'(Der Ring des Nibelungen) 공연을 보기 위해 바이로이트로 갔다. 그때 이미 니체는 자신이 이 작곡가를 높이 평가한 것에 대해 회의를 품기 시작했으며, 바이로이트 공연이 그의 회의를 확실히 뒷받침해 주었다. 그가 바그너를 본 것도 2년이나 되었다. 바그너와 짧은 시간 대화한 뒤, 니체는 혐오감을 느끼게 되었다. 이로써 역사적인 우정이 막을 내리게 되었다.

당대의 유명한 두 사람이 갈등을 빚게 된 직접적 원인이 무엇이었든, 니체의 태도는 적어도 그의 깊은 이상과 일치했다. 그는 바그너에게서 느껴지는 혁명적인 특성을 존경했다. 그런데 바그너가 대중의 인기를 얻기 위해 자신의 예술을 양보하고 있다는 것이 확인되었을 때, 니체의 이상은 깨어졌다. 그는 자기 자신은 물론이고 위대한 작곡가와의 우정에도 더 이상 솔직할 수 없게 되었다. 바그너의 옛 작품의 관점에서 보면, '파르지팔'(Parsifal)은 틀림없이 쇠퇴한 작품이었다.

니체에게 쇠퇴했다는 것은 단지 새로운 조직을 창조할 능력이 없다는 점을 보여주는 것에 지나지 않았다. 바그너가 현대적인 사상을 그만두고 과거로 회귀했을 때, 그것은 그의 정신적 태도가 완전히 변했다는 점을 보여주는 증거였다. 아무리 순수한 미학적 원칙일지라도 그 같은 사실 앞에서 예외일 수 없다. 만약에 세잔

(Cézanne)이 말년에 고전적인 포즈를 취한 성자(聖者)들을 그리려 시도했다면, 그의 예술은 기법을 떠나서 데카당스(쇠락)의 요소를 포함하게 되었을 것이다. 이것이 바그너를 대하던 니체의 인식이었다고 나는 믿는다.

이 우정의 결렬이 이 철학자에게 정말 큰 충격이었다는 사실을 우리는 그의 일기와 편지를 통해 알 수 있다. 그가 같은 남자인 바그너에게 품었던 애정은 실로 컸다. 그런 탓에 그가 자신을 추스르고 마음에 품고 있던 에세이 '바그너의 몰락'(The Fall of Wagner)을 쓰기까지 2년이란 긴 세월이 걸렸다.

『인간적인, 너무나 인간적인』을 출간한 그 이듬해, 니체는 건강이 좋지 않아 바젤 대학의 교수직에서 물러나지 않을 수 없었다. 그에겐 약간의 소득이 있었다. 이 소득에다가 대학에서 받은 퇴직금 3,000프랑이 있었기 때문에, 니체는 검소하게 여행하면서 문학적 작업에 시간을 온전히 쏟을 수 있었다. 그는 먼저 베른으로 가서 몇 주일 머물렀다. 이어 그는 취리히와 생 모리츠를 찾았다. 짧은 휴가였지만, 장소 변화와 일로부터의 해방이 함께 작용하면서 그는 육체적 건강과 정신적 건강에서 똑같이 좋아지는 모습을 보였다. 1879-1880년 겨울을 그는 나움부르크의 옛 집에서 어머니와 함께 보냈지만, 마음에 들지 않는 환경과 기후 탓에 건강이 다시 나빠졌다. 그가 외관상 정상적인 모습을 다시 찾은 것은 그 다음 봄에 베네치아로 간 뒤의 일이다. 거기서 그는 레와 자신의 오랜 친구이자 제자로 일반적으로 페터 가스트(Peter Gast)로 알려진 하인리히 쾨젤리츠(Heinrich Köselitz)와 함께 지냈다. 니체는 10월까지 베네치아에 머물다가 제네바로 갔다. 그 다음해에 건설적인 사고를 담은 첫 번째 책인『여명』(The Dawn of Day)이 출간되었다.

이때부터 니체가 최종적으로 신경쇠약을 보인 1889년 1월까지, 니체의 삶은 크게 훼손된 건강을 되찾으려는 헛된 노력으로 점철되었다. 8년 동안, 니체는 글쓰기에 전념하는 한편으로 자신의 건강을 회복시켜줄 계절을 찾아다녔다. 여름은 대부분 여행객도 좀처럼 찾지 않는 스위스의 작은 마을인 실스 마리아의 고독 속에서 보냈다. 1882년에 그는 제네바를 방문했으며, 레와 함께 모나코를 여행했다. 이 여행은 그의 건강 때문에 아주 불행하게 끝났으며, 주치의의 지시에 따라 니체는 메시나로 갔다. 곧 그는 베를린 인근의 그루네발트에 정착했으나, 이 장소가 그를 우울하게 만들었다. 그 뒤에 니체는 타우벤부르크로 간 것으로 확인된다. 다시 제네바에서 몇 개월 머물렀으며, 이어 진정제에 중독되고 낙담한 상태에서 로마에서 위안을 찾으려 했다.

그러나 그는 더운 계절을 견디지 못하고 실스 마리아를 다시 찾았다. 거기서 한동안 건강이 많이 회복되었던 것 같다. 1884년에는 나움부르크를 거쳐 조금 뒤에 니스와 베니스를 찾았다. 같은 해 가을에 그는 여동생과 독일을 여행하면서 몇 주일을 보냈으나 겨울이 가까워지면서 망통으로 갔다. 1885년에 그는 다시 베네치아에서 페터 가스트와 함께 지냈으며, 그 해의 많은 시간과 이듬해를 베네치아와 니스에서 보냈다. 이어 이 외로운 철학자는 옛 친구 로데와 함께 지내기 위해 라이프치히를 짧은 시간 방문했다. 그러나 세월이 그들을 소원하게 만들었다. 그들의 견해도 지금은 서로 정반대였다. 그리하여 그는 몇 안 되는 친구 중 하나를 잃게 되었다.

그는 곧장 니스로 돌아갔다. 1886년에 니체는 리비에라에서 발견된다. 1887년에 그는 다시 실스 마리아에 가 있었다. 여기서 그는 가끔 베네치아와 니스로 여행하면서 끊임없이 글쓰기 작업에 매달렸다. 1888년 봄에 그는 계획을 바꾸고 토리노로 갔다. 이어 여름에 즐겨 찾던 실스 마리아로 갔다가 토리노로 돌아왔다. 거기서 그는 숙명적인 1888-89년 겨울까지 머물렀다. 니체는 여행을 하는 동안에 거의 행복을 느끼지 못했다. 그는 지속적으로 아팠고 대부분 홀로 지냈다. 이처럼 혼란스럽고 안정되지 못한 삶의 시기는 우울증과 육체적 고통과의 투쟁으로 점철되었다.

건강을 찾아 고독하게 싸우던 8년 동안에, 니체는『차라투스트라는 이렇게 말했다』(Thus Spake Zarathustra)와『즐거운 지식』(The Joyful Wisdom)『선과 악을 넘어서』(Beyond Good and Evil)『도덕의 계보』(The Genealogy of Morals)『바그너의 경우』(The Case of Wagner)『우상의 황혼』(The Twilight of the Idols)『적그리스도』『이 사람을 보라』『니체 대(對) 바그너』(Nietzsche contra Wagner), 그리고 그의 마지막 철학 작품인『권력 의지』로 묶어질 많은 짧은 글들을 썼다.

그의 책에 대한 대중의 냉대는 그에게 실망을 안겨주면서 그의 육체적 회복을 더디게 만들었다.『차라투스트라는 이렇게 말했다』는 초기의 책들과 마찬가지로 비평가들로부터 오해를 많이 받았다. 부르크하르트(Jacob Burckhardt)와 이폴리트 텐(Hippolyte Taine)을 제외한 나머지 비평가들은『선과 악을 넘어서』에도 호의적이지 않았다. 『도덕의 계보』는 조금 나은 평가를 들었고, 『바그너의 경우』는 바그너 숭배자들의 분노만 샀을 뿐 다른 분야에서는 아무런 논평도 듣지 못했다. 『우상의 황혼』은 그가 신경쇠약을 일으킬 때쯤 나왔고, 『적그리스도』와 『이 사람을 보라』는 그가 죽고 나서 한참 지날 때까지도 출간되지 않았다. '권력 의지'에 관한 짧은 글들은 그보다 더 뒤에야 책으로 묶어졌다.

이 기간에 니체에게 중요한 사건은 거의 일어나지 않았다. 가장 중요한 사건이라면 아마 그가 루 살로메(Lou Salomé)를 만난 일일 것이다. 그러나 이 에피소드도 그의 삶에 영향을 아주 조금만 끼쳤으며, 전기 작가들에 의해 터무니없이 강조되었을 뿐이다. 겉으로 보기에 단조롭고 무미건조하기 짝이 없는 존재에게 이 사건이 유독 두드러져 보였기 때문이다. 파울 레와 또 다른 친구인 마이젠부르크(Malvida von Mysenburg)가 니체가 비서를 필요로 한다는 소식을 듣고 니체에게 젊은 러시아 유대인인 살로메를 보낸 것은 니체가 타우벤부르크에 있을 때였다.

이 철학자의 필요에 보다 덜 적절한 사람을 보내기가 어려웠을 것이라는 점은 그 뒤의 사건들에 의해 확인되었다. 일부 설명에 따르면, 니체가 그녀에게 사랑을 어느 정도 느꼈으나 그녀가 냉담하게 굴어 화를 내고 신경질을 부렸다고 한다. 그러나 이런 가설을 뒷받침할 만한 증거는 거의 없다. 두 사람의 기질적 차이를 고려할 때, 니체가 자신의 필사자와 연애관계를 맺고 싶어 하는 욕망을 품었을 가능성은 아주 낮다. 이 사건의 진실은 아마 이 철학자가 애석하게도 자신의 비서에게, 혐오는 아니더라도 깊은 실망을 느끼면서 후회의 감정을 비쳤을 것이고, 이것이 그녀를 자극하여 복수를 하고 나서도록 만들었다는 것이다. 니체가 이 젊은 여인에게 쓴 편지에 실제로 그런 투로 말다툼을 하는 내용이 들어 있다. 어쨌든, 이 두 사람의 동행은 짧은 시간밖에 이어지지 않았는데도, 살로메는 니체에 관한 책을 써서『작품으로 본 프리드리히 니체』(Friedrich Nietzsche in seinen Werken)라는 제목으로 1894년에 빈에서 출판했다. 이 일은 다른 고통스런 결과를 낳았다. 레가 자신의 제자인 살로메를 두둔했고, 이로써 레와 니체는 원수지간이 되었다. 니체의 여동생도 이 일에 개입하며 레와 살로메에 맞서 언쟁을 벌였다.

이런 불쾌한 사건이 있은 직후, 니체는 동생의 등쌀에 떼밀려 라이프치히 대학에 교수 자리를 얻으려고 건성으로 시도했으나, 협상은 아마 니체 본인의 무관심 때문에 실패하고 만다. 직후 철학자는 동생이 푀르스터(Bernhard Förster) 박사와 결혼하려 하자 그녀와도 소원해졌다. 그녀의 어머니도 이 결혼에 반대했는데, 니체가 여동생의 결혼에 반대한 이유로는 몇 가지가 꼽힌다. 첫째, 동생이 그 사람과 결혼할 경우에 반드시 니체의 곁을 떠나 파라과이로 가게 되어 있었다는 점이다. 둘째, 푀르스터 박사가 니체의 책들에 대해 강하게 비판했다는 소문이 돌았다는 점이다. 셋째, 니체가 비현실적인 이상주의자이고 반유대인 정서를 갖고 있는 푀르스터를 별로 존경하지 않았다는 점이다. 그러나 가족의 반대에도 불구하고, 결혼은 성사되었다. 니체는 크게 실망하면서 그 일을 놓고 깊이 생각했다. 그러나 1년 뒤 그는 여동생과 화해했으며, 그녀는 그의 삶

끝까지 그의 가장 가까운 친구와 동료로 남았다.

1889년 1월에 뇌졸중이 일어나 니체가 이틀 동안 의식을 잃도록 만들었다. 이것이 종말의 시작이었다. 갑자기 그의 태도가 변했다. 그는 이상한 짓을 수없이 많이 했다. 단 한 가지로밖에 해석되지 않을 짓이었다. 그의 정신이 심각하게 훼손되었던 것이다. 그의 광기가 점진적으로 진행되었다는 이론이 오랫동안 받아들여져 왔다. 노르다우는 니체가 태어날 때부터 균형이 잡히지 않았다고 주장한다. 그러나 이 두 가지 이론을 뒷받침할 증거는 전혀 없다. 7년 동안 니체의 육체적 상태는 향상되고 있었으며, 그의 정신도 1888년 말까지 완벽하게 맑고 종말을 향하고 있다는 기미를 전혀 보이지 않았다. 이 기간에 그의 책들은 아주 명징하게 쓰였으며, 친구들과의 교우에서도 정상적이고 자제하는 모습을 보였다. 자주 쓰던 편지도 감정이나 분위기에서 전혀 변화를 보이지 않았다. 그의 책들, 특히 후반에 나온 책들은 광인의 작품이었다는 이론은 완전히 근거 없는 주장이다. 그의 광기는 돌연한 것이었다. 아무런 경고도 없이 불쑥 나타났다.

니체의 정신적 붕괴의 직접적 원인은 알려지지 않았다. 아마 직접적 원인은 없었을 것이다. 그것은 다수의 영향 때문이었다. 불면증 때문에 진정제를 과도하게 복용했고, 지력에 엄청난 긴장을 가했고, 끊임없이 낙담하고 결핍에 시달렸고, 정신적으로 고독했고, 육체적 고통이 지나치게 길게 이어진 점 등이 그런 영향일 것이다. 그가 광기를 보이기 직전에 얼마 동안 어떤 식으로 살았는지에 대해 우리는 아는 것이 거의 없다.

그는 토리노에서 혼자 살면서 필사적으로 글을 쓰고 있었다. 그러던 중에 갑자기 그가 바젤 대학의 부르크하르트 교수에게 편지를 썼다. 그건 분명히 광인이 쓴 편지였다. "나는 페르디낭 드 레셉스라고 하오. 나는 프라도요. 나는 샹비주요. 난 이 가을에 두 번 묻혔소." 이것이 그의 광기를 처음 보여준 글이었다. 직후 니체는 옛 친구인 오버베크(Franz Overbeck) 교수에게도 비슷한 편지를 썼다. 니체의 다른 친구들도 이해할 수 없는 쪽지를 받았다. 브란데스(Georg Brandes)에게 니체는 "십자가형에 처해진 자"라고 서명한 편지를 보냈다. 페터 가스트에겐 "나에게 새로운 노래를 불러주오. 세상은 맑고 온 하늘이 환호하고 있소."라고 썼다. 코시마 바그너(Cosima Wagner)에겐 "아리아드네, 사랑하오."라고 썼다.

이젠 니체의 상태엔 의심의 여지가 전혀 없었다. 오버베크는 곧바로 토리노로 갔다. 그는 거기서 철학자가 격렬하게 피아노를 연주하면서 허공을 향해 신을 모독하는 말을 하고 있는 것을 확인했다. 니체는 바젤로 보내졌다가 예나의 사설 정신병원에 입원했다. 그곳에서 니체는 이듬해 봄까지 머문 뒤 나움부르크에 있는 어머니의 집으로 가도 좋다는 허락을 받았다. 그녀의 여동생이 남편과 사별하고 파라과이에서 돌아온 것은 3년 뒤의 일이었다. 그녀가 도착했을 때, 니체는 그녀를 맞이할 수 있을 정도로 회복되어 있었다. 그러나 그가 이후 7년을 더 살았지만, 그의 정신은 회복 불가능할 정도로 망가져 있었다. 그의 어머니가 1897년에 세상을 떠나자, 여동생이 그를 바이마르의 빌라로 옮겼다. 산과 계곡이 내려다보이는 넓은 베란다에서, 니체는 몇 안 되는 친구를 맞고 음악을 듣는 즐거움을 누리며 마지막 생을 보냈다. 여동생은 그를 따스한 마음으로 보살폈고, 그는 결코 글쓰기를 재개할 만큼 강하지는 않았지만 종종 책에 대해 이야기했다. 바그너의 초상화를 보여주었을 때, 그는 "굉장히 사랑했던 친구였지."라고 말했다. 그는 말년에 이르러 더없이 부드러워졌다. 활기찼던 인생 긍정론자가 아이가 되어 있었다. 그는 "엘리자베트야, 울지 마라. 우리 행복하지 않니?"라고 말하곤 했다.

니체는 1900년 8월 25일 눈을 감은 뒤 고향 마을 뢰켄에 묻혔다.

차례

옮긴이의 글 ...*5*

머리말 ...*8*

프리드리히 니체의 일생 ...*15*

1장 인간적인, 너무나 인간적인(Ⅰ, Ⅱ) ...*47*

2장 여명 ...*103*

3장 즐거운 지식 ...*137*

4장 차라투스트라는 이렇게 말했다 ...*163*

5장 영원 회귀 ...*211*

6장 선과 악을 넘어서 ...*219*

7장 도덕의 계보 ...*253*

8장 우상의 황혼 ...*285*

9장 적그리스도 ...*309*

10장 권력 의지(Ⅰ) ...*341*

11장 권력 의지(Ⅱ) ...*375*

1장

인간적인,
너무나 인간적인(Ⅰ,Ⅱ)

『인간적인, 너무나 인간적인』(독일어 제목: Menschliches Allzu Menschliches)은 1878년에 처음 발표되었다. 이전까지 니체는 파스칼(Blaise Pascal)과 라 로슈푸코(La Rochefoucauld), 몽테뉴(Michel de Montaigne) 같은 프랑스 철학자들을 연구하는 작업에 전념했다. 이 프랑스 철학자들은 니체가 사상을 전파하는 매체로 아포리즘 스타일을 선택하는 데 결정적 영향을 미쳤다. 당시에 그가 방대하고 통합적인 철학 작업을 시도하는 것은 심각한 병 때문에 불가능한 일이었다. 그런 작업은 반드시 지속적인 사고와 육체적 노력을 요구할 것이니 말이다. 그런 상황에서 프랑스 사상가들이 택한 단편적인 글쓰기 방식이 집필 작업을 자주 중단해야 했던 니체의 상황에 아주 적합했다. 『인간적인, 너무나 인간적인』의 두 번째 파트인 '갖가지 격언과 의견'은 1879년에 선보였으며, 세 번째 파트인 '방랑자와 그의 그림자'는 1880년에 공개되었다. 6년 뒤, 이 3개 파트가 원래의 제목 그대로 두 권으로 묶어졌으며, '자유로운 정신들의 책'이라는 부제를 달았다.

그 당시에 니체는 이미 많은 글을 자신의 이름으로 발표한 상태였다. 『비극의 탄생』이 1869년과 1871년 사이에 완성되어 1872년에 발간되었다. 이 책은 페시미즘(염세주의)과 헬레니즘(그리스의 고유 문화와 오리엔트 문화가 융합하여 일어난 세계주의적 사상과 문화를 일컫는다/옮긴이)에 관한 논문이었으며, 이 책에서 니체는 그리스 비극의 기원을 밝히려 노력했다. 이 연구에서 그는 학계 동료들의 정신을 지배하고 있던 사소한 문헌학적 논의들 중 많은 것을 무시했다. 공식적으로 출판된 그의 첫 책인 이 작품의 내용이 부드러웠음에도 불구하고, 그는 갑자기 자신이 논쟁의 중심에 서 있다는 사실을 깨달았으며 그것을 바젤 대학에서의 자신의 미래를 어둡게 하는 전조로 보았다. 이 책에서 그는 아폴론의 이상과 디오니소스의 이상 사이의 영원한 충돌에 대해 설명하고 그리스 예술에 나타나는 이 두 가지 위대한 영향의 바탕에 깔린 차이를 규명하려고 노력했다. 훗날 발표된 그의 글을 보면, 그가 『비극의 탄생』에 언급한 이론들을 모든 인간사에 적용하고 있는 것이 확인된다.

한 권으로 묶인 '우리의 교육 기관의 미래에 관하여'와 '호메로스와 고전 문헌학'(Homer and Classical Philology)은 니체가 바젤 대학에서 고전 문헌학 교수로 지내는 동안에 한 강연이다. 이 강연에서 그는 천재성을 지닌 사람을 보호할 필요성을 지적하고, 진정한 문화는 고귀한 유형의 사람들에게만 가능하다는 입장을 취하면서 현대 독일의 교육 기관에 실질적인 문화가 존재한다는 점을 부정했다. 그는 고대 그리스의 이상에 바탕을 둔 순수한 문화가 그런 문화에 생을 바칠 그런 소수의 사람들에게 피어날 수 있는 제도를 만들자고 역설했다. 바로 여기서 틀림없이 그의 초인 개념이 희미하게 시작되고 있다. 이 강연들은 독일의 교육 기관들만을 다루었다. 그럼에도 그 안에 담긴 비판은 모든 학교에 받아들여지고 있던 일반적인 원리에 두루 적용될 수 있었다. 이 책은 그의 사고의 발달에서 눈에 두드러지는 첫 걸음이다.

1870년대 초반에 쓴 일련의 에세이에서 훗날의 글에 등장할 사상들을 뒷받침할 증거들이 보인다. 이 에세이들은 현재『초기 그리스 철학과 다른 에세이들』(Early Greek Philosophy and Other Essays)이라는 평범한 제목으로 출간되고 있다. 이 책에 담긴 7편의 에세이는 다음과 같다. '그리스 국가'(The Greek State: 1871)에서 니체는 노동의 현대적 개념을 공격하면서 노예제도가 없으면 진정한 문화는 존재하지 못한다는 전제 하에서 노예제도의 역사를 간략히 제시했다. '그리스 여인'(The Greek Woman: 1871)은 니체가 이상으로 여기는 여성상을 그리고 있다. '음악과 언어에 대하여'(On Music and Words: 1871)는 음악과 언어의 기원을 분석하고 각각의 기능을 설명한다. '호메로스의 논쟁'(Homer's Contest: 1872)은 고대의 개인주의자와 현대의 개인주의자가 겪는 갈등을 비교하면서, 성공한 모든 국가에 경쟁이 반드시 필요하다는 점을 강조한다. '쇼펜하우어의 철학과 독일 문화의 관계'(The Relation of Schopenhauer's Philosophy to a German Culture: 1872)는 독일의 속물근성을 공격하면서 쇼펜하우어의 철학이 탁월한 해독제로 증명될 것이라고 주장한다. '비극 시대 그리스인들의 철학'(Philosophy During the Tragic Age of the Greeks: 1873)은 소크라테스(Socrates)보다 앞선 사상가들의 철학을 명쾌하게 설명한다. '그들의 초(超)도덕관념의 허실에 대하여'(On Truth and Falsity in their Ultramoral Sense: 1873)는 절대적 진리라는 이론을 반박한다. 이 글에서 현행 관습이 요구하는 가치들 중 많은 것이 부정 당한다. 이 같은 부정은 훗날 니체의 작품들에서 끊임없이 나타난다.

『낡은 생각들』 1권에 두 편의 에세이가 담겨 있다. '고백자이자 저자, 다비드 슈트라우스'(David Strauss, the Confessor and Writer)와 '바이로이트의 리하르트 바그너'가 그것이다. 첫 번째 에세이는 니체의 시대에 철학자의 공방 같은 것을 열어 대중의 마음을 자극하여 추종자를 얻는 데 성공한 한 전직 성직자를 공격하는 내용이다. 니체는 슈트라우스의 궤변이 독일인의 정신에 끼친 영향에 화가 나서 그 궤변에 대답하면서 허위를 드러내는 임무를 맡고 나섰다. 리하르트 바그너에 관한 에세이에서, 니체는 이 작곡가를 확실히 칭송하면서 드라마라는 매체를 이용하는 인류의 구원자라고 극찬했다. 니체는 바그너에게서 자신과 비슷한 정신을, 당대의 편협한 명령으로부터 자유로운 인간을, 예술의 영역에 새로운 질서를 확립할 수 있는 능력을 갖춘 사람을 보았다고 생각했다. 이어서 니체는 바그너에게 반대하는 입장을 취하면서 그의 반(反)그리스적인 경향을 공격했다.

『낡은 생각들』 2권은 '역사의 이용과 남용'(The Use and Abuse

of History)과 '교육자로서의 쇼펜하우어'(Schopenhauer as Educator)를 담고 있다. 두 편의 에세이 모두 1874년에 쓰였다. 첫 번째 에세이에서, 니체는 당시에 독일 교육 분야에서 가장 널리 유행하던 역사 연구를 공격했다. 그는 역사 연구가 역사의 원인에 대한 깊은 지식을 근거로 하지 않는다면 문화의 교과과정에 포함될 자격조차 없다고 주장했다. 이 에세이에서 그는 과반의 활동에 근거한 사건들은 종족의 발달에 필요한 근본적인 조건을 진정으로 이해하는 데 아무런 도움이 되지 않는다고 주장하면서 역사에 대한 개인주의적 해석을 옹호했다. 여기서 다시 초인 철학의 조짐이 보인다. 니체는 에세이 '교육자로서의 쇼펜하우어'에서 쇼펜하우어에게 찬사를 보낸다. 그는 이 위대한 염세주의자의 모든 원리들에 무조건적으로 동의하지 않지만, 모든 논리는 자기보존 법칙의 파생물이라는 쇼펜하우어의 이론을 받아들인다.

1874년 가을에, 니체는 교육에 관한 간단한 논평을 여러 편 썼다. 이 논평들은 약 2만 단어에 이르며, 마무리되면 『낡은 생각들』의 다섯 번째 파트를 이루게 되어 있었다. 그러나 그는 이 논평들을 마무리 짓지 않았으며, 이 글들은 사후까지 출간되지 않았다. 이 단편적인 글들은 『바그너의 경우』라는 제목의 책 맨 마지막에 '우리 문헌학자들'(We Philologists)이라는 제목으로 실렸다. '우리 문헌학자들'은 고전 문화가 대학에서 보급되는 방식에 대해 항의하는 내용을 담고 있다. 이 글은 그리스 문화의 이상을 전파하는 의무를 맡은 독일 교수들과 문헌학자들을 따끔하게 비판하며 아울러 순수한 그리스 문화가 어떤 식으로 구성되어야 하는지에 대해 간략하게 설명한다. 니체는 기독교 원리들을 기준으로 고대의 비기독교 문화를 걸러서 버리는, 당시에 유행하던 교육 관행에 항의하면서 그런 형식의 교육은 교육의 목표를 완전히 놓치고 있다고 주장했다. '우리 문헌학자들'이 훗날의 니체의 철학을 공부하려는 학생들에게 비교적 덜 중요함에도, 1874년에 이미 그의 반(反)기독교 정신이 제대로 정의되었다는 사실을 확인하는 것은 흥미로운 일이다.

『낡은 생각들』에 담긴 4편의 에세이와 '우리 문헌학자들'은 '시의 적절치 않은 의견'(Unzeitgemässe Betrachtungen)이라 불린 소책자 시리즈의 첫 번째였지만, 이 시리즈는 완성되지 못했다. 그러나 니체의 철학적 사상들은 분명히 명확한 형태를 띠기 시작했다. 이미 이상주의적이고 도덕주의적인 가치 평가에 대한 공격이 시도된 것이다. 또 훗날의 파괴적인 사상과 건설적인 사상의 토대를 이룰 예비적인 분석도 꽤 많이 이뤄졌다. 이 에세이들에서 니체는 이미 자신의 태도를 공격하기 시작했으며, 이 에세이들은 그의 철학적 계획의 일부로 여겨질 수 없다 하더라도 최종적으로 표현된 그의 사상들의 이면까지 들여다보면서 그 발아 단계를 확인하기를 원하는 학생들에겐 탁월한 서문의 역할을 할 수 있다.

그 2년 뒤에 나온 『인간적인, 너무나 인간적인』은 니체와 가장 가까운 친구들에게도 분명 놀라움으로 다가왔다. 특히 바그너는 거기에 담긴 이단적인 생각에 공포감을 느끼기도 했다. 니체의 초기 글에는 『인간적인, 너무나 인간적인』에 담긴 것과 같은, 현대적 삶을 초토화시키는 그런 내용을 암시하는 부분이 두드러지지 않았다. 이 책은 사고에서만 아니라 태도에서도 그가 그때까지 쓴 모든 것과 결별하는 것이었다. 전형적인 에세이 형식을 버리고 아포리즘 스타일을 택했다. 이 책은 단락의 연속이다. 겨우 몇 줄로 끝나는 단락도 있고, 한 페이지 이상 이어지는 단락도 있다. 각 단락은 서로 동떨어진 사상을 다룬다. 니체의 글 전부에서 아주 중요한 역할을 하는 경구적 표현도 아주 많이 발견된다. 이 책이 쓰인 형식은 거목을 도끼로 일천 번을 내려찍어 쓰러뜨리는 것 같은 인상을 준다. 차근차근 꾸준히 톱질을 해 나무를 베는 그런 방식과 확연히 구별되는 것이다.

강력하고 간결한 특성에도 불구하고, 작품이 전반적으로 풍기는 분위기는 차분하다. 대체로 이 책은 니체 자신이 '아폴론 스타일'이라고 부른 글쓰기의 탁월한 예이다. 가끔 글에서 조심성이 느껴지기도 한다. 유사(流砂)가 많은 것으로 알려진 곳에서 걸음을 뗄 때 보이는 그런 조심성과 비슷하다. 이 점에서 본다면, 작품 초반에 극도로 모호한 문장으로 나타나고 있는 어떤 불안정한 요소가 후반으로 가면서 저돌성을 암시하는 명쾌함과 해학으로 어떤 식으로 바뀌어 가는지, 그 과정을 살피는 것도 흥미로운 일이다. 이 책에서 니체는 전통주의자에서 인습타파주의자로 탈바꿈한다. 그는 문헌학 박사와 독립적인 사상가 사이의 틈을 메운다. 이 책은 그의 정신의 심리학적 전환을 기록하고 있다. 또 이 기록은 그의 태도와 표현 방식을 뚜렷이 보여주고 있다.

니체는 사상가로 탄생하면서 자신을 극단적인 니힐리스트(nihilist: 허무주의자로 번역되며, 기성의 가치 체계와 권위를 부정하는 사상가를 일컫는다/옮긴이)로 소개한다. 그는 우주에 대한 이해가 가능하기 전에 우주를 파괴할 필요가 있다는 것을 깨달았다. 그래서 『인간적인, 너무나 인간적인』1, 2권 모두가 거의 전적으로 파괴적인 내용이다. 이 작품에서 니체는 개척자, 선동가, 우상 파괴자, 염세주의자, 약탈자의 모습을 보여준다. 수 세기에 걸친 용인으로 인해 강화되기만 했던 원리와 교리가 하나씩 차례차례 그의 곤봉 아래에 허물어져 내린다. 현실의 우주가 한 조각씩 그의 분석에 의해 무효화된다. 모든 인간사, 인간의 희망과 영감의 모든 단계가 무(無)가 되어 버린다. 고대 문화와 현대 문화가 무자비하게 해부된다. 정치제도도 껍데기가 벗겨지고 뿌리가 뽑힌다. 위대한 예술가와 작가들에게도 새로운 평가가 내려진다. 니체의 가장 유명한 정의들 중 많은 것은 그가 이 작품을 통해 벌인 냉혹한 탐구에서 비롯되었다.

　기존의 가치들을 이런 식으로 가차 없이 걷어낸 것이 앞으로 책들이 나올 길을 닦았다. 인간의 행동이 근거할 바탕을 찾아내자마자, 다시 건설하고 다시 조직할 길이 깨끗이 치워진 것이다. 그렇다면 『인간적인, 너무나 인간적인』은 니체의 철학을 처음 간접적으로 표현한 책이라 할 수 있다. 그때까지 나온 그 밖의 다른 책들은 단순히 사상을 다루는 것에 지나지 않았다. 지금까지 그의 의견은 산만하고 모호하게만 표현되었다. 역사에 관한 분석, 고대와 현대 사상에 대한 비판은 실제로 그에게 존재의 겉모습을 벗겨내고 그 깊은 곳에 숨어 있는 인과관계에 관한 통찰을 얻을 기회를 주었다. 이 통찰은 훗날 그가 책을 쓰도록 고무하게 된다. 이런 이유로, 이 책의 주요 부분을 이루는 일련의 아포리즘을 읽을 때 우리는 이 철학자보다 인간에 대해 더 많이 알게 된다.

『인간적인, 너무나 인간적인』은 주로 인간 행동의 근본적인 원인을 탐구한다. 니체는 이상도 최종적으로 분석하면 인간 욕구의 어떤 바탕을 드러낸다는 점을 보여주려고 노력한다. 특히 그는 현재 받아들여지는 도덕 원칙의 바탕에서 작용하고 있는 원인들에 관심을 많이 기울인다. 그는 정적이고 절대적인 도덕은 있을 수 없으며 모든 도덕규범은 인간의 조건에 바탕을 둔 행동 체계라는 점을 강조한다. 도덕규범은 어떤 것이든 한 민족의 환경적 필요에 따른 것이라는 주장이다. 이를 근거로, 그는 모든 도덕은 변화와 수정, 폐기의 대상이 된다는 추론을 제시했다. 그는 "선"과 "악"이라는 표현의 상대성을 주장하고, 인간의 행동을 놓고 최종적으로 옳고 그르다고 비판하는 행위의 정당성을 부정했다.

이를 바탕으로, 니체는 모든 개인주의자의 철학의 바탕에서 작용하고 있는 원칙을 추론해냈다. 그것은 어떤 사람에게 부도덕한 것이 다른 사람에게는 도덕적일 수 있다는 것이다. 또 어떤 행동 체계도 모든 사람들에게 똑같이 적용될 수 없기 때문에, 도덕규범을 적용하는 것은 바람직하지 않다고 니체는 주장했다. 따라서 누구든 다른 사람의 행동에 영향을 미치려 하는 시도는 그 자체로 부도덕하다. 그것이 그 개인의 발달을 방해하고 지연시키려는 시도나 다름없기 때문이다. 니체가 이 같은 결론에 이른 것이 피상적인 관찰에 근거한, 단순하고 직접적인 노력이라고 생각해서는 곤란하다. 그런 결론은 니체가 추구하는 목적도 아니다. 반대로 그런 결론은 주로 추론에 의해 드러난다. 니체가 하는 작업은 분석이며, 개인뿐만 아니라 종교와 정치제도, 국가 등이 그의 비판적 메스의 대상이 되고 있다. 그 기원이 신성(神性)에 있는 것으로 여겨지는 믿음이 발견될 때마다, 그는 그것의 표면적 특성들을 찢어내고 그 속을 파고든다. 그럴 때마다 그는 그것이 생겨난 인간적인 근거를 발견한다. 니체는 거기서 더 멀리 나아가면서 모든 제도는 끊임없이 변화하는 사회의 조건을 충족시키기 위해서 스스로 변화에 노출시켜야 한다고 지적한다.

이 책에서 다수의 주제가 니체의 관찰의 대상이 된다. 추상적인 추리도 많이 이뤄질 뿐만 아니라, 사람들과 예술에 대한 예리한 비판도 많이 이뤄지고 있다. 예술과 문학, 음악 이론뿐만 아니라 고대와 현대의 철학자들, 소설가, 시인, 음악가, 극작가 등도 예리한 분석의 대상이 된다. 냉소적이고 파괴적인 조사 내용을 담은 단락들 사이에 놀랄 만큼 시적인 문장들이 배치되어 있다. 니체는 사상가로서만 아니라 학자와 문헌학자, 역사학자, 과학자의 면모까지 유감없이 보여준다. 그가 인간 행동의 거의 모든 영역에서 보여주는 지식의 양은 놀랄 만하다. 대단히 정교한 추론 과정에, 그는 언제나 입증된 사실들만을 고수할 수 있다. 그가 순수한 형이상학 쪽으로 벗어나는 일은 절대로 없다. 그는 형이상학자나 언어의 마술사와는 영원히 담을 쌓는다. 칸트 철학이 뜻하는 이성을 철저히 부정하면서도, 니체는 언제나 엄격히 합리적이다.

『인간적인, 너무나 인간적인』에 직접적으로 거론되는 철학적 원리는 전혀 없다. 그럼에도 니체는 틀림없이 마음속으로 앞으로 쓰게 될 건설적인 책들을 구상하고 있었을 것이다. 그러나 이 책을 읽으면서 가치 파괴에 이어 가치 재평가가 이뤄질 것이라는 암시까지 읽어내는 독자는 극히 드물다. 예를 들어, 개인의 발달을 최고의 단계까지 가능하게 할 지적 귀족주의의 이상 외에 초인의 원리를 암시하는 내용은 전혀 보이지 않는다. 현재를 넘어서는 단계까지의 진화는 오직 간접적으로만 언급된다. 이처럼 파괴적인 니체에게 미래는 존재하지 않는다. 그의 눈은 지속적으로 과거로 향하고 있으며, 현재 그 너머 미래로는 전혀 이동하지 않는다. 고대 그리스의 이상은 오직 암시로만 표현되고 있으며, 그런 다음에 그것이 현대인의 필요를 어느 정도 충족시킬 수 있는지에 대한 고찰이 따른다. 그리스 문화는 대개 비교의 수단으로 이용되거나 그의 논리 체계의 자의적인 전제로 이용된다. 『차라투스트라는 이렇게 말했다』의 토대 중 하나를 이룰 영겁 회귀의 원리는 암시조차 되지 않고 있다. 니체의 건설적인 사고의 틀이 될 반(反)쇼펜하우어 원리, 즉 '권력 의지'는 『인간적인, 너무나 인간적인』을 쓸 당시에는 아직 분명하게 발달하지 않은 모호한 가설이었다.

『인간적인, 너무나 인간적인』은 우리가 읽어야 할 니체의 첫 번째 작품이다. 실제로 보면, 이 책은 그 이후에 나올 책들을 위한 정교한 소개말 같은 책이다. 그 다음 책인 『여명』에서 그의 철학의 탄생이 이뤄지고, 『여명』이 그가 치르는 정의의 전쟁에서 최초의 진정한 전투이다. 기존에 용인되던 세상의 질서에 대한 불경스런 공격이 처음으로 벌어지는 것이다. 그러나 그 책을 읽을 준비가 되어 있지 않으면 쉽게 이해되지 않을 것이다.

『인간적인, 너무나 인간적인』 1, 2권 중에서 구절을 고르는 일은 대단히 어렵다. 주제들이 너무나 다양한 데다가 주제를 다루는 방식도 서로 아주 다르기 때문이다. 쓰러진 나무 한 그루를 그린 그림을 제시하면서 완전히 파괴된 숲의 효과를 확실히 전달하는 것은 불가능한 일이다. 나의 주된 어려움도 바로 그 점에 있다. 나는 니체가 이 책에서 성취하는 인간 가치들의 파괴 중에서 오직 부분들만을 보여줄 수 있을 뿐이다. 게다가, 두 권으로 된 이 책에서 이뤄지고 있는, 인간과 예술에 대한 탁월한 비판의 전모를 적절히 전달하는 것은 불가능한 일이다. 이런 것은 직접적으로 터득해야 한다. 여기서는 니체의 탁월한 비판이 어떤 것인지, 겨우 맛을 보는 수준에서 그칠 수밖에 없다. 이 책 중에서 내가 다음에 제시하는 인용들을 통해 이해할 수 있는 것은 당연히 니체의 결론 중에서 보다 중요한 부분인 파괴적인 결론에만 국한된다.

니체는 이렇게 말했다

인간의 발달에서 근본적인 모든 것은 우리가 어느 정도 알고 있는 시대에 해당하는 그 4,000년보다 훨씬 더 오래 전인 선사 시대에 일어났다.

모든 것은 진화해 왔다. 영원한 사실이란 것은 절대로 있을 수 없다. 마찬가지로, 절대적 진리도 있을 수 없다.

종교적, 도덕적, 미학적, 논리적 감정을 불러일으키는 대상들도 마찬가지로 세상의 표면에 해당될 수 있다. 그런데도 사람들은 적어도 이런 것들에서만은 자신이 세상의 심장을 건드리고 있다는 식으로 기꺼이 믿으려 든다.

형이상학적 세계에 대해서라면, 그 세계는 다른 조건일 것이라고 말하는 외에 달리 말할 수 있는 것이 없다. 아마 형이상학적 세계의 조건은 우리가 접근하지도 못하고 이해하지도 못하는 그런 곳일 것이다. 그 조건은 부정적인 특징들을 갖고 있을 것이다. 그런 세계가 존재한다는 것이 제아무리 잘 입증된다 하더라도, 그럼에도 불구하고 그 세계가 지식의 모든 형태 중에서 가장 무의미하다는 사실만은 여전히 그대로 남을 것이다.

의지의 자유를 믿는 것은 유기체의 원초적인 오류이며, 그 역사는 유기체의 내면에 논리에 대한 자각이 존재하게 된 것만큼이나 깊다. 절대적인 본질과 그 비슷한 것들에 대한 믿음도 마찬가지로 모든 유기체의 원초적이고 오래된 오류이다.

인간이 미신적이고 종교적인 인식과 공포보다 더 높이 성장할 때, 예를 들어 인간이 수호천사나 원죄를 더 이상 믿지 않고 영혼의 구제 같은 것에 대한 이야기를 중단하게 될 때, 어느 정도의 문화가, 확실히 매우 고상한 문화가 성취된다. 그러나 인간이 그 정도의 자유를 성취한다 하더라도, 인간은 또다시 지력을 발휘하여 형이상학을 정복해야 한다.

진부하기 짝이 없는, 낙관주의니 염세주의니 하는 단어를 집어치워라. … 세상을 비방하고 찬미하는 이 두 가지 개념을 제거해야 한다.

오류가 인간을 매우 깊고, 민감하고, 발명적인 존재로 만든다. 그 결과, 인간은 종교와 예술 같은 것을 꽃피울 수 있었다. 순수한 지식은 결코 그런 꽃을 피워내지 못했을 것이다.

인류의 일반적인 엉터리 결론은 이런 식이다. 어떤 사물이 존재한다. 고로 그 사물은 존재의 권리를 갖는다. 이 대목을 보면, 살아갈 수 있는 능력에서 그 능력의 적절성이, 또 생존 능력의 적절성에서 생존의 정당성이 추론되고 있다. 그렇다면 이런 식의 주장도 가능할 것이다. 어떤 의견이 행복을 안겨준다. 고로 그 의견은 진정한 의견이다. 그 의견의 효과가 좋다. 고로 그 의견은 그 자체로 선하고 진리이다.

생명의 가치와 존엄에 대한 믿음은 모두 의미없는 사고에 근거하고 있다. 그런 믿음은 개인의 내면에 인간의 전반적인 삶과 고통에 대한 공감이 아주 약하게 발달해 있다는 사실 때문에 가능하다.

과학은 종국적 목표를 전혀 고려하지 않는다. 자연이 그런 목표를 고려하지 않는 것과 똑같다. 그러나 자연이 그렇게 할 의도를 전혀 품지 않은 상태에서도 대단히 적절한 무엇인가를 간혹 성취하듯이, 관념의 측면에서 자연의 모방자라 할 수 있는 진정한 과학도 그럴 뜻을 전혀 품지 않은 상태에서도 간혹, 또 다양한 길로 인간의 유용성과 행복을 높인다.

모든 행동 하나하나는 동기와 상관없이 그것이 공동체에 안기는 유익하거나 해로운 결과만을 근거로 훌륭하거나 나쁜 것으로 불린다. 그러나 이 구분의 기원은 금방 잊히게 되고, 그러면 행동의 결과에 대해선 더 이상 고려하지 않은 채 "좋거나" "나쁜" 특징이 행동 자체에 포함되어 있는 것으로 여겨지게 된다.

관념의 위계는 … 언제나 고정되어 있지도 않고 항상 똑같지도 않다. 누구든 정의보다 복수를 선호한다면, 그 사람은 초기 문명의 기준으로는 도덕적이지만 현재의 문명에 따르면 부도덕하다.

오늘날 악랄한 사람은 지금까지 잔존하고 있는 옛 문명의 흔적으로 여겨져야 한다.

분명히, 우리는 동정을 표시할 수 있어야 하지만 동정을 느끼지 않도록 특별히 경계해야 한다. 왜냐하면 불행한 사람들은 타인들이 자신들에게 동정을 보이는 것을 세상에서 가장 큰 선을 베푸는 것으로 여길 만큼 어리석은 존재들이기 때문이다.

동정심을 발휘하길 갈망하는 것은 곧 자기만족을 갈망하는 것이다.

이런저런 것이 큰 효과를 낳도록 만들기 위해선 자기기만이 필요하다. 왜냐하면 사람들은 눈에 보일 만큼 강하게 믿어지는 것을 곧 진리라고 믿기 때문이다.

가장 흔하게 저질러지는 실수 하나는 바로 이것이다. 우리에게 정직하고 진솔하게 대하는 사람은 진리를 말하고 있다는 식으로 우리가 믿어버린다는 점이다.

왜 사람들은 대부분 일상 삶에서 진실을 말할까? … 충동과 권위의 길이 잔꾀의 길보다 훨씬 더 확실하기 때문이다.

행동은 약속할 수 있지만 감정은 절대로 약속하지 못한다. 감정은 무의식적이기 때문이다.

우리가 범죄자들에게 저지르고 있는 죄는 그들을 악한처럼 다룬다는 사실에 있다.

모든 미덕은 특권을 누린다. 예를 든다면, 사형 선고를 받은 자를 처형하는 교수대에 작은 나무 조각 하나를 보태는 특권이 있다.

왜 우리는 정의를 희생시켜가면서까지 사랑을 과대평가하고, 사랑을 온갖 아름다운 말로 찬미하는가? 마치 사랑이 정의보다 훨씬 더 고귀한 것처럼. 오히려 사랑이 정의보다 훨씬 더 어리석어 보이지 않는가? 틀림없이 그런데도 불구하고, 바로 그 점 때문에 사랑은 모든 사람에게 훨씬 더 유쾌한 것으로 다가온다.

희망은 사실 최악의 악이다. 왜냐하면 그것이 사람에 대한 고문을 연장시키기 때문이다.

극단적인 행위들을 허영심 탓으로, 평균적인 행위들을 습관 탓으로, 편협한 행위들을 공포 탓으로 각각 돌리는 사람에겐 잘못되는 일이 별로 없을 것이다.

종교는 자살 욕구에 대답할 핑계거리를 아주 많이 갖고 있으며, 그렇게 함으로써 종교는 생명에 집착하는 사람들의 환심을 사고 있다.

역사 속에서 다른 그 어떤 것보다 더 강한 분노를 불러일으키는 권력자들의 불공평은 절대로 겉으로 보이는 것만큼 크지 않다. … 사람들은 무의식적으로 행위자와 피해자가 똑같이 느끼고 똑같이 생각한다고 판단하며, 이 같은 전제에 따라 우리는 행위자의 죄를 피해자의 고통을 바탕으로 측정한다.

미덕은 잠을 자고 난 뒤에 한층 더 팔팔한 상태로 일어날 것이다.

도덕이 얼마나 큰 기쁨을 안겨주고 있는가! 숭고하고 이타적인 행동을 묘사한 것을 읽으면서 얼마나 많은 기쁨의 눈물을 흘렸는지에 대해서만 생각해 보라! 만약에 절대적 무책임에 대한 믿음이 팽배해진다면, 삶의 이 마법은 사라질 것이다.

정의(공정)는 꽤 동등한 권력자들 사이에 그 기원을 두고 있다. … 정의의 가장 중요한 성격은 거래의 성격이다. … 사람들이 소위 정의와 합리적인 행위의 원래 목적을 지적 습관에 따라 망각하고, 또 수백 년 동안 아이들이 그런 행위를 존경하고 모방하도록 배워 왔기 때문에, 합리적인 행위는 이기적인 행동이 아니라는 사상이 점점 생겨나게 되었다. 합리적인 행위에 대한 과대평가는 바로 이런 사상을 바탕으로 하고 있다.

인간관계를 바탕으로 한 쾌락 감정은 일반적으로 사람을 더 행복하게 만든다. 기쁨과 즐거움은 함께 즐기면 더 커지기 때문이다. 그런 기쁨은 개인에게 안전감을 주고, 착한 마음을 갖도록 하고, 불신과 시기심을 물리친다. 그런 경우에 우리 자신도 편안함을 느낄 뿐만 아니라 타인들도 편안해 하는 것이 보이기 때문이다. 즐거움이 비슷한 모습으로 나타나면, 사람들 사이에 똑같은 감각을 느낀다는 감정이, 서로 비슷한 존재라는 감정이 형성된다. 함께 겪는 고통도, 예를 들면 혹독한 기후와 위험, 적을 함께 겪는 것도 이와 비슷한 효과를 낳는다. 아득한 옛날의 동맹은 바로 이 바탕 위에 형성되었으며, 이 동맹의 목적은 각 개인을 위해서 위험을 공동으로 물리치는 것이었다. 이렇듯 사회적 본능은 쾌락에서 자란다.

악의의 목적은 다른 사람의 고통 그 자체가 아니라 우리 자신의 즐거움이다.

정당방위가 도덕적인 것으로 여겨진다면, 소위 부도덕한 이기심을 드러내는 모든 것도 타당한 것으로 받아들여져야 한다.

처벌 받는 사람은 그런 처벌을 당할 이유가 없다. 그 사람은 앞으로 어떤 행동을 하지 말라는 식으로 경고하는 수단으로만 이용되고 있다. 마찬가지로, 상을 받는 사람도 상을 받을 이유가 없다. 그 사람이 그런 행동이 아닌 다른 행동을 할 수 없었기 때문이다.

선한 행동과 악한 행동 사이에 종류의 차이는 전혀 없으며, 기껏 정도의 차이만 있을 뿐이다. 선한 행동은 악한 행동이 승화된 것이고, 악한 행동은 선한 행동이 저속화되고 흐리멍덩해진 것이다.

종교적 숭배는 인간과 인간 사이에 존재하는 마법의 표현에 그 바탕을 두고 있다.

기독교는 인간을 억압하고 깊은 수렁에 빠뜨리면서 인간을 완전히 깨부수었다. 이런 식으로 인간을 절대적 박탈의 상태에 빠뜨린 다음에, 기독교는 갑자기 신성한 자비의 빛을 비추었다. 그러자 깜짝 놀란 인간은 용서에 현혹되어 기쁨의 외침을 지르면서 한 순간 자신의 내면에 천국을 몽땅 품고 있다고 믿었다.

일상 삶이 지나치게 공허하고 단조롭다고 느끼는 사람들은 쉽게 종교를 받아들이게 된다. 이것은 충분히 이해할 수 있고 또 용납이 되지만, 그런 사람들에게 일상이 공허하지도 않고 단조롭지도 않은 사람들에게 종교적 감정을 요구할 권리는 절대로 없다.

개인적 동기가 전혀 작용하지 않는 가운데 오직 타인들만을 위해 어떤 일을 한 사람은 지금까지 한 사람도 없었다.

금욕적인 도덕을 보면 예외 없이 사람이 자신의 일부를 신(神)으로 숭배하고 있으며, 따라서 그 사람은 자신의 다른 부분들을 악마로 보지 않을 수 없다.

아름다운 장면 앞에서 우리가 고대하는 것은 무엇인가? 우리는 스스로 아름답기를 바라고, 또 아름다움이 큰 행복을 안겨줄 것임에 틀림없다고 상상한다. 그러나 그것은 착각이다.

아름다운 영혼의 예술 옆에 추한 영혼의 예술이 나란히 있다.

표현 예술가들은 특히 천재성을 지닌 것으로 여겨지지만, 과학적인 사람들은 그런 것으로 여겨지지 않는다. 그러나 실제로 보면 예술가들을 높이 평가하고 과학적인 사람들을 경시하는 것은 순전히 이성의 유치한 장난에 지나지 않는다.

훌륭한 저술가는 그 사람 자신의 지성뿐만 아니라 친구들의 지성까지 갖고 있다.

글쓰기를 본격적인 직업으로 삼는 것은 광기의 한 형태이다.

친구와의 대화는 두 사람 모두가 논의 중인 문제에 대해서만 생각하고 서로 친구 사이라는 사실을 망각할 때에만 지적 결실을 끌어낼 수 있다.

절대적인 칭송엔 그 대상을 약화시키는 부정적인 측면이 있다.

저급한 작가에 대한 수요도 항상 있을 것이다. 그들이 아직 발달하지 않은 미성숙한 연령의 독자들의 취향을 충족시키기 때문이다.

타고난 정신적 귀족들은 급히 서두르지 않는다. 그들의 창조물은 모습을 드러내다가 어느 조용한 가을날 밤에 나무에서 떨어진다. 정신적 귀족은 창조 행위를 무모하게 추구하거나, 부추김을 받거나, 하던 것을 두고 새로운 문제로 눈길을 돌리지 않는다. 끊임없이 일어나는 창조 욕구는 천박하고, 시기와 질투, 야망을 드러낸다. 만약 어떤 사람이 그 자체로 훌륭한 존재라면, 그가 일을 하는 것은 진정으로 필요하지 않다. 그럼에도 그는 많은 것을 한다. 그렇듯, "생산적인" 인간보다 훨씬 더 높은 인간 종족이 있는 것이다.

진보가 일어나야 하는 곳마다, 일탈하는 천성들이 가장 중요하다. 모든 대대적인 진보에 앞서 반드시 부분적 약화가 있었다. 가장 강한 천성들은 유형을 지키고, 약한 천성들은 그 유형이 발달하도록 돕는다.

진리에 관한 지식에서, 진정으로 중요한 것은 진리를 소유하는 것이지 진리를 추구하려는 충동을 갖거나 진리를 발견할 길을 아는 것이 아니다.

속박된 정신의 소유자는 자신의 확신을 근거로 스스로 입장을 세우지 못하고 습관을 따른다. 예를 들면, 어떤 사람이 기독교인인 것은 그가 다양한 종교들을 이해하고 선택할 수 있었기 때문이 아니라 그가 영국인이었기 때문이다. … 포도주를 즐기는 나라에서 태어난 사람이 포도주 애호가가 되는 것과 다를 바가 하나도 없다.

같은 사람 안에 최고의 지성과 따스한 가슴이 공존하지 못하며, 인생에 대해 이런저런 판단을 내리는 현자는 선(善) 그 너머까지 보면서 선도 단지 인생의 전반에서 가치가 없지 않은 그 무엇으로만 여긴다. 현자는 어리석은 선의 지엽적인 소망들에 반대해야 한다. 왜냐하면 현자는 자신의 유형의 지속에, 그리고 최종적으로 최고의 지성의 출현에 관심을 갖고 있기 때문이다. 적어도 현자는 "완벽한 국가"의 창설을 촉구하지 않을 것이다. 거기선 피로에 지친 개인들만 자리를 차지할 것이기 때문이다.

신과 신의 보살핌에 대한 믿음을 부정하는 순간부터, 교육에 대한 관심이 대단한 중요성을 얻게 될 것이다. … 기적을 더 이상 믿지 않는 교육은 3가지에 관심을 쏟아야 한다. 첫째, 얼마나 많은 활력이 상속되는가? 둘째, 활력을 새로 일으킬 수단은 무엇인가? 셋째, 개인이 자신의 인격을 파괴하거나 훼손시키지 않고 문화의 그 많은 요구에 어떻게 적응할 수 있는가? 요약하면, 개인이 사적 문화와 공적 문화의 공간에 동시에 들어가면서 어떻게 조화를 이룰 것인가, 거기서 개인이 어떻게 멜로디를 주도하면서 동시에 멜로디를 연주할 수 있을 것인가, 하는 문제가 중요해진다는 뜻이다.

보다 높은 문화는 인간에게 이중의 뇌를, 2개의 뇌의 방을 줘야 한다. 하나는 과학을 느끼고, 다른 하나는 비(非)과학을 느끼는 방이며, 이 방들은 혼란을 일으키지 않고 서로 나란히 있을 수 있고, 구분되고, 배타적일 수 있다. 이것이 건강의 필수 조건이다. 한 파트에는 힘의 원천이 자리 잡고, 다른 한 파트에는 규제자가 자리 잡는다. 이런 이중의 뇌는 망상과 편파성, 열정으로 뜨거워지는 한편, 과열의 위험한 결과는 의식적인 과학의 도움으로 피할 수 있어야 한다.

동시에 일어나는 것들은 서로 연결되어 있다고들 말한다. 먼 곳에 사는 친척이 죽어가고 있는데 우리가 그때 이 친척에 대한 꿈을 꾼다면,

친척의 죽음과 친척에 관한 꿈 사이에 어떤 연결이 있다고 믿게 된다. 그러나 수많은 친척이 죽는데도 우리는 그들 모두에 대해 꿈을 꾸지는 않는다. … 역사가들과 문화를 묘사하는 사람들에게서도 이런 종류의 미신이 보다 세련된 모습으로 발견된다. 그런데 역사가들과 문화를 묘사하는 사람이라면 대체로 개인의 삶과 국가의 생활에 너무나도 많은 그런 식의 터무니없는 결합을 미친 개 대하듯 무서워하는 사람들이 아닌가.

보다 높은 문화의 영역에 항상 지배권이 있어야 하는 것은 사실이지만, 이제부터 이 지배권은 정신의 과두 지배자들의 수중에 있다. 지역적 및 정치적 분리에도 불구하고, 또 대중에 영향력을 행사하는 잡지와 신문의 기자들이 제시하는 의견이나 여론의 방향과 상관없이, 이 정신의 과두 지배자들은 응집력 강한 사회를 형성하고 있으며, 이 사회의 구성원들은 서로를 인정하며 알아본다. 예전에 서로 분열되고 적대적인 모습을 보였던, 정신적으로 탁월한 사람들은 오늘날 일반적으로 단합하고 있다. … 정신의 과두 지배자들은 서로를 필요로 하고 있으며, 그들은 서로에게 최고의 기쁨이며, 그들은 소질을 서로 알아보지만, 그럼에도 불구하고 그들 각자는 모두 자유로우며 자신의 위치에서 싸우며 정복하다가 최종적으로 굴복하기보다는 차라리 몰락하는 길을 택한다.

인간이 이룬 가장 위대한 전진은 올바르게 추론하는 기술을 배운 데에 있다.

정신적 생산성의 강점과 약점은 물려받은 재능보다 정신 작용에 수반되는 탄력성의 크기에 좌우된다.

지금도 여전히 종교적 감각에서부터 자신의 발달을 시작한 뒤 한동안 형이상학과 예술을 공부하는 사람은 예외 없이 뒤로 상당히 먼 거리로 물러나서 거기서 불리한 조건에서 다른 현대인들과 경쟁을 시작한다. 그 사람은 분명히 시간과 거리를 잃고 있다. 그러나 그는 열의와 활력이 발산되고 힘이 무한한 원천에서 나오는 용암처럼 지속적으로 흐르는 그런 영역에 머물고 있기 때문에 적절한 시기에 그 영역으로부터 스스로를 해방시키기만 하면 훨씬 더 빠른 속도로 앞으로 나아갈 수 있다.

인생에서 행복과 안락을 거두기를 원하는 사람은 항상 높은 문화를 피해야 한다.

인류는 언제나 그랬듯이 지금도 여전히 노예와 자유민으로 나눠지고 있다. 하루 중 3분의 2를 자기 자신에게 할애하지 못하는 사람은 누구나 노예이기 때문이다.

한가함이 정말로 모든 악덕의 시작이라면, 적어도 모든 미덕의 근처에서도 한가함이 발견될 것이다. 한가한 사람이 그래도 활동 중인 사람보다 더 낫기 때문이다. 그럼에도 그대는 내가 한가함과 한가한 사람에 대해 이야기하면서 그대 같은 게으름뱅이를 암시한다고 생각하지는 않겠지?

모든 사람은 의견 개진이 가능한 모든 것에 대해 자신만의 의견을 갖고 있어야 한다고 나는 믿는다. 왜냐하면 사람은 그 자체로 다른 모든 것들에 대해 지금까지 존재하지 않은 새로운 태도를 취하는 특이한 존재이기 때문이다.

진정으로 자유로워지기를 갈망하는 사람은 누구나 아무런 충동이 작용하지 않아도 결점과 악덕의 온갖 경향을 버리게 될 것이다. 그런 사람은 또한 분노와 짜증에 굴복하는 예도 드물어질 것이다.

그대는 어머니와 보모를 사랑했듯이 종교와 예술을 사랑했음에 틀림없다. 그렇게 하지 않고는 그대가 지혜로워질 수 없었을 테니까. 그러나 그대는 종교와 예술 그 너머를 보고 그런 것들보다 더 높이 성장해야 한다. 그대가 종교와 예술의 금지사항에 구애를 받는 경우에 그것들을 결코 온전하게 이해하지 못하기 때문이다.

평등을 추구하려는 열망은 (헐뜯거나 경시하거나 남의 뒷다리를 거는 방법으로) 다른 모든 사람들을 자신의 수준으로 끌어내리려고 노력하거나, 아니면 (인정과 지원, 축하를 통해서) 자기 자신과 다른 사람들을 위로 끌어올리려 노력하는 방향으로 나타날 수 있다.

우리는 우리의 적들에게서 어떤 미덕이 전혀 없다는 사실이 확인될 때까지 그 미덕의 소유에 특별한 가치를 절대로 부여하지 않는다.

사람은 자신이 가치 있는 사람들 사이에 존재하고 있다는 것을 항상 자각하는 경우에 허식을 망각하게 된다. 홀로 있는 것 자체가 사람의 내면에 온갖 뻔뻔스러움을 다 심기 때문이다. 젊은이들은 허세를 부린다. 이유는 그들이 또래들과 연결되는데, 이들이 한결같이 하찮으면서도 대단히 중요한 존재인 것처럼 굴기 때문이다.

우둔함과 맞서 싸움을 벌이다 보면, 대단히 정의롭고 점잖은 사람들마저도 난폭한 사람으로 변하게 된다. 그 사람들은 아마 그런 식으로 변함으로써 적절한 방어의 길을 밟고 있을 것이다. 왜냐하면 어리석은 뇌를 상대로 한 논쟁에 적절한 것은 단단한 주먹이기 때문이다. 그러나 앞에서 말한 것처럼 그 사람들의 성격이 정의롭고 점잖기 때문에, 그들은 이런 보호 수단으로 반대자들에게 입히는 상처보다 더 큰 고통을 겪는다.

완벽한 여자는 완벽한 남자보다 더 높은 유형의 인간이며, 훨씬 더 드문 존재이다.

모든 사람은 내면에 자기 어머니로부터 물려받은 여자의 이미지를 갖고 있다. 이 이미지가 그 사람이 전반적으로 여자들을 대하는 태도를, 말하자면 여자들을 존경할 것인지, 경멸할 것인지, 아니면 여자들에게 무관심할 것인지를 결정한다.

어머니들은 아들의 친구들 중에서 특별히 성공한 친구들을 쉽게 질투한다. 대체로 보면 어머니는 아들보다 아들의 내면에 있는 '그녀 자신'을 사랑한다.

결혼한 부부가 함께 살지 않는다면, 행복한 결혼이 더 많아질 것이다.

대체로 여자들은 특출한 어떤 남자를 사랑할 때 그 남자를 독점적으로 소유하려는 경향을 보인다. 여자들은 자신의 허영심이 금지하지 않는 한 남자에게 자물쇠라도 기꺼이 채우려 들 것이지만, 여자들의 허영심은 자기 남자가 다른 사람들 앞에서도 두드러진 모습을 보일 것을 요구한다.

삶을 위한 준비로 자신의 젊은 매력만을 믿으려 드는 소녀들은 세속적인 어머니의 자극 때문에 교활함을 더욱 키우게 되는데, 그런 소녀들은 매춘부와 다르지 않은 목표를 갖고 있다. 그런 소녀들이 매춘부와 다른 점이 있다면 그들이 더 영악하고 덜 정직하다는 차이뿐이다.

여성의 지성은 정신이 맑고, 정신을 잘 통제하고, 모든 장점을 두루 잘 활용한다는 점 등을 통해 모습을 드러낸다. 여자들은 그 지성을 하나의 근본적인 자질로 아이들에게 물려주고 있으며, 아버지는 거기에다가 의지라는 어둑한 배경을 더한다. 아버지의 영향은 말하자면 새로운 생명이 성취되는 리듬과 화성을 결정하지만, 그 멜로디는 어디까지나 어머니에게서 비롯된다. 일을 적절히 처리할 줄 아는 사람들에게, 여자들은 지성을 가진 존재로, 남자들은 성격과 열정을 가진 존재로 다가온다. 이 같은 견해는 남자들이 실제로 지능으로 아주 많은 것을 성취한다는 사실과 모순되지 않는다. 남자들의 충동은 이보다 훨씬 더 깊고 강력하며, 남자들의 이해력(이것 자체는 수동적인 그 무엇이다)을 그 정도로까지 멀리 나아가도록 하는 것이 바로 남자들의 충동이기 때문이다. 여자들은 남자들이 자신들의 성격에 표하는 존경을 보면서 종종 말없이 놀란다. 따라서 파트너를 선택하는 데 있어서 남자들이 깊고 강한 성격의 여자를 선호하고 여자들이 지적이고 똑똑하고 정신이 확실한 남자를 선호할 때, 그 밑바닥을 보면 남자들은 이상적인 남자를 추구하고 있고 여자들은 이상적인 여자를 추구하고 있는 것이, 따라서 자신의 장점을 보완하는 것이 아니라 완성을 추구한다는 것이 확인된다.

여자들이 벌집의 수벌처럼 언제나 지원을 받고 있다는 사실은 그들의 지혜를 말해주는 하나의 신호이다. 이것이 원래 무슨 의미였는지를, 그리고 남자들이 여자들의 지원에 의존하지 않는 이유를 고려해보자. 그것은 남자의 허영심과 숭배가 여자의 지혜보다 더 크기 때문이고 또 여자들이 스스로를 종속시킴으로써 최대의 이점을 챙기는, 다시 말해 우위에 서는 방법을 잘 알고 있기 때문이다. 아이들을 돌보는 일까지도 여자들의 지혜에 의해 일로부터 최대한 벗어나는 구실로 이용되었다. 그리고 지금도 여자들은 자신들이 진짜로 활동적으로 일하면서(예를 들면, 주부로서) 요란을 떠는 방법을 알고 있다. 그렇게 하면 여자들의 활동에 대한 평가가 남자에 의해 대체로 열 배는 더 높아지게 된다.

결혼은 20대엔 필요한 제도이고, 30대엔 유용하지만 필요하지 않은 제도이고, 그 이후엔 종종 해롭고 남자의 정신적 약화를 촉진하는 제도이다.

우리는 여자들이나 친구들과 너무 가까이 연결되면서 언제나 잃고 있으며, 그런 관계로 인해 생명의 정수까지 잃어버리는 경우도 가끔 있다.

여자들은 남편의 보다 고귀한 영혼에 맞서 언제나 은밀히 음모를 꾸민다. 여자들은 고통 없고 안락한 현재를 위해서 남편의 영혼이 미래를 보지 않도록 속인다.

일단의 구호대상자들이 상속권의 폐지를 선언하는 것은 누가 봐도 웃을 일이고, 아이 없는 사람들이 한 나라의 실질적 입법을 위해 노력하는 것도 그보다 결코 덜 우습지 않다. 이런 사람들은 자신의 배에 미래라는 대양을 안전하게 건너는 데 필요한 바닥짐(부력 조절용)을 충분히 갖추고 있지 않다. 그러나 보편적인 존재에 대한 지식과 판단을 최대한 확보하는 것을 자신의 임무로 선택한 사람이 가족에 대한 개인적 고려, 즉 아내와 자식을 부양하고 보호하고 돌보는 개인적인 문제로 고민하는 것도 마찬가지로 터무니없어 보인다. 그런 고민을 안고 있는 사람의 망원경엔 먼 창공의 빛이 뚫지 못하는 어떤 장막 같은 것이 드리워져 있는 것이나 마찬가지이니까. 그래서 나는 가장 높은 철학의 문제에서 결혼한 남자들을 의심해야 한다는 의견에 동의한다.

보다 높은 문화는 두 개의 계급, 말하자면 노동 계급과 진정한 여가를 즐길 수 있는 유한계급이 뚜렷이 구분되는 사회에서만 생겨날 수 있다. 보다 강하게 표현하자면, 노동을 하지 않을 수 없는 계급과 자유롭게 노동을 선택할 수 있는 계급이 존재하는 사회에서만 보다 높은 문화가 가능하다는 뜻이다.

전쟁에 반대하는 사람들은 전쟁은 승자를 어리석게 만들고 패자를 복수심에 불타게 만든다고 말할 수 있다. 전쟁을 옹호하는 사람들은 전쟁은 앞에 언급한 결과들을 더욱 야만스럽게 만들고, 그렇게 함으로써 더욱 자연스럽게 만든다고 말한다. 전쟁은 문화의 잠이거나 겨울이며, 인간은 전쟁을 거치면서 선과 악에 더욱 강한 모습으로 다시 태어날 수 있기 때문이다.

보다 높은 유용성을 고려하는 사람들의 관점에서 사회주의에 대해 말하자면, 만약 사회주의가 정말로 수 세기 동안 사람들을 억압하고 짓눌렀던 자들에 맞서 일어나고 있는 것이라면, ("사회주의의 요구를 어느 정도 인정해야 하는가?"라는 어리석은 질문에도 불구하고) 거기엔 권리의 문제는 전혀 없고 오직 권력의 문제("사회주의의 요구를 어느 정도 이용할 수 있는가?")만 있을 뿐이다.

지배 계급의 (매우 지적이지는 않더라도) 고상한 대표자들은 이런 식으로 단호하게 주장할 수 있다. "우리는 인간들을 평등하게 다루고 그들에게 평등한 권리를 인정할 것이다." 이 정도까지는, 정의(正義)에 근거한 사회주의적 사고방식이 가능하다. 그러나 앞에서 말한 것처럼, 그런 사고방식은 단지 희생과 자제로 정의를 실천하는 지배 계급 안에서만 가능할 뿐이다. 한편, 피지배층의 사회주의자들이 하는 식으로 권리의 평등을 요구하는 것은 결코 정의의 결과가 아니며 탐욕의 결과일 뿐이다. 만약에 그대가 어떤 짐승에게 피가 흐르는 고기를 보여줬다가 집어넣었는데 그 짐승이 마침내 포효하기 시작한다면, 그대는 이 포효가 정의를 암시한다고 생각하는가?

사회주의자들이 현재의 재산 분배는 무수히 많은 불공평과 폭력의 행동에 따른 결과라고 주장하면서 한마디로 말해 그처럼 부당한 바탕을 가진 것이라면 어떤 것이든 폐지할 수 있다는 점을 지적할 때, 그들은 단지 고립되어 있는 무엇인가를 지각하고 있을 뿐이다. 고대 문명의 전체 과거가 폭력과 노예제도, 기만, 실수 등을 바탕으로 했지만, 우리는 이 모든 조건들의 상속인인 우리 자신을 무효화시키지 못하며 이 조건들 중 단 하나에 대해서도 철회를 요구하지 못한다.

사회에 혁명을 일으키는 일에 매달리고 있는 사람들은 혁명을 통해서 자기 자신을 위해 무엇인가를 추구하는 사람과 자식과 손자를 위해 무엇인가를 추구하는 사람으로 구분된다. 두 부류 중에서 후자가 훨씬 더 위험하다. 왜냐하면 그런 사람들은 자신은 사심이 없고, 사심이 없기에 선한 양심을 가졌다는 믿음을 품고 있기 때문이다.

우리가 허영심을 충족시키는 것을 다른 모든 형태의 행복(안전, 지위, 온갖 종류의 쾌락)보다 더 소중하게 여기고 있다는 사실은, 노예제도의 폐지를 원하면서 어떤 사람도 노예의 지위로 떨어뜨려서는 안 된다고 주장하는 모든 사람들에 의해 참으로 우스꽝스러운 방식으로 확인되고 있다. … 우리는 "인간의 존엄"이라는 이름으로 항의하지만, 보다 간단히 표현하면, 그것은 공적 평가에서의 열등과 불평등을 모든 것들 중에서 가장 잔혹한 운명으로 느끼는 우리의 허영심에 지나지 않는다.

공적 비판이라는 매서운 바람이 뚫고 들어가지 못하는 모든 제도에서, 무지의 타락이 곰팡이처럼 자란다.

신이 정치적인 문제에 관여하고 국가의 존재는 불가사의하다는 믿음은 종교적 기원을 갖고 있다. 만약 종교가 사라진다면, 국가도 불가피하게 "이시스(Isis)의 낡은 베일"(고대 이집트의 풍요의 신인 이시스의 베일은 자연의 비밀에 접근하지 못한다는 점을 상징적으로 표현하고 있다/옮긴이)을 잃게 되고 더 이상 숭배를 불러일으키지 못할 것이다. 국민 주권은 면밀히 들여다보면 이런 감정의 영역에서 최종적인 마력과 미신을 쫓는 데에도 기여하고 있다. 현대 민주주의는 역사적 형태의 국가 쇠퇴이다.

사회주의는 거의 노쇠한 전제정치의 공상적인 동생이다. 사회주의는 전제정치의 뒤를 잇기를 원하고 있다. 따라서 사회주의의 노력은 아주 깊은 의미에서 보면 반동적이다. 왜냐하면 사회주의가 국가 권력을 전제정치가 가졌던 것만큼 갖기를 원하기 때문이다. 정말이지, 사회주의는 개인의 절멸을 목표로 잡고 있다는 점에서 보면 과거의 모든 제도를 능가한다. 사회주의는 개인을 자연의 부당한 사치로 여기고 있으며, 개인을 일반적인 공동체의 신체기관 같은 것으로 개량해야 한다고 인식하고 있다. 사회주의는 그런 관련성 때문에 언제나 권력이 과도하게 발달한 곳과 가까운 곳에서 나타난다. 고대의 전형적인 사회주의자인 플라톤이 시칠리아 전제 군주의 궁정에 나타났듯이 말이다. 사회주의는 이 세기에 카이사르의 전제정치를 갈망하고 있다. 앞에서 말한 바와 같이, 사회주의가 전제정치의 후계자가 되기를 원하고 있기 때문이다. 그러나 이 유산마저도 사회주의의 목표에 충분하지 않다. 사회주의는 모든 시민이 절대 국가 앞에서 더 이상의 복종이 없을 만큼, 지금까지 역사상 유례가 없을 만큼 심하게 납작 엎드릴 것을 요구하고 있다. 사회주의는 옛날과 달리 국가를 향한 종교적 경건에 더 이상 의존할 수 없게 되었을 뿐만 아니라 지속적으로 종교를 폐지해야 하는 현실에 처해 있다. … 따라서 사회주의는 조용히 공포의 통치를 준비하고 있으며, "정의"라는 단어를 반쯤 계몽된 대중의 머릿속에 못을 박듯 집어넣으려고 노력하고 있다. 그리하여 대중으로부터 이해력을 완전히 박탈하고, 대신에 나쁜 놀이에 적합한 선한 양심을 제공하는 것이 사회주의의 목표이다. 사회주의는 국가 권력의 축적이 얼마나 위험한지를 매우 잔인한 방법으로 인상 깊게 가르쳐 주면서 국가 자체에 대한 불신을 고무할 것이다.

전쟁을 벌이는 방법을 망각한 인간에게 많은 것을 기대하는 것은 광신에 불과하다.

부(富)는 필연적으로 종족의 귀족을 낳게 되어 있다. 부가 가장 아름다운 여자를 선택하게 하고, 가장 훌륭한 선생을 고용할 수 있게 하고, 청결과 육체적 훈련에 필요한 시간을 허용하고, 무엇보다도 따분한 육체노동을 피할 수 있도록 해주기 때문이다.

여론, 그것은 곧 개인의 나태이다.

신념은 진리의 적으로서, 거짓말보다 더 위험하다.

어떤 사건이 불합리하다는 사실은 그 사건 자체의 존재를 부정할 논거가 절대로 될 수 없으며, 오히려 그 사건이 존재하고 있는 조건이 어떠한지를 말해 주고 있다.

스스로 자신이 인류에게 대단히 중요한 존재라고 말하는 사람들은 계약이나 약속을 지키는 일 등 평범한 부르주아의 정직에 어울리지 않는 약한 양심을 갖고 있다.

사랑 받고 싶어 하는 마음은 뻔뻔하기 짝이 없는 욕망이다.

포복절도하며 크게 웃는 인간은 저속함에서 모든 동물을 능가한다.

어떤 문제에 관해 갑자기 질문을 받을 때 가장 먼저 떠오르는 의견은 대부분 우리 자신의 것이 아니라 우리의 계급과 지위 또는 가족이 현재 품고 있는 의견이다. 우리 자신의 의견은 좀처럼 겉으로 떠오르지 않는다.

어느 누구도 자신의 영혼 깊은 곳에서 자신의 권리에 대해 회의를 품고 있는 사람보다 더 열정적으로 권리에 대해 말하지 않는다.

무의식적으로 우리는 자신의 기질에 적절한 원리와 의견을 찾는다. 그러다 보니 이 원리들과 의견들이 우리의 성격을 형성하고 또 성격을 계속 뒷받침하는 것처럼 보이지만, 실제로 보면 그 일은 정반대 방향으로 일어난다. 겉으로 보기에 우리의 생각과 판단이 우리의 본성의 원인들로 여겨지지만, 사실은 우리의 본성이 우리가 그렇게 생각하고 판단하게 하는 원인이다.

불신으로 가득하고, 동료 경쟁자들과 이웃들의 성공을 시기하고, 폭력적이고, 다양한 의견에 분노하는 그런 불쾌한 성격의 소유자는 자신이 초기 단계의 문화에 속한다는 점을, 따라서 일종의 격세유전을 하고 있다는 점을 보여주고 있다. 왜냐하면 그 사람이 다른 사람들에게 하는 행동 방식은 폭력주의 시대에나 옳고 적절하기 때문이다. 그와 다른 성격의 사람, 다시 말해 공감 능력이 탁월하고, 어디서나 친구를 잘 사귀고, 성장하는 온갖 것을 발견하고, 다른 사람들의 명예와 성공에 기뻐하고, 진리를 혼자만 아는 것에서 전혀 아무런 특권을 요구하지 않으면서 적당히 불신을 품고 있는 사람은 보다 높은 인간의 문화 쪽으로 위를 향해 노력하고 있는 선구자이다.

신념의 다양한 단계를 두루 경험해 보지 않고, 처음 걸려든 그 신앙을 줄기차게 고수하고 있는 사람은 어떠한 상황에서도 바로 그 불변성 때문에 격세유전적인 문화의 대표자이다.

의견은 열정에서 비롯되며, 지성의 나태는 의견이 신념으로 굳어지도록 만든다.

지적 자유를 어느 정도 이룬 사람은 오랫동안 스스로를 이 땅 위를 떠도는 방랑자가 아닌 다른 존재로 생각하지 못한다. 그래도 그 사람은 종국적 목표를 향해 나아가는 여행객은 아니다. 종국적 목표 같은 것은 절대로 없기 때문이다.

누구라도 좋으니 아무나 붙잡고 그 사람에게 이렇게 말해 보라. 엄격히 말하면, 사람은 절대로 진리에 대해 말하지 못하며 다만 개연성이나 정도의 차이에 대해서만 말할 수 있을 뿐이라고. 그러면 그대는 그 사람이 노골적으로 드러내는 기쁨을 근거로 사람들이 자신의 지적 지평의 불확실성을 너무나 좋아한다는 사실을 확인하게 될 것이다. 또 사람들이 진리의 명확성 때문에 진리를 정말로 싫어한다는 것도 알게 될 것이다.

광신자들이 자신의 복음이나 주인을 옹호하는 말을 할 때, 그들은 피고가 아니라 재판관으로서 아주 훌륭하게 처신할 때조차도 어디까지나 자기 자신을 옹호하고 있을 뿐이다. 왜냐하면 그들은 자신도 모르게 거의 매 순간에 자신은 예외라는 생각을 떠올리면서 자신의 정통성을 주장해야 하기 때문이다.

진리에 대한 믿음은 그 사람이 이전에 믿었던 모든 진리에 대해 회의(懷疑)를 품는 것으로 시작한다.

철학적인 두뇌는 도덕의 형이상학적 의미를 불신한다는 점에서 다른 두뇌들과 뚜렷이 구분된다.

그대는 희생이야말로 도덕적 행위의 표시라고 믿고 있는가? 심사숙고를 거쳐 하는 행위들 모두에 대해 생각해 보라. 아주 좋은 행위에도 아주 나쁜 행위에서와 마찬가지로 희생이 전혀 없다는 것이 확인될 것이다.

그대의 지성을 따르는 것보다 그대의 양심을 따르는 것이 훨씬 더 편리하다. 왜냐하면 실패가 일어날 때마다 양심은 언제나 어떤 변명과 격려를 찾아내기 때문이다. 그것이 세상에 양심적인 사람은 대단히 많은데 지적인 사람은 아주 적은 이유이다.

도덕주의자들은 모두 소심하다. 왜냐하면 도덕주의자들은 자신의 경향이 드러날 경우에 다른 사람들로부터 스파이나 배신자와 동일시된다는 사실을 잘 알고 있기 때문이다. 게다가, 도덕주의자들은 일반적으로 자신이 행동에 약하다는 것을 깨닫고 있다. 그들이 행동에 약한 이유는 일을 하는 도중에도 행위의 동기들에 대해 끊임없이 생각해야 하다 보니 일에 관심을 온전히 쏟지 못하기 때문이다.

어느 누구도 처벌과 복수의 마음이 바닥에 깔리지 않은 상태에서 비난하지 않는다. 자신의 운명이나 자기 자신을 비난할 때조차도 그런 저의가 깔려 있다. 모든 불평은 비난이고, 모든 자기만족은 칭찬이다. 불평을 표현하든 자기만족을 표현하든, 우리는 언제나 누군가에게 책임을 지우고 있다.

그대는 불결한 조건에서도 더 깨끗해져 나오는 방법을 알아야 하며, 필요하다면 더러운 물로 몸을 씻는 방법도 알아야 한다.

도덕의 기원은 두 가지 사상에 닿는다. 말하자면, "공동체가 개인보다 더 중요하다."는 사상과 "영원한 이익이 일시적인 이익보다 더 소중하다."는 사상이 도덕의 기원인 것이다. 이 사상들에서 나온 결론은 이렇다. 공동체의 영원한 이익은 무조건적으로 개인의 일시적인 이해보다, 특히 개인의 일시적 행복뿐만 아니라 개인의 영원한 이익과 개인적 존재의 연장보다 우위에 놓여야 한다는 것이다.

그대는 어떤 미덕에 닿는 길을 걷기를 주저해서는 안 된다. 그 뒤에 이기심, 그래서 효용이나 개인적 안락, 두려움, 건강, 명예 또는 영광 같은 동기가 작용하고 있는 것이 분명할 때조차도 미덕의 길을 걸어야 한다. 이런 동기들은 천박하고 이기적이다. 그렇다. 그러나 만약에 이런 동기들이 우리로 하여금 어느 정도의 미덕을, 예를 들어 극기와 본분 충실, 질서, 절약, 중용 등을 갖추도록 자극한다면, 그 동기가 어떤 이름으로 불리든 상관없이 그것을 따르도록 하라.

재능 있는 사람이 예술 작품의 도덕적 주제나 인물, 동기, 즉 예술 작품의 "아름다운 영혼" 쪽을 추구하려 드는 경향은 종종 아름다운 영혼을 결여한 예술가가 끼고 있는 의안(義眼)에 불과하다.

예술은 무엇보다 삶을 장식하고, 우리 자신을 인내하게 만들고, 가능하다면 다른 사람들의 눈에 상냥한 존재로 비치도록 해 줘야 한다. 이 같은 과제를 늘 염두에 두면서, 예술은 우리를 온화하게 가라앉히고, 자제하게 하고, 교류의 형태를 창조하고, 교육을 받지 않은 사람들이 예의범절과 청결, 정중함, 그리고 적절한 웅변과 침묵의 법칙을 익히도록 한다. 따라서 예술은 온갖 노력에도 불구하고 인간 본성의 기원 때문에 언제나 터져 나오고 있는 추한 모든 것을, 말하자면 고통스럽고 무섭고 혐오스런 모든 요소들을 숨기거나 변형시켜야 한다. 예술은 특히 정열과 정신적 고통, 불안과 관련해서 이 의무를 반드시 수행함으로써, 불가피하게 나타나게 되어 있는 추한 것들 사이에서 의미 있는 요소가 빛을 발하도록 해야 한다. 이런 위대한, 더없이 위대한 과제에 비하면, 소위 원래의 예술, 즉 예술 작품은 하나의 부속물에 불과하다. 자신의 내면에서 미화와 은폐, 변형의 힘이 넘쳐나는 것을 느끼는 사람은 최종적으로 그 과잉을 예술 작품에 풀어놓으려 할 것이다. 이 말은 특별한 상황에서 한 민족 전체에도 그대로 통한다.

위대한 정신의 소유자들은 끔찍할 만큼 너무나 인간적인 본성을 타고난다. 맹목성과 추함과 무절제가 그런 요소들이다. 그래서 그들의 막강한, 너무나 막강한 영향력이 이런 특성들이 불러일으키는 불신 때문에 지속적으로 일정한 한계 안에 묶여 있게 된다.

독창적인 정신의 소유자들은 새로운 것을 처음 본다는 사실 때문에 두드러지는 것이 아니라, 모든 사람이 뻔히 보면서도 간과하고 있는, 오래되고 잘 알려진 것을 새로운 무엇인가로 볼 줄 아는 능력 때문에 두드러진다. 최초의 발견자는 대체로 아주 평범하고 지적이지 않은 공상가, 즉 우연이다.

어떤 개인이 자신의 형태에 확실히 만족하는 태도는 다른 사람의 모방을 자극하고, 그러다 보면 어느 한 개인의 형태가 점진적으로 다수의 형태로 자리잡게 된다. 바로 이것이 유행이다.

경멸의 대상으로 "자유로운 정신"이라는 이름이 붙은 사람들에게로 향하고 있는 대중의 혐오와 학대 일부를 자신의 어깨에 짊어짐으로써 그들에게 존경을 표하고 그들의 삶의 방식을 자신의 것으로 받아들이지 못한다면, 우리 중에서 누가 감히 자신을 "자유로운 정신"이라고 부를 수 있겠는가?

우리가 자기 자신을 아는 데는 직접적인 자기 관찰로는 절대로 충분하지 않다. 우리에겐 역사가 필요하다. 왜냐하면 과거가 수없이 많은 경로로 우리를 관통하고 있기 때문이다. 종국적으로 보면, 우리 자신은 이 지속적인 흐름 속에서 매 순간 느끼는 감각들에 불과하다.

젊고 생생하고 야만적인 민족들에게, 기독교는 독(毒)이다.

누가 그렇게 할 수 있다고 말했는지 확실히 모르지만, 신앙은 지금까지 진짜 산을 옮기지 못했다. 그러나 신앙은 산이 존재하지 않던 곳에 산을 만들 수는 있다.

여행객들을 다섯 등급으로 분류할 수 있다. 가장 낮은 첫 번째 등급은 여행하면서 관찰의 대상이 되는 사람들이다. 말하자면 여행의 대상이 되는 맹목적인 사람들이다. 그 다음 등급은 세상을 정말로 관찰하는 사람이다. 세 번째 등급은 보는 행위의 결과를 온몸으로 경험하는 사람들이다. 네 번째 등급은 자신의 경험을 자신의 삶 속으로 녹이고 그 이후로 그 경험을 계속 안고 가는 사람들이다. 마지막으로, 최고의 능력을 가진 사람들이 일부 있다. 이들은 집으로 돌아오자마자 여행 동안에 경험한 모든 것을 실제 삶 속에서 구현하며 그것을 자신의 것으로 체화한다. 이 다섯 부류의 여행객들처럼, 모든 인간은 인생이라는 길고 긴 순례를 나선다. 가장 등급이 낮은 부류는 그야말로 수동적인 사람이고, 가장 등급이 높은 부류는 경험의 잔재를 내면에 하나도 남기지 않고 자신의 경험 모두를 삶 속에서 행동으로 실현하는 사람들이다.

모든 사람을 한결같이 좋은 마음으로 대하고 또 인격을 구분하지 않고 모두를 친절하게 대하는 것은 뿌리 깊은 인류애에서 비롯될 수 있는 것 못지않게 인간에 대한 깊은 경멸에서 비롯될 수도 있다.

과학에 대해, 여자들과 자기 본위적인 예술가들은 시기와 감상이 섞인 어떤 감정을 품고 있다.

여자의 지적인 힘은 여자가 어떤 남자와 그 남자의 지성을 사랑하는 마음에서 자신의 지성을 제물로 바친다는 사실로 가장 잘 증명된다. 또 여자의 지적인 힘은 그럼에도 불구하고 그전까지 그녀의 본성에 낯설었던 새로운 영역에서 남자의 정신이 그녀에게 강요한 결과 제2의 지성이 당장 생겨난다는 사실로도 증명된다.

여자들을 통해, 자연은 인간을 다듬어나가는 작업을 지금까지 어느 정도 성취했는지를 보여주고, 남자를 통해 자연은 인간을 위해 극복한 것이 무엇이며, 아직 극복해야 할 것이 무엇인지를 보여준다.

한 남자가 어떤 여성에게 돌연 품게 되는, 아주 깊고 아주 치명적인 열정은 도대체 어디서 나오는 걸까? 관능에서만 생겨날 가능성은 거의 없다. 그러나 남자가 한 사람의 생명체 안에서 약함과 도움의 필요성, 도도한 정신이 결합되어 있는 것을 발견할 때, 그 남자는 일종의 영혼의 홍수 같은 것을 겪으면서 동시에 감동과 불쾌감을 느낀다. 바로 이 지점에서 위대한 사랑의 샘이 솟아난다.

사고의 깊이는 청년의 몫이고, 사고의 명징은 노인의 몫이다.

사회주의를 치료할 수 있는 유일한 수단은 사회주의를 자극하는 일을 피하는 것이다. 달리 말하면, 사치스런 온갖 과시를 최대한 막기 위해 중용과 만족의 상태에서 살며, 모든 사치와 잉여에 세금을 물리려는 국가를 최대한 돕는 것이 사회주의를 막는 길이라는 뜻이다.

지적인 사람만이 재산을 가져야 한다. 그렇지 않으면 재산이 공동체에 위험한 요소가 될 것이다. 왜냐하면 소유로 인해 생겨난 여가를 이용하는 방법을 모르는 재산 소유자는 계속 더 많은 재산을 추구할 것이기 때문이다. … 근본적으로 늘 문화를 부러워하는, 가난하고 교양 없는 사람들 사이에, 부(富)는 시기심을 불러일으키면서 점진적으로 사회 혁명이 일어날 길을 닦을 것이다.

오직 어느 선까지만, 소유는 인간을 더 자유롭게 느끼게 만들고 더 독립적으로 만든다. 그러나 그 선에서 한 걸음만 더 나아가면 소유물이 군주가 되고 소유자는 노예가 되어 버린다.

큰 국가들의 정부는 국민을 의존적인 존재로, 말하자면 두려워하며 복종하는 존재로 지켜나가는 수단을 두 가지 갖고 있다. 보다 거친 수단으로 군대가 있고, 보다 세련된 수단으로 학교가 있다.

어떤 일을 놓고 그 일이 좋아 보이는 날보다 하루라도 더 오래 좋다고 말하지 않는 것, 특히 하루라도 더 일찍 좋다고 말하지 않는 것, 그것이 기쁨을 순수하게 지켜나가는 유일한 길이다.

사람들이 나쁜 일조차도 마음에 들면 그것을 존경하고 인정하면서 그런 일에 즐거워한 데 대해 수치심을 전혀 느끼지 않는다는 사실은 크고 작은 일들이 인간을 지배하는 힘이 대단히 크다는 사실을 보여주는 표시이다.

삶이 마치 강도처럼 굴면서 명예나 기쁨, 인간관계, 건강, 그리고 온갖 종류의 재산을 빼앗을 수 있는 만큼 빼앗아 갈 때, 우리는 아마 처음에는 충격을 받겠지만 결국에는 그 전보다 더 부유하다는 사실을 깨닫게 될 것이다. 이유는 그제야 처음으로 우리가 진정으로 우리 자신의 것이 무엇인지를, 어떤 강도도 건드리지 못하는 것이 무엇인지를 알게 되기 때문이다. 그러면 온갖 약탈과 황폐 속에서도 우리는 막강한 지주의 풍모를 보일 수 있을 것이다.

그대가 예외를 확립하려고 노력하고 있는데 다른 사람들은 규칙을 확립하려고 노력한다면, 그대는 다른 사람들 아래에 서게 될 것이다.

지금까지 나온 인간에 대한 생각들 중에서 노망기가 가장 강하게 느껴지는 생각은 "자아는 언제나 증오스럽다."는 그 유명한 속담에 담겨 있으며, 가장 유치한 생각은 그보다 더 유명한 가르침인 "이웃을 너 자신처럼 사랑하라."는 말에 담겨 있다. 전자의 속담으로 인해 인간들에 대한 지식이 멈춰버렸고, 후자의 가르침으로 인해 인간들에 대한 지식이 아직 다시 시작하지 못하고 있다.

그대는 삶의 짐이 너무 무겁다고 생각되는가? 그렇다면 그대는 그대의 삶의 부담을 더욱 증대시켜야 한다.

세상이 어떤 영원한 합리성을 구현한 난해한 실체가 아니라는 것은 우리가 알고 있는 세상의 한 조각, 말하자면 우리 인간의 이성이 조금도 합리적이지 않다는 사실로도 충분히 증명되고 있다. 만약에 이성이 영원히, 또 전적으로 현명하지도 않고 합리적이지도 않다면, 세상의 나머지도 현명하지도 않고 합리적이지도 않을 것이다.

인류가 실제로 가장 중요하다고 여기는 것들을, 매일 일어나고 있는 모든 것들을 은근히 경멸하는 태도가 존재하고 있다. 예를 들어, 우리는 "살기 위해 먹을 뿐"이라고 말한다. 이건 가증스런 거짓말이다. 아이를 낳는 것을 두고 성적 쾌락의 진정한 목적이라고 말하는 것과 비슷하다. 거꾸로, "가장 중요한 것들"에 대한 존경도 그야말로 순수했던 적은 거의 없었다.

자유 의지라는 원리는 지배 계급의 발명품이다.

만약 어떤 신이 세상을 창조했다면, 그 신은 지루하기 짝이 없는 영원 속에서 영원한 오락의 원천으로, 말하자면 자신이 갖고 놀 원숭이로 인간을 창조했다.

공동체를 강도로부터 보호하겠다고 약속하는 권력자와 강도는 기본적으로 아마 똑같은 주형(鑄型)으로 만들어진 존재일 것이다. 다른 점이 있다면 권력자가 강도와는 다른 수단으로 목적을 이룬다는 것뿐이다. 말하자면, 권력자는 강제 기여금에 더 이상 의존하지 않고 공동체가 정기적으로 지급하는 세금에 의존한다는 뜻이다.

양심의 가책은 개가 돌을 깨무는 행위처럼 그냥 어리석음에 지나지 않는다.

권리는 관습으로 거슬러 올라가고, 관습은 어느 순간의 협약으로 거슬러 올라간다.

도덕은 첫째로 공동체를 보존하고 공동체를 파괴로부터 구하는 수단이다. 그 다음으로 도덕은 공동체를 특정한 어떤 차원에서, 그리고 어느 정도의 선행 속에서 유지하는 수단이다. 도덕의 동인은 공포와 희망이다. 이 동인들이 거칠고 조악하고 강력한 형태로 나타날수록, 고집 세고 일방적이고 개인적인 것을 추구하려는 경향도 그만큼 더 강하게 남는다.

도덕적 금지는 십계명의 금지와 마찬가지로 이성이 짓눌려 있던 시대에나 어울린다.

동정이 그렇게 높이 평가받는 이유를 설명하기가 어렵다. 원래 교활한 존재로 경멸과 두려움의 대상이 되었던 이타적인 사람이 칭송을 듣는 이유도 설명할 필요가 있다.

우리의 양심을 이루고 있는 것 전부는 우리가 존경하거나 무서워했던 사람들이 어린 시절에 아무런 이유도 없이 수시로 요구했던 것들이다.

모든 단어는 선입견이 담긴 판단이다.

터키인의 운명론은 이런 근본적인 결함을 안고 있다. 인간과 운명을 뚜렷이 구분되는 두 가지로 대비시키고 있는 것이다. 이 운명론은 인간이 운명에 맞서 분투할 수 있고 운명을 좌절시키려 노력할 수 있지만 결국에는 운명이 언제나 승리를 거두게 될 것이라고 말한다. 따라서 가장 합리적인 과정은 인간이 체념하거나 자기 살고 싶은 대로 사는 것이다. 사실, 모든 인간은 그 자체로 운명의 한 조각이다. 인간이 스스로 이런 식으로 운명에 맞서 분투하고 있다고 생각할 때, 운명은 그 같은 인간의 분투에서도 목적을 성취하고 있다. 이 분투도 하나의 공상이지만, 운명에 체념하는 것도 마찬가지로 하나의 공상일 뿐이다. 이런 공상들도 모두 운명 안에 포함되어 있다. 대부분의 사람들이 의지의 자유를 부정하는 원리에 대해 느끼는 두려움은 터키인의 운명론에 대한 두려움과 비슷하다. 대부분의 사람들은 인간이 미래의 어떤 것도 변화시키지 못할 것이기 때문에 나약하게 체념하거나 미래 앞에서 손각지를 끼고 방관하게 될 것이라고 상상한다. 아니면 인간이 이미 정해진 운명이 자신의 행동으로 인해 더 나빠질 리가 없다는 판단에서 변덕에 자신을 맡겨버릴 수도 있다고 생각한다. 인간의 현명한 행위가 운명의 한 조각이듯, 인간의 어리석은 행위도 마찬가지로 운명의 한 조각이며, 운명을 믿는 것에 대한 두려움도 하나의 숙명이다. 소심하고 가엾은 그대는 신들까지 지배하는 불굴의 그 모이라(Moira) 여신이다. 어떤 일이 일어나든 그대는 저주 아니면 축복이며, 여하튼 가장 강한 자까지도 묶을 수 있는 족쇄이다. 그대 안에 인간 세계의 전체 미래가 운명 지어져 있고, 그대가 그런 자신을 무서워해 봐야 아무 소용이 없다.

보다 높은 인간의 첫 번째 시대에는 용기가 가장 고귀한 미덕으로 꼽히고, 그 다음 미덕이 정의, 세 번째 미덕이 절제, 네 번째 미덕이 지혜로 여겨진다.

피상적이고 부정확한 관찰은 자연의 모든 곳에서 대조(예를 들면, "더운 곳과 추운 곳")를 보지만, 거기엔 대조는 전혀 없으며 오직 정도의 차이만 있을 뿐이다.

아직 근절되지 않고 있는 옛 시대의 관습인 기도는 두 가지 전제에서만 의미를 지닌다. 신의 의지를 바로잡거나 변화시키는 것이 가능해야 할 것이고, 또 귀의자가 자기 자신에 대해 잘 알고 있는 가운데 자신이 필요로 하는 것과 자신이 진정으로 원해야 하는 것을 알아야 할 것이다. 이 두 가지 전제는 다른 모든 종교에서 자명하고 전통적인 것으로 여겨지지만 기독교에 의해서는 부정당하고 있다.

불신은 확실한 금을 확보하는 시금석이다.

복수와 처벌은 인간이 동물들로부터 물려받은 유산이다. 인간은 요람에서 받은 이 선물을 동물에게 되돌려줄 때까지 성숙하지 못한다. 바로 여기에 인간이 가질 수 있는 막강한 사상이, 진보 중의 진보를 말하는 사상이 담겨 있다. 친구들이여, 함께 몇 천 년 앞으로 나아가 보자. 아직 대단히 많은 기쁨이 인류를 기다리고 있다. 그 기쁨의 향기가 아직 우리 시대의 인간에겐 날아오지 않았을지라도. 정말로, 우리는 이 기쁨을 스스로에게 약속해도 좋다. 아니, 인간 이성이 발달을 멈추지 않는 이상 그것을 필연적인 것으로 생각해도 좋다. 언젠가 우리는 사회나 개인이 가하는 모든 복수와 처벌에 숨어 있는 논리적 죄를 저지른다는 기분을 더 이상 느끼지 않게 될 것이다. 지금 떨어져 있는 머리와 가슴이 언젠가 서로 함께 가까이 사는 법을 배우는 날이 올 것이다. 가슴과 머리가 더 이상 처음만큼 멀리 떨어져 있지 않다는 것은 인류가 걸어온 경로를 얼핏 돌아봐도 꽤 분명해 보인다. 자기성찰의 차원에서 삶을 되돌아볼 줄 아는 개인은 가슴과 머리 사이에 좁혀진 거리를, 자신이 메운 거리를 뿌듯한 마음으로 자각할 것이다. 그러면 그 사람은 그것을 바탕으로 더욱 큰 희망을 감히 품을 수 있을 것이다.

자연적인 죽음은 이성과 전혀 무관하고 진정으로 비이성적인 죽음이다. 이 죽음에선 껍데기의 측은한 내용물이 알맹이가 얼마나 오랫동안 존속할 것인지를 결정한다.

삶을 보다 충실하고 완전하게 살수록, 단 한 가지의 유쾌한 감정을 위해 삶을 희생시킬 각오가 더욱 커진다.

모든 지적 운동은 그것으로 인해 강한 자는 강탈할 것이라고 기대하고 약한 자는 스스로를 구할 것이라고 기대할 것이기 때문에 반드시 성공하게 되어 있다.

승리와 탁월에 대한 욕망은 인간 천성의 뿌리 깊은 특징이며, 동등에 대한 존경이나 동등에서 느끼는 즐거움보다 역사도 훨씬 더 깊고 훨씬 더 원시적이다.

만약에 모든 적선(積善)이 동정심에서만 나온다면, 세상의 거지들은 오래 전에 굶어 죽었을 것이다. … 적선하는 사람들 중 대다수는 소심한 사람들이다.

권력을 행사하는 것은 힘들고 용기를 요구한다. 그것이 그렇게 많은 사람들이 아주 타당한 권리까지도 주장하지 않는 이유이다. 권리가 일종의 권력이기 때문이다. 그들은 너무나 게으르거나 소심해서 그런 권리를 행사하지 못한다. 관대와 인내는 이런 결점을 은폐하는 미덕을 부르는 이름이다.

여자들은 "남자처럼 어리석다."고 말하고, 남자들은 "여자처럼 소심하다."고 말한다. 그렇다면 여자의 어리석음은 여자답지 않다는 뜻이 된다.

정치적인 모든 일은, 심지어 위대한 정치가가 한 일조차도 운에 맡긴 가운데 즉흥적으로 행해진 것에 지나지 않는다.

현재 모든 나라에 팽배한 소위 무장 평화는 호전적인 성향을, 자신도 신뢰하지 않고 이웃도 신뢰하지 않는 성향을 보여주는 한 신호이며, 각 국가는 부분적으로 증오 때문에, 또 부분적으로 두려움 때문에 무기를 내려놓길 거부하고 있다. 증오하고 두려워하는 것보다는 차라리 멸망하는 것이 낫고, 자신이 증오와 공포의 대상이 되는 것보다는 차라리 사라져 버리는 것이 배 더 낫다. 이것이 미래의 언젠가 모든 정치적 공동체에 최고의 행동 원리가 되어야 한다.

소유가 앞으로 더 큰 신뢰를 고무하고 보다 도덕적인 것이 되기 위해서, 우리는 작은 재산을 일굴 수 있는 노동의 경로들을 활짝 열어야 하지만, 노력 없이 갑자기 부를 획득하는 일은 막아야 한다. 따라서 우리는 큰 부의 축적에 유리하게 작용하는 운송과 무역의 모든 분야에, 특히 화폐 시장에 개인 또는 개인 기업이 진출하지 못하도록 막아야 한다. 그리고 지나치게 많은 것을 소유한 사람들을, 전혀 아무것도 소유하지 않은 사람들과 똑같이 공동체에 위험을 안길 수 있는 유형으로 보아야 한다.

노동의 가치를 거기에 투입된 시간과 노력, 선하거나 악한 의지, 자제, 창의력이나 게으름, 정직이나 거짓 등을 기준으로 결정하려 한다면, 절대로 정의로운 평가가 나오지 못할 것이다. 왜냐하면 전체 인격을 저울 위에 올려놓아야 하는데, 그것이 불가능한 일이기 때문이다.

노동자를 착취하는 것은 지금 우리가 이해하고 있는 바와 같이 어리석은 행위이며, 미래를 대가로 치르는 강도 행위이고, 사회를 위험에 빠뜨리는 행위였다. 지금 우리는 거의 전쟁 상태에 놓여 있으며, 어떻든 평화를 유지하고 조약을 체결하고 신뢰를 얻는 데 드는 비용은 앞으로 엄청나게 클 것이다. 왜냐하면 착취자들의 어리석음이 너무나 컸고 또 너무나 오랫동안 지속되었기 때문이다.

대중은 재산의 취득을 바꿔놓는 하나의 원리로서의 사회주의로부터 최대한 멀리 떨어져 있다. 만약 의회에서 다수당을 차지하면서 핸들을 잡기만 하면, 대중은 자본가와 상인, 금융가들이 지배하는 전체 체계를 누진세로 공격할 것이고, 그러면서 실제로 서서히 중산층을 창조할 것이다. 그러면 이 중산층은 사회주의를 이미 정복한 전염병처럼 여기다 최종적으로 망각하게 될 것이다.

새로운 삶의 두 가지 원칙은 이것이다. 첫째 원칙은 삶을 지금까지 해 왔던 것처럼 아주 멀고 불확실하고 흐릿한 바탕이 아니라 가장 확실하고 명백한 바탕에서 영위하는 것이다. 두 번째 원칙은 삶을 계획하고 최종적인 목적을 향해 나아가기 전에 먼저 가장 가까운 것들과 그보다 덜 가까운 것들, 보다 확실한 것들과 덜 확실한 것들의 등급을 정하는 것이다.

죽음이 반드시 찾아오게 되어 있다고 생각하면, 우리에게 아주 소중하고 달콤한 가벼움이 일상의 삶에 어느 정도 녹아들 수 있다. 그런데 약제사의 영혼을 지닌 그대는 죽음으로 불쾌하기 짝이 없는 한 방울의 독약을 만들었고 그것이 삶 전체를 끔찍한 그 무엇으로 만들어 버렸다.

우리는 자연에 대해 논하면서 그만 우리 자신을 망각하고 있다. 우리 자신이 자연인데도 말이다.

우리는 자신의 의견을 위해 화형 당하는 일은 없어야 한다. 우리가 의견을 그럴 정도로 확신하지 않기 때문이다. 그러나 우리는 의견을 품고 바꿀 수 있는 권리를 위해서는 화형당할 수 있어야 한다.

인간은 동물처럼 처신한다는 사실 자체를 잊기 위해 많은 사슬로 묶여 있다. 그리고 인간은 정말로 다른 어떤 동물보다 더 점잖고, 더 지적이고, 더 즐겁고, 더 사려 깊다. 그러나 지금 인간은 너무 오랫동안 사슬을 짊어지고 다닌 탓에 고통 받고 있다. 또 너무나 오랫동안 맑은 공기와 자유로운 움직임을 누리지 못해 고통 받고 있다. 내가 누누이 강조하듯이, 이 사슬들은 도덕적, 종교적, 형이상학적 관념들이 저지른 중대한 실수들이다. 오직 사슬이라는 이 병이 극복될 때에만, 첫 번째 위대한 목표에 도달할 수 있을 것이다. 그 목표란 바로 인간이 수성(獸性)과 분리를 이루는 것이다.

2장

—

여명

『인간적인, 너무나 인간적인』의 과도적이고 예비적인 비판과 논평에 이어 나온 첫 작품이 『여명』(독일어 제목: Morgenröten)이었다. 틀림없이, 건설적이고 분석적인 사고를 다루는 논문이 기대되었다. 만약에 곤봉 뒤에 창조와 건설을 암시하는 의지의 확신이 없었다면, 그 어떤 사람도 옛 신들의 토대를 그처럼 효율적으로 흔들어 놓지 못했을 것이고, 수 세기에 걸친 가르침을 통해 강화된 교리를 그처럼 방종하게 짓밟지 못했을 것이며, 기존의 확립된 윤리적 기준과 종교적 원칙을 그처럼 무모하게 무효화시키지 못했을 것이다. 니체는 새 책의 중요성을 인식하고 1881년 초에 완성하자마자 출판업자에게 즉시 인쇄할 것을 요청하는 편지를 썼다. 그러나 출판업자는 이 원고에 전혀 중요성을 부여하지 않으면서 여름이 끝날 때까지 출간을 미뤘다. 그때서야 나온 이 책은 아무런 반응을 얻지 못했다. 그야말로 약간의 논평만 있었을 뿐이었다.

그럼에도 『여명』은 니체의 최고 작품 중 하나로 꼽힌다. 상징적인 제목은 내용의 본질을 엿보게 한다. 그것은 니체의 긍정적인 철학의 시작이었다. 이 책에서 니체는 재건 작업을 시작한다. 책 속의 구절 중 많은 것은 훗날 자신의 이론들을 발달시키고 주장할 책들의 토대를 이루었다. 그러나 그의 사고에 근본적인 변화는 전혀 없었다. 논리적으로 보면 이 책의 단락들은 그 전의 에세이를 지배했던 허무주의의 연속이었다.

니체가 초기에 쓴 글을 보면, 그가 취할 가르침의 방향을 말해주는 증거들이 나타난다. 『인간적인, 너무나 인간적인』까지, 그의 책들은 주로 초기에 그의 마음속에 있던 생각들을 발달시키고 다듬는 내용이었다. 이 생각들은 종종 명확하게 잡히지 않고 서로 조화를 이루지 않았을지라도 그의 사고의 부정할 수 없는 특성이었다. 니체가 절충주의적 태도를 보이게 된 영향을 당대의 인물들, 특히 쇼펜하우어에게서 찾으려는 시도가 자주 있었음에도 불구하고, 그런 식의 비판적 노력의 결과는 니체 본인의 내면에서 너무나 분명하게 발견되는 증거에 의해 쉽게 부정되었다. 철학적인 니체는 그 뿌리를 학구적인 니체에게 깊이 내리고 있다. 사고 과정에 피상적이고 중요하지 않은 단계에서 그가 때때로 변화하는 모습을 보였지만, 대단히 주도면밀한 비평가들의 연구도 그의 근본적인 원리들에 담긴 직접적인 모순을 드러내는 데 실패하고 있다.

『여명』에서, 니체는 다시 도덕의 기원을 파고든다. 그는 분석을 더욱 확장하면서 추가적인 연구와 보다 복잡한 추리 과정을 통해서 자신의 분석을 뒷받침하고 있다. 도덕이 인간의 삶에서 서야 할 위치를 확실히 알고 또 도덕과 인간의 필요의 관계를 확인한 상태에서, 그는 도덕을 영원하고 변경 불가능한 명령으로 적용할 경우에 그 도덕이 처음 시작된 환경을 제외한 다른 환경에서는 재앙을 부른다고 지적한다. 모든 도덕이 최종적으로 편의주의에 근거하고 있는 이상, 편리한 수단은 조건에 따라 달라지기 때문에 도덕도 끊임없이 변화하는 사회의 조건을 충족시키기 위해서 변화해야 한다는 결론이 나온다. 그리고 삶의 조건이 나라마다 다 다르기 때문에, 도덕규범도 마찬가지로 기능을 제대로 발휘하기 위해선 지리에 맞춰야 한다.

기존의 도덕규범, 즉 기독교 교리는 우리가 오늘날 살고 있는 조건과 다를 뿐만 아니라 많은 예에서 정반대인 그런 조건에서 나왔다. 니체는 현대인과 관계가 없는 윤리 체계를 고집하는 행태에서 중대한 위험을 보았으며, 아울러 그런 도덕은 현재의 인류의 문제들에 지적 영향력을 전혀 행사하지 못할 것이라고 주장한다. 도덕이 "신성"에 기원을 두고 있다는 식의 미신이 인간의 내면에 깊이 뿌리를 내리고 있다는 사실을 잘 알고 있기 때문에, 그는 고대의 모든 규범을 그것이 만들어질 당시의 인간의 조건과 연결시키는 과제를 떠안았다. 그렇게 함으로써 도덕규범의 기원은 어디까지나 인간이라는 점을 보여주려는 뜻이었다.

기독교가 그 시대의 가장 강력한 도덕적 힘이었기 때문에 자연히 니체의 관심을 가장 많이 끌었다. 『여명』 중 아주 큰 부분이 기독교를 분석하는 작업에 할애되고 있다. 어조를 보면 이 책의 단락들이 그 뒤에 나온『적그리스도』의 단락보다 부드럽지만, 그럼에도 불구하고 이 책의 내용이 니체가 기독교 도덕을 대상으로 한 비판 중에서 가장 심오한 편에 속한다. 이 책에 담긴 아포리즘들 중에서 일부만 신학적인 행동 규범의 평가에 할애되고 있지만, 그 아포리즘들은 유대인의 윤리를 받아들이는 길에 장애물로 버티고 있으며, 현대의 가장 탁월한 성직자조차도 그가 놓은 장애물을 완전히 제거하지 못하고 있다.

이 책에서 발견되는 일부 아포리즘들로부터『적그리스도』가 나왔다.『적그리스도』는 기독교가 불러일으킨 비난 중에서 가장 통렬하고 가장 효과적인 비난이었다.『여명』에, 니체가 기독교를 다루면서 쓴 가장 근본적인 단락 하나가 나온다. 그 단락은 '최초의 기독교인'(The First Christian)이라 불리며, 사도 바오로를 분석하고 있다. 어떠한 신학자도 거기에 대답하지 못하고 있다. 너무나 계몽적이고, 너무나 심오하면서도 너무나 간단해서 보통 사람의 정신을 압도하는 아포리즘들이 이 책에 담겨 있다.

그러나 기독교는『여명』에서 다뤄지는 주제들 중 하나에 지나지 않는다. 이 책은 현대 도덕의 전 분야를 두루 아우르고 있다. 니체는 서론에서 이렇게 말한다. "이 책에서 '지하' 작업이 확인될 것이다. 파고, 채굴하고, 손상시키면서, … 나는 가장 깊은 곳까지 내려갔다. 나는 밑바닥까지 굴을 뚫고 들어가 거기서 케케묵은 어떤 신앙을 조사하며 완전히 뒤집어 놓았다. 수천 년 동안 우리 철학자들이 가장 안전하다고 판단하며 무엇인가를 쌓아올리곤 하던 그 토대였다. … 나는 도덕에 대한 우리의 신앙을 파헤치기 시작했다."

역사가 시작할 때부터 인간의 행동을 좌우하는 지배적인 가치 척도가 존재한 것은 사실이다. 도덕은 일부 계급의 지배를 암시한다. 이 지배 계급이 자의적인 명령을 통해서 존경심을 불러일으키기 위해서 인간의 권위가 아닌 다른 권위를 내세워 규범을 발명해냈다. 따라서 비판이 억눌러졌다. 도덕은 자체적으로 협박 수단을 갖고 있었으며, 가혹한 벌을 가함으로써 조사 자체를 막았다. 따라서 도덕은 지속적으로 성장하며 권력을 축적하고 사상가나 철학자, 분석가가 없는 상태에서 위세를 떨쳤다. 모든 과학 중에서 품행의 과학이 끝까지 조사자들을 끌어들이지 않고 있었다.

다윈(Charles Darwin)의 진화론이 나올 때까지, 어떤 전제를 깔고 고찰하던 철학 스타일의 유행은 결코 시들지 않았다. 그러나 생물학과 사회학의 등장도 건설적인 사고에서 형이상학적인 전제를 완전히 제거하지 못했다. 다윈도 예외가 아니었는데, 과학자들 자신들이 자연선택과 자연선택의 법칙을 인정하길 망설였다. 신(新) 라마르크설은 불쾌한 진화론에 대한 반발 중 하나일 뿐이었다. 앨프리드 러셀 월리스(Alfred Russel Wallace)와 그보다 더 중요한 인물인 허버트 스펜서(Herbert Spencer)는 사고에서 생물학적 바탕의 가능성을 반박하면서 다윈의 연구를 인정하는 것을 피하려 들었다. 진화론자를 자처한 존 피스크(John Fiske)는 철학의 과학적 기원을 간접적으로 부정했다, 마찬가지로 대부분의 사상가들은 다윈 이론에 대한 해설을 따르면서도 동물의 왕국을 지배하는 생물학적 법칙을 인간에게 적용하길 거부했다.

밸푸어(Balfour)와 헉슬리(Aldous Huxley)는 이 새로운 유형의 사고에서 불일치와 모순을 감지하고 자연과학과 인간 행동 사이의 간극을 메우려 노력하면서 논리적이고 자연주의적인 어떤 바탕을 가진 윤리 체계를 구상하려고 애썼다. 그러나 두 사람 모두 문제에 정면으로 맞서려 하지 않았다. 밸푸어는 다윈의 진화론을 부정하지 않으면서도 자연법칙의 파괴 또는 변화를 끌어낼 그런 목적의 도덕 체계를 구축하고 있었다. 그리고 헉슬리는 인간의 진보를 생물학적 원리들을 극복하는 것으로 정의하고 있다. 따라서 생리심리학자들 사이에도 자연의 법칙을 종속시키는 것이 중요한 명제가 되었다. 그리하여 생물학은 철학을 깊게 하는 바탕으로 이용되지 못하고 철학이 극복해야 할 장애로 여겨지게 되었다.

니체는 자연의 법칙과 생리적 법칙에 근거를 둔 행동 과학이 가능하고 또한 논리적이라고 보았다. 그리고 그에게서 우리는 철학적 사고의 역사에 처음으로 정식으로 인정된 기준에 대해 학문적으로, 또 지적으로 비판하는 것을 발견한다. 그는 생물학적 관점을 결코 놓치지 않았다. 가끔 니체가 생물학적 관점을 포기하는 것처럼 보였다면, 그건 짧은 기간의 일이었다. 그는 언제나 다시 생물학적 관점으로 돌아왔다. 아주 추상적인 단락까지도 모든 현상은 적자생존의 법칙으로 설명이 가능하다는 사실에 근거하고 있다. 니체는 육체적 현상을 다루든, 도덕적 행동을 다루든, 아니면 추상적인 추론을 다루든 자신의 사고의 모든 단계를 생물학이라는 법정 앞에 세우려고 노력했다. 수 세기 동안 과학과 별도로 움직이던 철학이 여기서 과학적 실험이라는 옷을 입었다.

다른 사상가들에게 서로 무관하고 별도로 존재하는 것으로 여겨졌던 합리주의와 경험주의 사이에 어떤 관계가 확립되었다. 니체는 의식적으로든 무의식적으로든 브루노(Giordano Bruno: 1548-1600)와 플라톤 같은 철학자들(이들은 과학적 사상가들과 추상적 변증가들 사이에 섰다)과 자신을 결합시키지 않았으며, 직관적인 과정에 근거한 사상 체계를 만들려는 시도조차 하지 않았다. 그런 공상적인 개념은 우주의 문제에 직접적으로 적용 가능한 경우를 제외하곤 그에게 전혀 아무런 매력을 발휘하지 못했다. 단순히 지식 이론에만 매몰되어 있는 사람들을 그는 불필요하게 거미집이나 짓는 존재로 여겼다. 데카르트(René Descartes)와 스피노자(Baruch Spinoza), 라이프니츠(Gottfried Wilhelm Leibniz) 같은 형이상학자들의 영역도 그는 가끔만 들릴 뿐이었다. 그의 목적은 모든 생각을 눈으로 확인 가능한 삶의 가치와 연결시키는 것이었다.

서문에서 니체는 도덕을 철학의 키르케(Circe: 그리스 신화에 나오는 여자 마법사/옮긴이)라고 부르면서 "플라톤 이후로 줄곧, 유럽에 세워진 모든 철학적 건축물이 허공에 지어진 이유가 무엇인가?"라고 물었다. 그 뒤 형이상학의 부정적인 특성들을 전혀 전제하지 않고 진행되는 그의 분석을 거치면서, 도덕적인 현상들은 몇 차례의 타격이나 냉소나 염세주의의 몰염치한 행위에 의해서가 아니라 대단히 정밀하고 복잡한 수술에 의해 산산조각난다. 그는 역사의 위대한 이단자들을, 동시대인들의 눈으로 보면 "고약한" 사람이지만 다른 환경적 상황에서 보면 "선한" 것으로 여겨지는 사람들의 예로 제시한다.

니체는 도덕은 정적인 가설에 근거할 수 없다는 점을 강조하면서 부도덕성도 이성의 발달에 나름의 위치를 차지한다는 이론을 제시한다. 니체는 기존의 도덕적 가치들을 그것들의 진정한 본질을 드러내는 용어로 바꾸면서 그 가치들이 반드시 부도덕한 것이 아니라 도덕과 무관한 것이라는 점을 보여주려고 노력한다. 경건과 정직, 신앙, 복종, 봉사, 충성, 자기희생 같은 용인된 미덕들이 인간의 필요라는 측면에서 검토된다. 그리고 인간의 활동을 대하는 모든 태도를 놓고도 그 원인을 추적하고 그 영향에 관한 평가를 내린다.

이 책의 연구 방식은 이전의 책에서 한 방식과 다르다. 지금까지 니체는 고찰하지 않고 탐구에 몰입했으며 주로 일반원리들을 다뤘다. 그의 분석은 인간 행동의 넓은 범위를 따랐다. 그는 대부분 원리에 국한시켰다. 그러나 『여명』에서 원리와 동시에 기존의 도덕이 적절히 다뤄지고 있다. 구체적인 유형의 도덕적 행동이 편의에 비춰 평가되고 있다. 니체는 오늘날의 사회의 근본적인 본질을 진단하고, 현대 사회의 필요와 앞에 열거한 미덕 사이에 모순과 불일치를 발견한다. 그는 약하고 종속되었던 고대의 사람들이 적대적인 침략자들에게 맞서 자신을 보호하기 위해 이용했던 행동 수단이 위치가 거꾸로 되어 지배하는 입장이 된 국가들에 의해 간직되고 실행되고 있다는 사실을 발견한다. 요약하면, 어떤 도덕은 국가적, 민족적 상황의 변화로 인해 부적절하게 되었다는 뜻이다. 따라서 도덕적 믿음과 도덕적 실천 사이에 타협이 종종 벌어지게 되었다. 이런 고대의 도덕은 성실하게 실천되고 있을 때조차도 현대의 조건에 적절하지 않다고 니체는 지적한다. 그러면서 습관이 끊임없이 피해를 입히고 있는 구체적인 예를 제시한다. 예를 들어, 민주적이고 사회주의적인 도덕의 부드러운 미덕들은 오직 이기심과 냉혹함, 효율, 무정한 마음, 보복 등이 국가의 보전을 위협하는 그런 약한 국가들에서만 바람직하다는 점을 보여준다.

이 결론들 중 하나에서 개인주의에 대한 주장이 나오고, 이 개인주의에서 초인이 현재의 인류의 지평선 위로 머리를 내밀고 있는 것이 보인다. 이 미래의 인간이 갖출 자질들이 정의되고, 인류 문화가 나아갈 길이 제시되고 있다. 초인의 등장에 이어 니체가 결혼의 이상에 대해 처음 얘기한다. 이 철학자가 여성에 대한 비판을 시작하는 것이 보인다. 여성에 대한 비판이라는 측면을 보면, 니체는 여성을 대하는 태도가 피상적이고 그의 일반적인 이론과 연결되지 않는다고 주장하는 사람들에 의해 부당하게 해석되어 왔다. 그러므로 니체를 공부하려는 학생은 니체의 철학 체계의 다양한 요소들에 대한 이해가 다 이뤄질 때까지 여성을 대하는 니체의 태도에 대한 판단을 유보하는 것이 바람직할 것이다. 여성은 그의 글에서 비록 작지만 중요한 역할을 한다. 여성들을 다루는 그의 글은 초인이라는 이론과의 연결 속에서 세심하게 평가되어야 한다.

『여명』에서 계급 구분이라는 니체의 개념이 정의되어 훗날 그의 가르침과 연결된다. 그의 분석 내내 어떤 미묘한 저류(底流)가 흐른다. 이타주의와 박애정신으로 무장한 현대의 사회주의의 기원을 예수 그리스도의 도덕으로까지 추적하는, 책의 마지막 부분에서 명확히 드러나는 사회적 분리가 그것이다. 현재 널리 받아들여지고 있는 형태의 윤리 대신에, 니체는 귀족 문화를 단순히 공리주의적인 문화와 명확히 분리시키는 그런 사회제도를 제안한다. 그는 이 같은 분리가 인간의 본능과도 일치할 뿐만 아니라 하나의 실현 가능한 원리로서 현재의 조건이 요구하는 것도 적절히 충족시킨다고 주장한다. 그가 훗날의 책들에서 발달시킬 노예 도덕과 주인 도덕이 여기서 시험적으로 정의되고 많은 아포리즘에서 암시적으로 제안되고 있다. 이 개념에서 "권력 의지"라는 그의 주요한 원리가 나왔는데, 『여명』에서 이 원리가 처음으로 적절히 정의된다. 그러나 니체는 이 원리가 다윈의 적자생존 이론뿐만 아니라 쇼펜하우어의 "생(生)의 의지" 이론과도 다르다는 점을 분명히 하고 있다.

그러나 이 책을 채우고 있는 것은 추상적인 이론만은 아니다. 니체는 비현실적인 세계에서 싸우는 단순한 형이상학자가 아니다. 그의 사고에는 컴컴한 벽장도 없고 은밀한 오솔길도 없다. 그는 형이상학적 가설 그 너머로 가지 않는다. 그는 현실을 바탕으로 논증할 수 있는 원리와 이성을 고수한다. 그는 실용적인 사람을 대단히 높이 평가하고, 과학의 진전을 끊임없이 칭송한다. 그는 형이상학적인 공중누각을 산산조각 깨부수는 데 많은 공간을 할애하고 있다. 그러나 앞에서 지적한 바와 같이, 그는 어떤 의미로도 유물론자가 아니며 그의 세계관도 현실주의자의 그것이 아니다. 니체에게 생은 영원히 위로 향하는 투쟁이다. 결코 목표가 있을 수 없다. 그래서 세상이 가르쳐야 하는 교훈들은 거짓 원리이기도 하다. 삶의 의미라는 소위 절대적 진리는 하나의 망상일 뿐이다. 지성은 하나의 과정이지 근본 원리가 아니다. 진리는 유동적이고 이중적이며, 원인들에 따라 달라진다. 니체는 물질의 세계를 받아들이지만 그것을 인정하지 않는다. 니체는 자연의 법칙을 주장하면서 그것을 부정한다. 니체는 논리와 원인과 결과의 과정에 충실하면서 환상이나 불일치를 받아들이며, 니체에게 종족이 발전해야 할 노선은 바로 그런 것들이다.

『여명』에서 니체는 『인간적인, 너무나 인간적인』에서와 똑같이 아포리즘 스타일을 이용하고 있다. (짧게 끊어지는 스타카토 형식을 그는 모든 작품에서 이용하고 있다. 『차라투스트라는 이렇게 말했다』의 일부만 예외일 뿐이다.) 각 항은 별도의 제목을 달고 있으며, 도덕의 구체적인 양상을 다루거나 인간의 행동을 대하는 명확한 태도를 다루고 있다. 이 항들 중 일부는 길이가 겨우 한 줄에 불과하며, 단순히 정의나 직유에서 그친다. 그런 한편, 몇 페이지에 달하는 항도 있다. 그러나 하나의 항은 언제나 하나의 생각에 국한된다. 대화 형식으로 되어 있는 항도 이따금 있으며, 짧게 의문을 표현하는 항도 있다.

어떤 아포리즘의 제목은 '영혼의 전투 조제실'로 되어 있으며, 본문은 이렇게 되어 있다. "가장 효과적인 치료제는 무엇인가? 승리이다." 그것으로 끝이다. 간단하고, 아마 처음 읽어서는 일관성이 결여되어 있다는 인상을 받을 것이다. 그러나 그 문장을 놓고 조금 생각해 보라. 그러면 그 글 안에서 아주 중요한 혁명 원리의 핵심이 보일 것이다. 한편, '공감'이란 제목이 붙은 142번 아포리즘을 보라. 재치 번득이는 몇 페이지짜리 논평이 나올 것이다. 그의 스타일이 이처럼 혼란스럽다는 사실에서 형식이 유연하다는 느낌이 비롯된다. 이 짧은 항들은 서로 동떨어져 있지도 않고 일관성을 결여하고 있지도 않다. 각 항은 피라미드처럼 하나씩 차곡차곡 쌓여 있으며, 그 아래로 통일된 사고의 저류가 흐르고 있다. 이 책을 다 읽고 나면, 우리는 주의 깊게 쌓은 하나의 건축물을 갖게 되며 동시에 각 항이 그 건축에 꼭 필요했던 들보이거나 장식이라는 점을 깨닫게 된다.

너체는 이렇게 말했다

도덕이란 것은 관습의 성격을 불문하고 관습에 복종하는 것에 지나지 않는다. 그러나 관습은 단지 전통적인 방식으로 행동하고 가치 판단을 내리는 것에 불과하다. 전통이 전혀 없는 곳엔 도덕도 없다. 삶이 전통의 지배를 덜 받을수록, 도덕의 범위는 그 만큼 더 좁아진다. 자유로운 사람은 비도덕적이다. 왜냐하면 자기 자신을 의지하고 전통에 의지하지 않겠다는 것이 그 사람의 의지이기 때문이다. 원시적인 상태에서, '악'은 '개인적인' '자유로운' '자의적인' '익숙하지 않은' '예상하지 않은' '믿을 수 없는' 등의 표현과 동일하다. 언제나 이런 기준에 의해 평가되는 원시적인 조건에서, 전통의 명령에 따라 행해지지 않고 다른 이유(예를 들면, 행동이 개인에게 유익하다는 사실)로 행해진 행동은 어떤 것이든 비도덕적인 것으로 여겨진다. 그런 행동은 그 행동을 수행한 사람 본인에게도 그런 식으로 느껴진다. 이는 그 행동이 전통에 충실한 행동이 아니기 때문이다.

민간 의술과 대중 도덕은 서로 성격이 비슷하며, 이 두 가지는 지금처럼 서로 달리 고려되거나 달리 평가되어서는 안 된다. 민간 의술과 대중 도덕은 둘 다 가장 위험한 거짓 과학이다.

스스로 이런저런 도덕의 굴레를 벗어던져야 한다고 느꼈던 탁월한 인간들은 모두 미친 척 꾸미거나 실제로 미쳐 버리는 길 외에 달리 방법이 없었다. 이는 종교와 정치뿐만 아니라 삶의 모든 영역에서 혁신을 꾀하는 사람들에게도 똑같이 적용된다.

지금까지 기존 도덕법을 뒤엎었던 사람들은 모두 처음에 사악한 인간으로 여겨졌다. 그러나 훗날에 그 도덕법을 재확립하는 것이 불가능하다는 사실이 확인되고 사람들이 점진적으로 그 변화에 익숙해질 때, '사악한 인간'이라는 비판도 서서히 변한다. 역사는 거의 전적으로 훗날 선한 사람으로 인정받게 되는 이런 사악한 인간들만을 다루고 있다.

관습적 도덕의 영향 아래에 있는 사람들은 무엇보다 먼저 근거들을 경멸하고, 둘째로 결과들을 경멸하고, 셋째로 현실을 경멸하면서 자신의 보다 고귀한 감정들(경외, 숭고, 긍지, 감사, 사랑)을 갖고 상상의 어떤 세계를, 소위 보다 고귀한 세계를 엮어낸다. 오늘날에도 이런 태도의 결과가 목격되고 있다. 사람의 감정이 어떤 형태로든 고양되는 곳마다, 그런 상상의 세계가 뚜렷이 모습을 드러내는 것이다.

도덕 감정의 역사는 도덕 개념의 역사와 완전히 다르다. 도덕 감정은 행위에 앞서 강해지고, 도덕 개념은 특히 행위가 있은 후에 행위와 관련해서 자기 자신을 명확히 밝히고자 할 때 강해진다.

우리의 감정을 믿는다는 것은 단지 우리의 내면에 있는 신들, 즉 우리의 이성과 경험보다 우리의 할아버지와 할머니에게 더 강하게 복종한다는 뜻이다.

똑같은 충동도 관습이 그 충동을 압박하는 상황에선 비겁이라는 괴로운 감정으로 발달하고, 기독교 도덕 같은 어떤 도덕이 그 충동을 끌어안으면서 선(善)이라고 불러 주면 겸손이라는 유쾌한 감정으로 발달한다.

기원(起源)이란 것은 우리가 기원에 대해 아는 만큼 그 중요성을 잃게 된다. 반면, 우리와 가장 가까운 것들, 그러니까 우리 주변에 있거나 우리 내면에 있는 것들은 우리의 통찰이 깊어지는 만큼 그 색깔과 아름다움, 수수께끼, 다양한 의미를, 말하자면 옛날의 인류들은 상상조차 하지 못했던 것들을 더욱 풍성하게 드러내기 시작한다.

사람은 오직 모든 사물에 대한 지식을 확보할 수 있을 때에만 자기 자신에 대해 알 수 있다. 모든 사물이 바로 인간의 경계이기 때문이다.

인간이 아무리 높은 곳까지 발달한다 하더라도, 최종적으로 보면 그 높이가 처음만큼 높지 않을 수도 있는데, 인간이 보다 높은 질서를 이룰 가능성은 개미와 집게벌레가 이 지구상에서 활동을 끝낸 뒤에 신이나 영원과 비슷해질 수 있을 가능성만큼이나 낮다. 앞으로 다가올 것은 지나간 것들을 뒤에 질질 달고 다닐 것이다. 그런데 왜 작은 별 또는 그 별 위의 연약한 종(種)이 그 영원한 드라마에서 예외가 되어야 하는가? 이따위 감상은 버리도록 하라!

정직하고, 유능하고, 공정하고, 심오한 감정을 가졌으면서도 여전히 가슴속으로 기독교인 사람들은 일정 기간 동안 기독교 없이 살아보려고 시도하는 의무를 져야 한다. 그리하여 한동안 "황야 속에서" 사는 것을 그들은 자신들의 신앙으로 여겨야 한다. 기독교가 필요한가 하는 문제에 대해 자신의 입장을 밝힐 권한을 얻기 위해서라도 그렇게 해야 한다.

기독교는 어떻게든 체념하게 할 수 있을 만한 사람들을 찾는 데 있어서 사냥꾼의 본능을 발휘한다. 그런데 체념할 수 있는 사람은 소수에 지나지 않는다. 기독교는 그런 사람들을 숨어서 기다리고 있다가 추격한다.

"악마" 에로스가 인류에게 모든 천사와 성자를 다 보낸 것보다 더 큰 관심의 대상이 되고 있다. 이는 교회가 에로틱한 온갖 것들에 대해, 신비해 보이지만 따지고 들면 아무런 의미가 없는 말을 늘어놓으면서 생겨나게 된 현상이다. 또 우리 시대에 러브 스토리가 모든 계층의 사람들에게 호소력을 발휘하면서 가장 흔한 관심사가 된 것도 교회 때문이다. 게다가 그런 러브 스토리엔 옛날 사람들에겐 이해가 되지 않고 미래 세대들에겐 비웃음을 살 만한 허풍까지 들어 있다.

이 주제가 프로테스탄트 교회의 설교단에서 다뤄질 때 드러나는 불성실을 과소평가하는 사람은 절대로 교회에 나가지 않는 사람이거나 항상 교회에 나가는 사람이다. 설교자는 자신에게 유리한 쪽으로 말하면서도 너무나 서툰 꼴을 보이고, 성경을 왜곡하고 있으며, 사람들은 온갖 형태의 엉터리 읽기 기술을 익히고 있지 않은가?

기독교는 맹목과 광기를 원하고 또 이성(理性)이 빠져 허우적거리고 있는 그 물 위로 단 하나의 영원한 '백조의 노래'를 원한다.

신이 진리가 아니라면? 신이 진리가 아니라는 것이 입증된다면? 그리고 신이 진리가 아니라 인간의 허영이고, 권력 욕망이고, 야망이고, 공포이고, 어리석음이라면?

사람은 도덕적인 존재가 된다. 그렇지만 사람이 도덕적이라서 도덕적인 존재가 되는 것은 아니다. 도덕을 따르는 것은 아마 노예근성이나 허영심, 이기심이나 체념, 암울한 광신 또는 짧은 생각 때문일 것이다. 다시 말하지만, 도덕을 따르는 것은 지배자의 권위에 복종하는 것과 같은 절망의 행위일 뿐, 그 행위 자체에는 도덕적인 것이 전혀 없다.

도덕은 지속적으로 변화와 변형을 겪고 있으며, 이따금 범죄에 의해서도 그런 변화가 일어난다.

나는 연금술을 부정하는 것과 똑같이 도덕을 부정한다. 말하자면 도덕의 전제를 부정한다는 뜻이다. 그러나 나는 전제를 믿으며 거기에 근거해서 행동한 연금술사들이 있었다는 점은 부정하지 않는다. 나는 또 부도덕도 부정한다. 무수히 많은 사람들이 부도덕하다고 느끼고 있다는 점을 부정하는 것이 아니라, 그들이 부도덕하다고 느껴야 할 진정한 이유가 있다는 점을 부정한다. 물론 나는 부도덕하다고 여겨지는 많은 행위들을 피해야 하고 저항해야 한다는 점을 부정해서는 안 된다. 내가 바보가 아니라면 말이다. 그리고 똑같은 이유로 나는 도덕적이라고 불리는 많은 행위를 고무하고 격려해야 한다는 점도 부정하지 않는다. 그러나 나는 도덕적이거나 부도덕한 행동은 지금까지 사회를 지배해 온 그런 동기가 아닌 다른 동기로 수행되어야 한다고 주장한다. 아마 매우 늦게 이뤄질지 모르지만 마침내 우리가 무엇인가 더 많은 것을 할 수 있기 위해선, 새롭게 느끼기 위해선 우리는 새로 배워야 한다.

도덕이 부도덕보다 이성의 발달에 더 바람직하다고 생각하는 것은 하나의 편견일 뿐이다. 모든 의식적인 존재들(즉, 동물과 사람)이 발달을 이루면서 무의식적으로 추구하는 목적이 그 발달이 안겨줄 "큰 행복"이라는 주장은 틀렸다. 반대로, 우리의 발달이 이뤄지는 각 단계마다 비교할 수 없는 특별한 행복이 성취된다. 이 행복은 높지도 않고 낮지도 않지만, 꽤 개인적인 행복이다. 진화는 행복을 목표로 잡지 않는다. 진화는 단지 진화만을 목표로 삼을 뿐 다른 것은 목표로 삼지 않는다. 우리가 이것이나 저것을 하자고 제안할 수 있는 것은 단지 인류가 보편적으로 인정하는 어떤 목표를 갖고 있을 때뿐이다. 당분간 그런 목표는 전혀 없다. 그렇다면 인류에게 도덕을 요구할 수 없다는 논리가 가능해진다. 인류에게 도덕을 요구하는 것은 유치하고 비합리적이다. 인류에게 어떤 목표를 권하는 것은 이와 꽤 다른 문제이다. 이 목표는 우리의 의지와 쾌락에 근거한 그 무엇이 될 것이다. 인류가 대체로 그런 목표를 채택하기로 동의한다면, 인류는 자유 의지에 따라서 스스로에게 어떤 도덕률을 적용하게 될 것이다.

우리의 의무는 곧 타인들이 우리에게 강요하는 요구이다. 타인들은 어떻게 그런 요구를 할 권리를 획득했는가? 그들은 우리를 합의와 계약을 맺고 이행할 수 있는 존재로 여기고, 또 우리를 그들과 동일한 존재로 판단하고, 따라서 우리에게 무엇인가를 넘기고, 우리를 양육하고, 우리를 교육시키고, 우리를 지원함으로써 그렇게 할 수 있었다.

나의 권리는 나의 권력 중에서 다른 사람들이 나에게 양보했을 뿐만 아니라 나를 위해 내가 간직하기를 바라는 바로 그 부분이다.

탁월에 대한 욕망은 이웃을 종속시키려는 욕망이다.

우리의 이해력은 거울과 비슷한데, 이 거울 위로 규칙성을 암시하는 무엇인가가 계속 이어진다. 어떤 것이 나타날 때마다 또 다른 어떤 것이 따르는 것이다. 우리가 이 같은 사실을 지각하고 거기에 어떤 이름을 부여하길 원할 때, 우리는 그것을 원인과 결과라고 부른다. 그런 식으로 생각하는 우리는 얼마나 바보스러운지 모른다! 여기서, 마치 우리가 무엇인가를 이해했거나 이해할 수 있다는 식으로 굴고 있느니 말이다. 당연히, 우리가 본 것은 원인과 결과의 이미지에 지나지 않으며, 우리가 순서의 관계보다 더 본질적인 관계를 보지 못하도록 막고 있는 것이 바로 이 이미지들이다.

동정은 실제로 고통을 낳는다는 점에서 보면 하나의 약함이다. 그리고 동정이 고통을 낳는다는 것이 유일한 견해가 되어야 한다. 이런 측면에서 보면, 동정은 다른 해로운 감정에 몰입하는 것과 다를 것이 하나도 없다. 동정은 세계 전역에 걸쳐 고통을 증대시킨다. 비록 동정의 결과로 인해 여기저기서 고통이 간접적으로 어느 정도 완화되거나 완전히 사라질지라도, 우리는 이따금 나타나는 이런 결과를 앞세우며 동정의 본질을 정당화하려 들어서는 안 된다. 이미 언급한 바와 같이, 동정은 피해를 안기며, 동정에 따른 고통의 완화나 해소도 대체로 그다지 중요하지 않다. 동정이 단 하루만이라도 세상을 지배하게 된다면, 인류에게 폐허를 안기는 결과가 나타날 것이다. 동정의 본질은 그것 자체로 다른 갈망의 본질에 비해 조금도 더 나을 것이 없다.

동정에 선한 양심이 수반되는 경우는 동정이 요구되고 또 칭송될 때뿐이며, 사람들이 동정에 내재하는 해로운 요소가 무엇인지를 이해하지 못하고 동정에서 일종의 기쁨 같은 것을 볼 때, 그런 일이 일어난다. 우리가 동정에 기꺼이 굴복하고 동정을 인정하는 데 위축되지 않는 것은 동정에 선한 양심이 수반될 때이다. 동정이 위험한 것으로 이해되는 다른 상황에서, 동정은 약점으로 여겨지거나 그리스인들의 경우처럼 주기적으로 일어나는 불건전한 감정으로 여겨진다.

동정의 도덕이 금욕의 도덕보다 더 높다고? 그걸 증명해 보라! 그러나 도덕이 "더 높거나" "더 낮은" 정도를 도덕의 잣대로 측정하지 않도록 조심하라. 절대적인 도덕 같은 것은 절대로 없기 때문이다. 그러니 잣대를 다른 곳에서 끌어오고, 경계심을 늦추지 않도록 하라.

만약에 현재의 정의에 맞춰서 타인들을 위해, 오직 타인들을 위해 하는 행동만이 도덕적이라면, 도덕적인 행동은 결코 없다. 만약에 또 다른 정의에 맞춰서 자신의 자유 의지에서 나온 행동만이 도덕적이라면, 그런 경우에도 마찬가지로 도덕적 행동은 절대로 있을 수 없다. 그렇다면 우리가 도덕이라고 이름붙이는 것, 그리고 틀림없이 존재하면서 하나의 결과로서 설명되기를 원하는 그것은 무엇인가? 그것은 몇몇 지적 실수들의 결과이며, 만약 우리가 스스로를 이 실수들로부터 자유롭게 할 수 있다고 가정한다면, "도덕적 행동"은 어떻게 되는가? 우리가 오늘날까지 어떤 행동에 실제보다 월등히 더 높은 가치를 부여한 것은, 다시 말해 우리가 어떤 행동을 "이기적"이고 "자유롭지 않은" 행동과 분리시킨 것은 이런 실수들 때문이다. 우리는 지금 그런 행동들을 다시 "이기적이고 자유롭지 않은" 행동으로 분류해야 한다. 그러면 그 행동들의 가치를 합당한 수준보다 더 아래로 떨어뜨리게 될 것이다. 왜냐하면 "이기적"이고 "자유롭지 않은" 행동이 지금까지 근본적인 차이가 있는 것으로 여겨지면서 과소평가되어 왔기 때문이다.

내가 신이고 더 나아가 자비로운 신이라면, 인간의 결혼이 다른 어떤 것보다도 더 나를 불쾌하게 만들 것이다.

연인들의 맹세는 무효라고 공개적으로 선언해야 한다. 또 연인들에게 결혼을 허용하지 말아야 한다. 이유는 결혼 자체를 훨씬 더 진지하게 다뤄야 하기 때문이다. 그러면 지금 이뤄지고 있는 결혼들 중 많은 예들이 미래에는 대체로 허용되지 않을 것이다. 지금 결혼의 과반은 제삼자의 증인을 내세울 만한 가치가 없는 것이 아닌가? 그럼에도 이 제삼자가 부족한 경우는 거의 없다. 자식도 있다. 자식은 증인 그 이상이다. 자식은 남의 죄를 뒤집어쓰는 존재이고 희생양이다.

창피하지도 않은가! 그대는 어떤 체계의 일부가 되길 원하고 있다. 거기선 그대가 철저히 하나의 바퀴가 되어야 하고, 그렇게 되지 않을 경우엔 바퀴에 으스러질 위험을 안아야 한다. 거기선 모든 사람이 상사들이 판단하는 그런 존재가 될 것이며, "인맥"을 찾는 것이 당연한 의무가 될 것이고, 누군가에게 관심을 주다가 주변으로부터 "그렇지,

저 사람이 언젠가 당신에게 도움을 줄 테지."라는 핀잔의 소리를 들어도 모욕감을 느끼지 않을 것이며, 누군가에게 호의를 부탁하러 방문하면서도 전혀 수치심을 느끼지 않는다. 또 거기서는 이런 도덕에 자발적으로 복종함으로써 자연의 평범한 작품이라는 낙인이 영원히 찍히게 된다는 의심조차도 없다. 그렇게 되면 다른 사람들이 아무런 책임감을 느끼지 않고 자기 마음대로 그대를 부리다가 여차하면 버릴 텐데도 말이다. 그런 그대를 보고 있으면 마치 이렇게 말하는 것 같다. "나 같은 부류의 사람은 결코 부족하지 않을 터이니, 나를 마음대로 하시오. 격식을 갖출 필요도 없소."

"일"에 대한 찬미와 "노동의 축복"에 대한 끊임없는 논의에서, 나는 일반적인 이익을 추구하는 비개인적인 행위에 대한 칭찬에서 보는 것과 똑같은 은밀한 저의(底意)를, 즉 개인적인 모든 것에 대한 공포를 본다.

현재 널리 퍼져 있는 도덕적 원리, 즉 "도덕적인 행위는 타인들에 대한 동정에서 행해지는 행위"라는 원리의 이면에서, 나는 지적 가면으로 위장한, 공포라는 사회적 본능을 읽는다.

귀족은 보다 강건한 육체적 힘을 지닌 것처럼 늘 외양을 꾸밀 수 있다. 그렇듯이, 귀족은 화가 나는 상황에서도 평온하고 점잖은 모습을 보임으로써 자신의 정신과 영혼은 온갖 위험과 뜻밖의 일에도 잘 대처할 수 있다는 인상을 전하길 원한다. …

귀족 문화의 이런 명백한 행복은 우월감에 근거하고 있는데, 지금 그 행복은 과거 그 어느 수준보다 더 높이 올라가기 시작했다. 자유로운 정신들 덕분에, 앞으로 귀족 집단에서 태어나 성장한 사람도 지식 영역으로 들어가고 지식 영역이 불명예스런 곳으로 여겨지지 않을 것이기 때문이다. 지식 영역에서 아마 귀족은 과거의 귀족에 비해 지적 봉헌과 기사도적인 활동을 더 많이 할 것이다. 귀족은 또 지식 영역에서 승리를 거둘 수 있는 지혜라는 이상(理想)을 우러러볼 것이다.

상류층의 4분의 3이 합법적인 사기에 몰두하면서 주식시장에서의 투기와 거래로 인해 양심의 가책에 시달리고 있는가 하면, 어떤 사람은 저울 눈금을 속이고 있고, 또 다른 사람은 자기 집을 가치 이상으로 높은 금액에 보험을 든 뒤에 불을 지르고, 또 다른 사람은 화폐 위조에 가담하고 있다. 이들이 이런 식으로 행동하도록 유도하고 있는 것은 과연 무엇인가? 진정한 결핍은 아니다. 그들의 생존이 결코 위험한 상황은 아니기 때문이다. 그들은 아마 먹고 마실 것을 걱정하지 않아도 좋을 만큼 충분히 갖고 있을 것이다. 그런데도 그들은 자신의 부(富)가 너무 더디게 쌓이는 모습에 밤낮으로 조급증에 시달리고 있다. 또 금을 축적하려는 갈망과 금에 대한 사랑 때문에 안달이다. 그러나 이 같은 조급증과 사랑에서 우리는 권력 욕구에 대한 광신이 다시 나타나는 것을 본다. 이전에 인간이 진리를 안다는 믿음에서 촉발되었던 그런 광신 말이다. 다시 말해, 너무나 아름다운 이름을 갖고 있어서 우리가 선한 양심을 가진 채 감히 비인간적인 존재가 되도록 만든 그런 광신 말이다. (유대인과 이단, 훌륭한 서적들을 불태우고, 페루와 멕시코 문명처럼 우리 문명보다 더 우수한 모든 문명을 전멸시킨 것이 그런 광신이지 않은가.) 이 권력 욕구를 채우는 수단이 우리 시대에 와서 변화하고 있지만, 똑같은 화산이 여전히 연기를 뿜고 있으며, 조바심과 무절제한 사랑이 희생양을 요구하고 있다. 한때 "신을 위해서" 행해졌던 것이 지금은 돈을 위해서, 다시 말해 현재 우리에게 가장 강력한 권력의 감정과 양심을 안겨주는 것을 위해서 행해지고 있다.

"열정적인 희생!" "자기희생!". 이런 것들이 그대의 도덕을 강요하는 슬로건이다. … 실은, … 그대는 단지 스스로를 희생하는 것처럼 보일 뿐이다. 왜냐하면 그대의 상상이 그대를 신으로 바꿔놓고, 그대는 그런 신으로서 스스로를 즐기기 때문이다.

의례, 관복(官服), 궁중복, 엄숙한 표정, 경건한 태도, 느린 걸음, 진중한 언어, 한마디로 말해 위엄 있는 것으로 알려진 모든 것은 소심한 사람들이 택한 가식에 지나지 않는다. 그런 사람들은 자신들을(또는 자신들이 대표하는 것들을) 두려운 존재로 만들기를 원한다. 무서움을 모르는 사람들(예를 들면, 다른 사람들에게 경외심을 불러일으키는 사람)은 위엄이나 의례의 필요성을 전혀 느끼지 않는다.

얼마나 기이한가, 우리의 처벌이란 것이! 처벌은 범죄자를 정화시키지 못한다. 처벌은 속죄의 한 형식이 아니며, 그와 반대로 처벌은 사람을 범죄 자체보다도 더 더럽힌다.

강인한 천성이 잔혹을 추구하려는 경향을 보이지 않는 상태에서 자신에게만 몰두하지 않을 때, 그 천성은 자신도 모르게 온화함을 추구하게 된다. 이런 점이 강인한 천성의 특징이다. 반면에 약한 천성은 거칠게 판단하려는 경향을 보인다.

친절이란 것은 오랫동안 친절한 것처럼 위장하려고 노력할 경우에 가장 잘 발달한다. 강력한 권력이 존재하는 곳마다, 친절을 위장할 필요성이 인식되었다. 친절은 안전과 신뢰를 불러일으키고 우리의 육체적 힘의 총합을 증대시킨다. 거짓은 실제로 친절의 어머니는 아닐지라도 어쨌든 친절의 보모 정도는 된다. 마찬가지로, 정직도 정직과 성실을 꾸밀 필요에 의해서 성숙된다. 그런 위장을 줄기차게 연습하다 보면 결국엔 친절이나 정직의 실제 성격을 얻게 된다. 위장은 최종적으로 사라지게 되고, 본능은 이 위선의 정원에서 뜻밖에 거두게 되는 과실들이다.

필요도 인류의 악마가 아니고 욕망도 인류의 악마가 아니다. 바로 권력에 대한 사랑이 인류의 악마이다. 인간들에게 가능한 모든 것을, 이를테면 건강과 양식, 피난처, 즐거움을 줘보라. 그래도 인간들은 불행하고 변덕스러울 것이다. 악마가 기다리고 또 기다리고 있는데 이 악마를 반드시 만족시켜야 하기 때문이다.

순수한 종족은 아마 하나도 없을 것이다. 순수해진 종족만 있을 뿐이다. 그런데 이런 종족도 극히 드물다.

식물과 동물에게 보이는 감상보다 더 혐오스런 것이 있을까? 처음부터 식물과 동물을 약탈하면서 식물과 동물의 가장 무서운 적이 된 생명체가 그런 감상을 보인다는 것은 더더욱 혐오스런 일이 아닌가. 식물과 동물의 무시무시한 적이면서 허약해지고 훼손된 이 희생자들로부터 최종적으로 애정의 감정까지 요구하고 있으니 말이다. 만약에 사람이 어떤 부류든 생각하는 존재라면, 그 사람은 무엇보다 이런 종류의 "자연" 앞에서 진지할 줄 알아야 한다.

겁쟁이들 앞에서 용기에 관한 말을 하는 것은 경솔한 행동이다. 왜냐하면 이런 종류의 표현은 어떤 것이든 그 사람들 사이에 어느 정도의 경멸을 불러일으키기 때문이다. 그리고 무정한 사람들은 동정에 관한 말이 나올 때 신경질을 낸다.

여자들을 피하고 자신의 육체를 고문할 필요성을 확인하는 남자들이야말로 가장 관능적인 남자들이다.

청년을 가장 확실히 망쳐놓는 길은 청년에게 자신과 다른 정신의 소유자들보다 자신과 같은 정신의 소유자들을 더 높이 평가하라고 가르치는 것이다.

인류의 전반적인 지식은 사랑에 의해서보다 공포에 의해서 더 많이 확장되었다.

인간들에게 자연스럽게 생기고, 따라서 즉시적으로 기품 있게 작동시킬 수 있는 내면의 움직임들의 총합이 영혼이라 불린다. 내면의 감정을 표현하는 데 힘들어하거나 내면의 감정을 고통스러워하는 사람들은 영혼이 없는 것으로 여겨진다.

모든 규칙은 이런 효과를 낳는다. 사람들이 규칙의 근본적인 목표에 관심을 기울이지 않도록 하고, 그렇게 함으로써 사람들을 더욱더 생각 없는 존재로 만든다.

비양심적일 만큼 실리에 밝은 사람들 중에서 이상주의적인 이론이 발견될 가능성이 가장 높다. 왜냐하면 그런 사람들에겐 자신들의 평판을 위해서 그런 이론의 광택이 필요하기 때문이다. 그들은 위선적이라는 느낌을 전혀 받지 않는 가운데 본능적으로 그런 이론을 채택한다. 영국인들이 기독교 교도라는 것과 안식일을 지키는 것에 대해 위선적이라는 느낌을 받지 않는 것처럼.

어떤 진술을 증명하는 것만으로는 충분하지 않다. 사람들을 그 진술의 수준까지 끌어올릴 수 있어야 한다.

금욕은 육욕적 본능이 맹수처럼 날뛰는 사람들에게 적절한 사고방식이다. 오직 육욕적 본능을 근절해야 하는 사람들에게만!

당신은 자신에게 불만을 품으려 하지 않거나 자신 때문에 괴로워하지 않으려 한다. 그러면서 그런 태도를 도덕적인 경향이라고 부른다. 하지만 다른 사람들은 그것을 비겁이라고 부를지 모른다. 한 가지만은 확실하다. 당신은 세계 일주 여행을 절대로 하지 않을 것이다(그리고 당신 자신이 이 세상이다). 당신은 이 땅의 표면에 어쩌다 생긴 하나의 우연이자 하나의 흙덩어리인 당신 자신 안에 언제나 남을 것이다.

행복의 첫 번째 효과는 권력 감정이며, 이 권력 감정은 우리 자신이나 타인을 향해서든, 아니면 관념과 상상 속의 존재를 향해서든 스스로를 드러내기를 갈망한다. 권력 감정을 드러내는 가장 흔한 유형은 선물 제공과 조롱, 파괴이다. 이 3가지는 모두 어떤 근본적인 본능 때문에 나온다.

우리가 결혼을 받아들이는 이유는 첫째 우리가 결혼을 잘 모르기 때문이고, 둘째 우리가 결혼에 길들여져 있기 때문이고, 셋째 우리가 약혼을 했기 때문이다. 그럼에도 이런 이유들에 의해서 결혼의 가치를 일반적으로 뒷받침할 만한 것으로 증명된 것은 아무것도 없다.

범죄 사실이 들통난 범죄자가 괴로워하는 것은 그가 저지른 범죄 때문이 아니다. 범죄자는 자신이 저지른 실수나 자신의 습관적인 요소를 빼앗기게 된 사실에 따른 수치심과 짜증 때문에 괴로워한다.

인간의 결함이 있는 곳에 인간의 열정도 있다. "원수를 사랑하라!"라는 열정적인 원칙은 지금까지 존재한 인간들 중에서 최고의 증오자인 유대인들에 의해 발명되어야 했다. 그리고 순결을 가장 아름답게 찬미하는 글은 젊은 시절에 방탕하고 부도덕한 삶을 영위한 사람들에 의해 쓰였다.

여자들은 자신의 연인이 자신의 사랑을 받을 만한 가치가 없을 수 있다는 생각에 얼굴이 하얗게 질리고, 남자들은 자신이 자신의 연인을 사랑할 만한 가치를 지니지 못했을 수도 있다는 생각에 얼굴이 하얗게 질린다. 지금 나는 완전한 여자들과 완전한 남자들에 대해 말하고 있다.

그대는 열정에 작별을 고하려 하는가? 그것도 좋은 일이네만 열정에 대해 증오를 품지 않은 가운데 그렇게 하도록 하라! 그렇게 하지 않으면 그대는 제2의 열정을 갖게 된다. 죄로부터 스스로를 자유롭게 한 기독교인의 영혼은 훗날 대체로 죄에 대한 증오 때문에 파괴된다. 위대한 기독교인들의 얼굴을 보라! 위대한 '증오자들'의 얼굴이지 않은가!

인간들은 도덕 때문에 고통 받는 생명체가 되었다. 인간들이 도덕을 통해 획득한 것들의 총합을 표현하자면, 이 세상을 즐기기에는 자신들이 너무나 위대하고 훌륭한 존재이기 때문에 이 세상에서는 단지 과도적으로만 살며 즐겨야 한다는 감정으로 요약된다. 지금으로선 "고통 받는 자"가 최고 유형의 인간이다.

권리는 권력을 완전히 장악한 사람에 의해서만 수여될 수 있다.

"나에겐 언제나 규칙이 예외보다 더 흥미로워."라는 식으로 생각하는 사람은 누구나 지식에서 상당한 진전을 이뤘으며, 경험 많은 사람 축에 속한다.

우리는 사랑 때문에 곧잘 진실을 끔찍할 만큼 해치는 범죄자이며, 심지어 진실해 보이는 그 이상으로 진실하다고 말하면서 습관적으로 숨기고 훔치는 그런 사람이 된다. 이런 점 때문에, 사상가는 간혹 자신이 사랑하는 사람들을 몰아낼 수 있어야 한다(사상가를 사랑하는 사람을 몰아내는 일은 반드시 필요하지 않다). 그렇게 쫓아내고 나면 그들의 독침과 사악함이 드러날 것이고, 그러면 그들은 사상가에게 더 이상 영향을 미치지 않게 된다.

설령 우리가 우리의 모든 의견을 진리로 여길 정도로 미쳐 있다 하더라도, 그럼에도 우리는 그런 의견들만 존재할 것이라고 기대해서는 안 된다. 나는 우리가 왜 진리의 독재와 전능을 추구해야 하는지 그 이유를 도무지 알 수 없다. 나에겐 진리는 하나의 막강한 힘이라는 것을 아는 것만으로도 충분하다. 그러나 진리는 반대에 봉착해야 하고 반대와 맞서 싸울 수 있어야 한다. 우리는 간혹 진리로부터 벗어나 거짓 속에서 쉴 수 있어야 한다. 그렇게 하지 않으면 진리는 점점 지겨워지고, 무력해지고, 무미건조해지며, 우리 또한 그렇게 되고 만다.

다른 사람들이 우리에 대해 하는 말을 매일 듣는다면, 혹은 다른 사람들이 우리에 대해 어떻게 생각하고 있는지를 파악하려고 노력한다면, 아무리 강한 사람이라도 결국엔 파멸하고 말 것이다. 이웃들이 우리가 살아가도록 허용하는 것은 그들이 매일 우리를 놓고 그런 주장을 펴기 위해서가 아닌가! 만약에 우리가 그들에게 권리를 주장하고 나선다면, 그들은 틀림없이 우리를 참아내지 못할 것이다. 그럴진대 하물며 우리가 옳기를 원한다면, 그들은 우리를 정말로 견뎌내지 못할 것이다. 요약하면, 전반적인 평화를 위해 제물을 올리고, 이웃들이 우리에 대해 하는 말을 듣지 말 것이며, 그들이 우리를 칭찬하든, 비난하든, 우리를 위해 소원을 빌든 상관없이 그런 일에 대해선 생각하지 않도록 하라는 뜻이다.

타인들에게 오해를 받을까 두려워 실행에 옮기지 못하는 개인적인 행동이 얼마나 많은가! 예를 들면, 선과 악 양쪽 모두에서 고유의 가치를 지니는 행동이 그런 예에 속한다. 따라서 한 시대나 국가가 개인들을 높이 평가할수록, 우리는 개인들에게 권리와 탁월성을 더 많이 부여하게 되고, 그런 종류의 행동이 더 많이 나오게 된다.

사랑은 상대방이 낯선 감정을 느끼지 않도록 해 주기를 원한다. 그래서 사랑에 위장과 겉치레가 스며들게 된다. 사랑은 지속적으로 속이고, 실제로 존재하지도 않는 동등을 가장한다. 그리고 이 모든 것이 너무나 본능적으로 이뤄지기 때문에, 사랑하는 여자들은 이런 위장과 끊임없는 기만을 부정하면서 과감하게 사랑은 평등하게 만든다고

(달리 말하면, 사랑은 기적을 행한다고) 단언한다.

진리 자체는 전혀 아무런 힘을 발휘하지 못한다. … 진리는 권력을 자기편으로 끌어들이거나 권력과 한편이 되어야 한다. 그렇게 하지 않을 경우에 진리는 거듭해서 사라질 것이다.

고령과 관계있는 모든 일과 관련해서, 그리고 고령이 인생에 대해 내리는 판단과 관련해서 우리는 대단히 조심해야 한다. … 노인에게, 특히 늙은 사상가와 현자에게 느끼는 존경심이 우리로 하여금 그의 지성의 약화에 눈을 감도록 만든다.

열정을 진리의 논거로 삼지 않도록 하라.

그대는 그대의 내면에서 역사를, 말하자면 동요와 지진, 길고 깊은 슬픔, 돌연한 행복의 불꽃 같은 것을 경험해 보았는가? 그대는 이런저런 바보들과 함께 어리석게 행동해 보았는가? 그대는 선한 사람의 망상과 비탄을 진정으로 겪어 보았는가? 또 더없이 사악한 사람의 비탄과 특이한 행복을 진정으로 겪어 보았는가? 그런 것을 겪었다면 나에게 도덕에 대해 말해도 좋지만, 그렇지 않다면 도덕에 대해선 말하지 않도록 하라!

미래의 사상가의 집 문 위에는 "내가 무슨 소용이 있는가?"라고 쓰여 있다.

위대한 사람은 아득히 먼 곳의 별처럼, 숭배 받을 만한, 더없이 훌륭한 것들 속에 보이지 않는 상태로 남아 있다. 위대한 사람이 권력을 이긴 승리는 증인도 없이, 따라서 찬가와 가수도 없는 상태로 남아 있다. 인류의 과거 역사 속에 등장했던 위대한 사람들의 위계는 아직 결정되지 않았다.

그대 자신에게 정직하고, 그대에게 호의적인 모든 사람들과 모든 것들에게 정직하라. 그리고 적 앞에서 용감하고, 패배한 자에게 관대하고, 항상 정중하게 처신하라. 4가지 근본적인 미덕은 우리에게 그렇게 할 것을 가르친다.

모든 잘못이 보상을 받는 그런 "영원한 정의" 같은 것은 절대로 없다. 그런 정의가 존재했다는 믿음은 무시무시한 망상이며, 이런 믿음은 아주 제한적으로만 유효할 뿐이다. 죄로 느껴지는 모든 것을 죄로 보는 것이 망상인 것과 똑같다. 인류에게 곤경의 원천으로 작용해 온 것은 사물 자체가 아니라, 존재하지도 않는 것들에 대한 의견이다.

가장 효과적인 치료제는 무엇인가? 승리이다.

허물을 벗지 못하는 뱀은 당연히 사라지게 되어 있다. 관점을 변화시키지 못하는 정신도 마찬가지이다. 그런 정신은 이미 정신이기를 포기했기 때문이다.

3장

즐거운 지식

1882년에 니체는 『즐거운 지식』(독일어 제목: La Gaya Scienza)을 발표했다. 원래 『여명』의 부록으로 쓰여 판을 바꿀 때 넣을 생각이 었으나, 이 글은 『여명』뿐만 아니라 니체가 쓴 다른 어떤 글과도 달랐다. 『즐거운 지식』에서는 『인간적인, 너무나 인간적인』의 파괴적인 정신이 전혀 발견되지 않는다. 『여명』의 혁명적인 원리들도 희미하게만 들릴 뿐이다.

이 책은 지금까지와 아주 다른 분위기 속에 있는 니체를 보여주고 있다. 그의 일생 내내 다시는 돌아오지 않은 그런 분위기였다. 기질적으로 보면 『즐거운 지식』은 다른 어떤 작품보다 『차라투스트라는 이렇게 말했다』와 가깝다. 그러나 두 작품의 피상적인 측면을 벗어나기만 하면, 이 비교마저도 그냥 깨어지고 만다.

이 작품을 쓸 당시에 니체는 나움부르크에 있었다. 오랫동안 그를 괴롭혀 온 위장병이 갑자기 그를 떠나는 모습을 보였다. 『즐거운 지식』을 쓰던 기간은 그의 인생에서 가장 행복했던 시절이었다. 그때까진 병이 그의 사고와 사고의 표현에 뚜렷한 흔적을 남겼다. 두 권으로 발표한 『인간적인, 너무나 인간적인』에서, 그는 모든 규범과 이상을 완전히 파괴하려 시도했다. 『여명』에서 그는 현대의 도덕 기준을 상대로 힘든 싸움을 벌이며 그것을 새로운 이론으로 대체하려고 시도했다. 『즐거운 지식』에서 그는 성격의 완전히 새로운 측면을 드러냈다. 세상을 보는 태도가 관대하고, 쾌활하고, 거의 붕 떠 있는 것 같다.

『즐거운 지식』이 니체의 철학적 작품들 사이에 삽입된 것으로 여겨질 수도 있지만, 그럼에도 불구하고 이 책은 그의 산물 중에서 가장 흥미로운 것 중 하나에 속한다. 그의 사고에 새로운 것을 보탠다는 측면보다는 철학자의 내면을 들여다볼 기회를 준다는 측면에서 그렇다. 그의 작품들 중에서 이 책을 제외한다 해도, 그의 원리들의 발달에 어떤 간극도 남지 않는다. 그러나 이 철학자의 본질에 매우 중요하고 의미 있는 측면을 잃어버리게 될 것이다.

불행하게도 니체는 원한과 증오에 사로잡혀 지낸 사람으로, 존재의 희극적인 측면을 몰랐던 사람으로 여겨지고 있다. 염세주의에 빠진 사상가로 통하는 것이다. 그러나 이것은 부분적인 증거로만 뒷받침되는, 반만 진실인 결론일 뿐이다. 진지함 때문에 니체의 목적이 무너지는 경우도 간혹 있었다.

『즐거운 지식』은 그때까지 그가 쓴 책들 중에서 기본적으로 가장 유쾌한 책이다. 이 책은 유머로 인생을 논하고 있다. 그럼에도 웃음은 거의 일어나지 않는다. 니체의 유머는 외적 형식보다 훨씬 더 깊다. 여기선 피상적인 익살이나 잔꾀, 허무한 해학 같은 것은 전혀 발견되지 않는다. 이 책은 지식을 경험하는 데 따르는 미묘한 기쁨을 미화하고 있다. 이 책의 혼을 정확히 파악하기 위해선 진지하고 명확히 설명하려 드는 니체를 잘 알 필요가 있다. 『즐거운 지식』을 즐거운 책으로 만드는 태도가 그의 가장 진지한 원리들에 바탕을 두고 있기 때문이다. 니체의 초기 글들을 잘 아는 독자는 이 책을 그의 다른 글들과 달리 기쁜 마음으로 읽을 수 있을 것이다.

그러나 이 책은 겉보기에 가벼워 보일 뿐 겉장만 넘기면 니체의 다른 책 못지않게 진지하다. 세상과 존재의 기본적인 측면을 보는 그의 시각은 깊이 고찰한 결과에 바탕을 두고 있다. 이 대목에서 니체의 사상은 대개 개인적이며 또 그의 원리의 발달에는 그의 삶과 관계있는 매우 명확한 원인과 감정이 크게 작용했다는 점을 기억할 필요가 있다.

그의 철학 체계는 연구를 바탕으로 하나의 통합된 실체로 세상에 내놓은 그런 완전한 개념이 아니다. 정반대로, 그의 철학 체계는 자료의 축적이고, 언제나 지속적으로 올라가고 있는 관념들의 건물이다. 그의 어떤 책도 논리적으로 생각하고 신중하게 조직한 그의 가르침을 전부 다 담고 있지는 않다. 그의 철학은 초기 에세이에서 시작해서 『권력 의지』 맨 마지막에서도 완성되지 않는 그런 복잡한 구조이다. 각각의 책은 그의 사고에서 특별한 위치를 차지하고 있으며, 또 나머지 책들과의 관계에서도 어떤 위치를 차지한다. 따라서 『즐거운 지식』은 기존의 질서를 거부하며 파괴적이었던 니체가 새로운 질서를 다듬고 건설하는 니체로 넘어가는 전환점을 이룬다. 그는 '성 야누아리오'(Sanctus Januarius)라는 중요한 네 번째 섹션에서 이렇게 말한다. "운명을 사랑하라. 이것이 앞으로 나의 사랑이 될 것이다. 나는 추한 것과 전쟁을 벌이길 원하지 않는다. 나는 비난하는 것도 원하지 않는다. 나는 나를 비난하는 자들도 비난하길 원하지 않는다. 눈길을 돌리는 것, 그것이 나의 유일한 부정이 될 것이다. 요약하면, 나는 지금부터 언제나 긍정하는 사람이 될 것이다.

『즐거운 지식』에서 삶의 광적 즐거움이 시작된다. 이 책에 처음으로 춤의 상징이 나온다. 니체는 그 뒤의 글에서 이 상징을 지속적으로 이용한다. 특히 『차라투스트라는 이렇게 말했다』에서 니체는 독자들에게 춤을 즐기라고 권한다. 이 철학자가 보다 진지한 분위기에서 자주 보이곤 하던 모독적인 발언이나 증오는 이 책 어디에서도 보이지 않는다. 따라서 이 책은 니체에 대한 공정한 평가를 꾀하는 학생에겐 꽤 중요하다. 여기선 증오하는 모습은 보이지 않는다. 우상을 깨부수는 사람은 무기를 내려놓았다. 분석가는 호색가가 되었고, 논리학자는 시인이 되었고, 모독하는 사람은 아이가 되었다. 오직 가끔만 진자의 추가 비관적인 아폴론 쪽으로 움직일 뿐이다. 디오니소스의 이상인 즐거움이 지배적이다.

1월이라는 달이 이 책을 쓰도록 영감을 불어넣었다. 니체는 『이 사람을 보라』에서 그가 보낸 1월 중에서 가장 멋진 1월이었다고 말한다. 이런 유쾌한 기분은 그의 삶 내내 그에게 어느 정도 남게 된다. 그는 이 책으로 예비적인 작업이 마무리되었다고 생각했다. 그는 자신의 원리들이 앞으로 자신을 이끌 길을 분명하게 보았다. 그의 기쁨은 틀림없이 그가 이 같은 예상에서 느낀 만족에서 비롯되었다.

『즐거운 지식』의 내용은 본질적으로 니체 철학의 일부가 아니고 그의 이론들을 개별적으로 적용한 것에 불과하지만, 이 책에서 만나는 소재도 관심의 폭이 넓다는 점을 보여준다. 독일 문화에 대한 비판, 현대 작가들에 대한 평가, 예술 발달에 대한 견해, 음악 이론, 쇼펜하우어에 대한 분석, 쇼펜하우어의 인기에 대한 설명, 고대와 현대의 극장에 대한 판단, 문헌학 분야 산책, 동시대 고전주의에 대한 비판, 창조적 예술성의 원리들, 정신문화와 정치와 상업 등에 대한 개인적 소회 등이 담겨 있다. 사실 이 책은 철학적이기보다는 비판적이다.

니체가 자기 시대와, 동시대인들의 특징으로 꼽히던 사고와 행동의 습관과 완전히 단절되었던 적은 한 번도 없었다. 최초의 학문적인 에세이에서부터 시작해 가치의 재평가를 추구한 마지막 에세이에 이르기까지, 그는 자신을 둘러싸고 있는 삶을 끈질기게 분석적으로 관찰하는 모습을 보였다. 이런 이유 때문에, "순수한" 사고의 신봉자들 사이에 니체는 엄격한 의미에서 말하는 "철학자"가 아니고 비판적이고 지적인 인물이라는 주장이 제기되었다. 만약 니체가 추상적인 사고를 부정한 그 위에 자신의 철학적 구조를 올리지 않았다면, 이 같은 분류가 설득력을 발휘할 수 있다. 그러나 니체에 대한 이런 오해는 옛날의 철학자들이 자연계의 가설들의 불안정성 때문에 현실을 벗어났던 바로 자리에서 니체가 자신의 사고를 뒷밭침할 인간적인 바탕을 재확립하고 있다는 사실을 무시하는, 합리적인 사고의 신봉자들에게서 나오는 것이다. 따라서 니체의 글에서 순수하게 철학적인 것과 순수하게 비판적인 것을 떼어놓으려 들어서는 안 된다. 『즐거운 지식』처럼 노골적으로 비판적인 책에도 이론적인 통일성이라는 힘이 강하게 작용하고 있다.

이 말은 이 책의 세 번째 섹션에 특히 더 잘 들어맞는다. 이 섹션은 인간과 인간사에 대한 논평, 인간의 태도에 대한 짤막한 분석, 사회학 분야에 대한 산만한 단상, 인간의 감정적 본질에 대한 짧은 언급, 인간의 속성을 다루는 경구, 통쾌한 철학적 가십, 종교적 및 과학적 경구 등으로 이뤄져 있다. 이 관찰들은 가끔은 풍자적이고, 가끔은 관대하고, 가끔은 통렬하고, 가끔은 쾌활하고, 가끔은 재치로 넘친다. 그러나 이 관찰들은 전부 인간성이라는 심오한 개념에 의해 서로 부드럽게 연결되고 있다.

이 책 중에서 가장 고무적인 섹션은 니체의 유머 감각이 유감없이 발휘되는 네 번째 섹션이다. 이 섹션은 승리를 미화하고 또 개인의 완성에 필요한 거친 특성들을 미화하고 있다. 니체는 인간 관계의 선(善) 그 위나 아래에서는 아무것도 보지 않는다. 그에게 있어서 정상적인 본능은 생명을 긍정하는 본능이고, 비정상적인 본능은 생명을 부정하는 본능이다. 전자는 디오니소스의 영향을 받은 그리스의 윤리학에 요약되어 있고, 후자는 기독교 종교에 요약되어 있다. '두려움을 모르는 우리'라 불리는 다섯 번째 섹션과 '새처럼 자유로운 왕자의 노래'라는 부록은 이 책의 다른 글보다 4년 뒤에 쓰였다가 훗날 보태졌다. 추가된 이 부분도 앞부분에 비해 덜 구체적이고 더 논리적이지만 그 정신에 있어서는 똑같다.

『즐거운 지식』도 아포리즘 스타일이다. 그러나 이 책에서 그의 아포리즘 스타일은 『인간적인, 너무나 인간적인』과 『여명』 이후로 더욱 예리해지고 단호한 모습을 보인다. 이 책에서 중요한 문구를 선택하면서, 나는 어조가 보다 일반적인 것을 고르려고 애썼다. 다양한 아포리즘 사이의 연결이 평소의 니체의 스타일보다 다소 약하며, 그래서 문구를 고르면서 일관된 개념을 제시하려는 시도는 아예 하지 않았다. 그러나 다음에 제시하는 구절들은 대중적인 성격은 조금 떨어질지라도 제외된 구절에 비해 그의 사상과 보다 밀접하게 연결되어 있으며, 따라서 학생들에겐 더 많은 관심을 끌게 될 것이다.

니체는 이렇게 말했다

인간들을 선의의 시선으로 보든 악의에 찬 시선으로 보든, 나는 그들 모두가 언제나 한결같이 한 가지 문제에 매달리고 있는 것을 확인한다. 인간 종(種)의 보존에 이바지하는 일을 하고 있는 것이다.

그야말로 순수한 진리로부터 우러나오는 웃음을 웃기 위해서, 자기 자신에게 웃어야 할 때 충분히 웃을 줄 아는 것이 중요하다. 그런데 그렇게 하기엔, 최상의 사람들은 지금까지 진리의 감각을 충분히 갖추지 못했으며, 재능을 가장 많이 물려받은 사람들은 천재성이 많이 떨어졌다. 그래서 아마 웃음에도 미래가 있을 것이다.

비열한 천성의 두드러진 특징은 끊임없이 자신의 이익만을 추구하고, 목적과 이익에 대한 생각이 그 어떤 충동보다 강하다는 점이다. 그래서 충동 때문에 현명하지 않은 행동을 하도록 유혹 받는 일이 없다는 것이 비열한 천성의 지혜이다. 이런 비열한 천성과 비교하면, 보다 높은 천성은 더 비합리적이다. 왜냐하면 고귀하고 관대하고 자기 희생적인 사람은 사실 자신의 충동에 굴복하고, 최고의 순간에 이성이 사라져 버리기 때문이다.

가장 강하고 가장 사악한 정신의 소유자들이 지금까지 인류를 가장 많이 진보시켰다. 그들은 언제나 잠자고 있는 열정에 불을 붙였다. 그런데 질서정연한 사회는 예외 없이 열정을 달래어 잠들게 한다.

소유욕과 사랑. 이 두 단어가 연상시키는 것들은 서로 얼마나 많이 다른가! 그럼에도 소유욕과 사랑은 같은 충동을 달리 부르는 이름일 수 있다.

약한 천성을 파괴할 수 있는 독(毒)이라도 강한 천성을 가진 사람에게는 힘을 강화하는 요소가 될 수 있으며, 강한 사람은 그것을 독이라고 부르지도 않는다.

어떤 사람의 미덕은 선(善)이라고 불린다. 그 미덕을 놓고 선하다고 하는 이유는 그것이 그 사람을 이롭게 해서가 아니라 우리가 그것으로부터 우리 자신과 사회를 이롭게 할 효과를 기대하기 때문이다. … 미덕을 칭송하는 것은 개인에게 은밀히 해로운 무엇인가를 칭송하는 것이나 마찬가지이다. 왜냐하면 그것이 개인으로부터 그 사람의 숭고한 자기애를, 그리고 자기 자신을 최대한 돌볼 권리를 빼앗을 충동을 칭송하기 때문이다. … "이웃 사람"이 이타적인 성향을 칭송하는 것은 그 사람이 그것으로 이득을 챙기기 때문이 아닌가! 만약 이 이웃 사람 본인이 "이타적" 성향을 가졌다면, 그 사람은 그 같은 권력의 파괴에, 또 자신의 이익을 위해 남에게 피해를 입히는 일에 반대하고, 그런 성향을 그 뿌리부터 차단하고, 무엇보다 그런 성향에 좋은 이름을 붙이지 않는 것으로 자신의 이타심을 드러내지 않았겠는가!

삶, 그것은 우리 내면에서 약해지고 늙어가고 있는 모든 것들 앞에서 잔혹해지고 냉혹해지는 것이다.

제조업자들과 상업계의 거물들은 지금까지 탁월한 종족의 외형과 속성을 많이 결여한 것 같다. 사람을 주목 받을 만한 인물로 만드는 것이 바로 그런 외형과 속성인데도 말이다. 만약 이 거물들이 신흥 귀족의 풍모와 행동을 보였다면, 대중 사이에 사회주의는 절대로 생겨나지 않았을 것이다. 왜냐하면 대중 위에 서는 탁월한 계급이 탁월성을 합당하게 지속적으로 보여주고 고귀한 모습을 통해서 지휘하도록 태어났다는 점을 보여주기만 하면 대중은 기본적으로 온갖 종류의 노예제도를 받아들일 준비가 되어 있기 때문이다.

사람이 열정의 표현을 "저속한" 사람들이나 하는 것으로, 부르주아나 농민의 천성에나 어울리는 것으로 여겨 지속적으로 금지할 때, 말하자면 열정 자체를 억누르길 원하지 않고 열정의 언어와 행동만을 억누를 때, 그 사람은 그럼에도 불구하고 자신이 원하지 않은 결과를, 즉 열정의 억압 또는 열정의 약화나 변화를 확인하게 될 것이다.

관대함에도 복수에서와 마찬가지로 이기심이 작용한다.

약한 시력이 세련된 모습으로 위장한 사악한 충동을 더 이상 사악한 충동으로 보지 못하는 곳에서, 인간은 선의 왕국을 세운다.

여자들은 약함을 과장하는 데 놀라운 기술을 발휘한다. 정말로, 여자들은 약한 것처럼 보이는 재능이 탁월하다. 그러다 보니 여자들은 먼지 한 점에도 상처를 입는 그런 연약한 장식품처럼 보인다. 여자들이 존재하는 것은 남자의 정신에 남자의 거친 면을 상기시키고 남자의 양심에 호소하기 위한 것처럼 보인다.

높은 계층에서 이뤄지는 여자들의 교육에는 꽤 놀랍고 특별한 무엇인가가 있다. 정말이지, 그것보다 더 역설적인 것은 없다. 세상은 여자들을 성적으로 최대한 무지한 쪽으로 교육시킨다는 데 동의하고 있다. 여자들의 영혼이 성적인 것에 대해 수치심을 느끼게 하고, 성적인 것을 암시만 해도 여자들이 극도의 두려움과 초조함을 느끼도록 여자들을 교육시키고 있는 것이다. 여자들의 모든 "명예"가 걸려 있는 곳은 바로 여기이다. 다른 면에선 여자들에게 허용되지 않는 것이 없으니까! 그러나 성의 문제에서만은 여자들은 철저히 무지하게 남아 있을 것으로 여겨진다. 이 문제에 관한 한, 여자들은 눈도, 귀도, 입도 갖고 있어서는 안 되며 생각도 해서도 안 된다. 여기선 아는 것 자체가 이미 악이 되고 있다. 이어서 어떤 일이 벌어지는가! 여자들은 결혼과 함께 벼락을 맞듯이 현실과 지식 속으로 내던져진다. 그것도 그들이 가장 사랑하고 존경하는 사람에 의해서. 여자들은 사랑과 수치심이 교차하는 것을 느끼고, 황홀과 단념, 의무, 공감을 느끼고, 신(神)과 동물이 놀랄 정도로 가까이 있다는 사실에 경악한다. 그런데 이런 모든 것이 어느 한 순간에 한꺼번에 일어난다. 이때 여자의 정신에 그 어떤 것과도 비교되지 않는 일대 혼란이 일어난다. 아주 현명한 남자가 동정심과 호기심을 품은 상태에서 이 문제에 접근한다 하더라도, 그 남자는 여자들이 이 수수께끼의 해답을 어떤 식으로 찾는지 그 방법을 밝히지 못할 것이다. 그로 인해 혼란스러워진 여자의 가련한 영혼에 얼마나 무서운 의심이 일어났을까. 정말로, 여자의 최종적 철학과 회의(懷疑)는 바로 그 지점에서 닻을 내리고 만다. 이후로는 그 전과 똑같이 깊은 침묵이 이어지며, 종종 여자는 자기 자신에게도 침묵하고 눈을 감아버린다. 젊은 아내들은 생각 없고 피상적인 존재로 비치도록 노력하고, 그들 중에서 영리한 아내들은 창피함을 모르는 척 위장하려 한다. 아내들은 쉽게 남편을 자신의 명예를 좌우할 의문부호로, 자식들을 보상으로 느낀다. 아내들은 아이들을 필요로 한다. 그런데 아내들은 남편이 아이들을 바라는 마음과 꽤 다른 마음에서 아이들을 바란다. 한마디로 요약하면, 여자들에겐 아무리 친절하게 대해도 부족하다는 뜻이다.

보다 높은 예술인 축제의 예술이 우리 시대에 사라진다면, 예술 작품 속의 그 모든 예술이 무슨 의미를 지니겠는가?

내가 인간 셰익스피어를 찬양하면서 할 수 있는 최선의 말은 그가 브루투스를 믿으면서 브루투스가 보여주는 미덕의 종류에 대해 조금도 의심을 하지 않았다는 점이다.

우리는 이따금 우리 자신을 응시하고 멸시함으로써, 그리고 예술적인 관점에서 어느 정도 거리를 둔 상태에서 자신을 놓고 웃고 웃음으로써 우리 자신으로부터 조금 편하게 놓여나야 한다. 우리는 지식에 대한 우리의 열정 안에 숨어 있는 영웅적인 것과 마찬가지로 바보스러운 것도 발견해야 한다. 우리는 간혹 자신의 어리석음에서 기쁨을 느낄 줄 알아야 한다. 그래야만 우리가 지혜에서도 지속적으로 즐거움을 느낄 수 있을 테니까! 우리는 본질적으로 더없이 무겁고 진지한 인간들이며, 인간들이라기보다는 중량(重量)이다. 그렇기 때문에 우리에겐 어릿광대의 모자와 방울보다 더 유익한 것은 없다. 우리에겐 그런 것이 필요하다. 우리가 우리의 이상이 우리에게 요구하는 것들에 대한 지배력을 잃지 않기 위해서, 거드름피우고, 떠돌아다니고, 춤추고, 조롱하고, 유치하고, 신성한 그런 예술이 필요하다.

우리 모두에게 세상의 일반적인 성격은 영원한 카오스이다. 필연성의 결여 때문에 그렇게 말하는 것이 아니다. 질서와 구조, 형태, 아름다움, 지혜, 그리고 미학적인 인간의 속성이라 불리는 다른 것들이 부재한다는 뜻에서 그렇게 말한다. 우리의 이성으로 판단하건대, 불운한 운명이 규칙이고 예외들은 은밀한 목표가 아니며, 전체 음악 상자는 절대로 멜로디라 불릴 수 없는 것을 영원히 반복하고 있으며, 최종적으로 "불운한 운명"이라는 표현 자체가 이미 비난을 담고 있다. 하지만 우리 인간이 어떻게 우주를 탓하거나 칭송할 수 있다고 생각할 수 있는가! 냉혹함과 비이성 또는 이런 것들과 반대되는 것을 우주로 돌리지 않도록 조심하자. 우주는 완벽하지도 않고 아름답지도 않으며 고귀하지도 않다. 우주는 또 그런 것이 되려고도 하지 않으며 인간을 모방하려는 시도조차 하지 않는다. 우주는 인간의 미학적 및 도덕적 판단에는 전혀 아무런 영향을 받지 않는다. 우주는 자기보존의 본능도 갖고 있지 않으며, 우주는 또 법칙에 대해서도 아무것도 모른다. 자연에 법칙이 있다는 말도 하지 않도록 경계하자. 자연에는 필연만 있을 뿐이다. 자연에는 명령하는 존재도 전혀 없고, 복종하는 존재도 전혀 없고, 초월하는 존재도 전혀 없다. 설계 같은 것이 전혀 없는 곳에는 우연도 절대로 있을 수 없다. "우연"이라는 단어가 의미를 지니는 곳은 오직 설계의 세계가 있는 곳이기 때문이다. 죽음은 생명과 반대라는 식으로 말하지 않도록 조심하자. 살아 있는 존재는 단지 죽은 존재의 한 종(種)일 뿐이며, 그것도 매우 희귀한 종이다. 세상은 영원히 새로운 것을 창조한다는 식으로 생각하지 않도록 조심하자. 영원히 존속되는 물질 같은 것은 절대로 없다. 물질은 엘레아 학파(B.C. 6세기 후반 이탈리아 반도 남부의 엘레아를 중심으로 번성한 철학 학파로 변화하지 않는 유일한 존재를 추구했다/옮긴이)의 신과 같은 또 하나의 오류에 지나지 않기 때문이다.

인간은 오류를 통해 성장해 왔다. 이런 오류들이 있다. 첫째, 인간은 자신을 언제나 불완전한 존재로 보았다. 둘째, 인간은 자신에게 가상의 자질들이 있는 것으로 여겼다. 셋째, 인간은 동물과 자연과의 관계에서 자신의 위치를 잘못 설정했다. 넷째, 인간은 언제나 가치 목록을 새로 만들면서 그것을 한동안 영원하고 무조건적인 것으로 받아들였다. 그래서 어떤 때는 이 충동이, 다른 때는 저 충동이 맨 앞자리를 차지하면서 고귀한 것으로 여겨졌다. 이 4가지 오류의 영향을 지우고 나면 인간성, 인간다움, "인간의 존엄"도 사라지고 말 것이다.

도덕은 개인의 내면에 있는 군집 본능이다.

건강 같은 것은 그 자체로 존재하지 않으며, 사물을 그런 식으로 정의하려는 시도는 전부 비참하게 실패했다. 심지어 건강이 육체에 지니는 의미를 결정하기 위해서도 그대의 목적과 그대의 지평, 그대의 권력, 그대의 충동, 그대의 실수, 특히 그대의 영혼의 이상과 공상을 알아야 한다.

신비주의적인 설명은 심오한 것으로 여겨지고 있다. 그러나 진실은 신비주의적인 설명이 피상적인 수준에도 미치지 못한다는 것이다.

나는 쇼펜하우어의 명제에 반대하면서 다음과 같은 명제를 제시하고 자 한다. 첫째, 의지가 일어나기 위해선 쾌락과 고통의 어떤 관념이 필요하다. 둘째, 강력한 자극이 불쾌감 혹은 통증으로 느껴지는 것은 지성의 해석의 문제이며, 이때 지성은 대부분 우리에게 무의식적인 상태에서 작용하며, 따라서 똑같은 자극이 쾌락으로 해석되기도 하고 통증으로 해석되기도 한다. 셋째, 지적인 존재의 내면에만 쾌락과 불쾌, 의지가 있으며, 유기체의 절대다수는 그런 것을 전혀 갖고 있지 않다.

기도는 자신의 생각을 전혀 갖고 있지 않은 사람들을 위해 고안되었으며, 그런 사람들에겐 영혼의 고양(高揚)은 알려지지 않거나 느껴지지 않는 상태에서 지나가 버린다.

기독교가 지배하고 있거나 지배해 온 모든 곳에서 느껴지고 있는 그대로, 죄는 유대인의 어떤 감정이고 또 유대인의 발명품이다.

예수 그리스도 같은 인물은 오직 유대인의 상황에서만 가능했다. 성난 여호와의 음울하면서도 장엄한 구름이 늘 머리 위에 걸려 있는 그런 상황이라서 예수 그리스도가 등장할 수 있었다는 뜻이다.

지배가 이뤄지는 곳에 대중이 있고, 대중이 있는 곳에 노예제도의 필요성이 있다. 노예제도가 있는 곳에서, 개인들은 극소수에 지나지 않으며, 그런 개인들의 본능과 양심은 무리의 본능이나 양심과 정반대이다.

우리는 자연의 장엄을 사랑하고 그것을 발견했다. 그것은 우리의 정신이 인간의 장엄을 결여하고 있기 때문이다.

이기심은 우리 감정의 원근법이다. 이 법칙에 따라, 가까이 있는 것은 크고 중요해 보이는 반면에 먼 곳에 있는 것은 무엇이든 그 중요성과 크기가 작아 보인다.

자기 자신에 대해 생각이 깊다고 알고 있는 사람은 명료함을 키우기 위해 노력하고, 대중에게 심오하게 비치길 원하는 사람은 모호함을 키우려고 노력한다. 대중은 바닥이 보이지 않는 것을 심오하다고 생각하기 때문이다. 대중은 겁이 지나치게 많아서 물속으로 들어가려 하지 않는다.

생각은 우리의 감정의 그림자이다. 그러나 생각은 언제나 감정보다 모호하고, 공허하고, 단순하다.

웃는다는 것은 선한 양심으로 불운을 사랑한다는 뜻이다.

미덕은 자신의 미덕에 대한 신앙을 강하게 품고 있는 사람에게만 행복과 축복의 상태를 안겨줄 뿐이며, 보다 세련된 영혼의 소유자들에게는 그런 것을 안겨주지 않는다. 보다 세련된 영혼을 소유한 사람들의 미덕은 자기 자신과 모든 미덕에 대해 깊은 불신을 품고 있다는 점에 있다. 그러므로 여기서도 결국 "구제하는 것은 신앙"이지, 미덕이 아니다.

마녀들의 재판을 담당한 판사들 중에서 가장 똑똑한 판사들과 심지어 마녀들 자신까지 마법의 죄를 확신했다 할지라도, 그럼에도 불구하고 거기엔 죄가 존재하지 않았다. 다른 모든 죄도 마찬가지이다.

사람들이 죽음에 대해 전혀 생각하지 않으려 하는 것을 보면 나는 행복해진다. 나는 사람들이 생에 대해 백배 더 많은 관심을 쏟도록 하기 위해서라면 무엇이든 기꺼이 할 것이다.

더욱 남성적이고 호전적인 시대가 시작된다는 점을 암시하는 모든 신호를 나는 환영한다. 그런 시대는 무엇보다 영웅주의를 다시 명예로운 위치로 끌어올릴 것이다. 그런 시대는 보다 높은 시대가 열릴 길을 준비하고, 언젠가 보다 높은 시대가 필요로 할 힘을 모을 것이다. 그 시대가 열리면 영웅주의를 새롭게 인식하고, 그런 사상과 그 결과물을 위해 전쟁을 벌이게 될 것이다.

내면의 자연적인 성향이 즉시 하나의 병이 되면서 증오스런 모습을 보이는 사람들은 나를 불쾌하게 만든다. 그런 사람들은 우리로 하여 금 인간들의 성향과 충동은 사악하다는 의견을 품도록 만든다. 그들 이야말로 우리가 우리 자신의 본성과 모든 자연을 부당하게 대하도 록 만드는 원인인 것이다. 인간들 중에 별다른 걱정을 하지 않고 품위 있게 자신의 충동을 따를 수 있는 사람들이 많지만, 앞에 말한 사람들 은 자연에 있는 것으로 상상되는 "사악한 것"이 두려워 그렇게 하지 못한다. 그것이 인간들 사이에 고귀함을 발견하기가 그렇게 어려운 이유이다. 고귀한 사람들은 언제나 자기 자신을 전혀 두려워하지 않 고, 자기 자신에게 불명예스런 것을 절대로 예상하지 않으며, 자신의 마음이 가는대로 거침없이 날아가는 모습을 보인다. 자유롭게 태어 난 새들이여! 그들이 가는 곳마다, 거기엔 언제나 자유가 있고 햇살이 따사로울 것이다.

모순을 인내하는 능력이 문화의 수준을 말해준다는 것을 오늘날 모 두가 잘 알고 있다. 일부 사람들은 보다 고상한 사람들의 경우에 자 신이 혹시 모르고 있을지도 모르는 편향성을 찾아내기 위해 반대 의견을 고무한다는 것까지 알고 있다. 그러나 이의를 제기하는 능 력, 다시 말해 익숙한 것과 인습적인 것과 신성시되는 것에 맞설 수 있는 선한 양심을 키우는 것은 앞에 언급한 능력보다 더 중요하며, 이 능력은 우리 문화에서 진정으로 위대하고 새롭고 놀라운 것이 며, 해방된 지성의 걸음 중의 걸음이다. 그런데 누가 이것을 알고 있 는가?

"이건 하지 마라! 포기하라! 그대 자신을 극복하라!"라는 식으로 강요하는 모든 도덕 체계는 대개 나의 반감을 불러일으킨다. 한편, 나로 하여금 무엇인가를 하도록 하고, 그것을 아침부터 밤늦게까지 다시 하도록 하고, 밤에 그것에 대해 꿈을 꾸도록 자극하는 도덕 체계를, 일을 최대한 잘 해내겠다는 생각 외에 다른 생각을 품지 않도록 만드는 그런 도덕 체계를 나는 좋아한다.

고통에도 쾌락에 있는 것 만큼의 지혜가 담겨 있다. 쾌락과 마찬가지로, 고통도 종의 보존에 유익한 능력이다. 그렇지 않다면, 고통은 오래 전에 사라졌을 것이다. 고통이 아픔을 준다는 사실이 절대로 고통에 반대해야 하는 논거가 될 수 없다. 아픔을 주는 것이 고통의 본질이기 때문이다.

종교 창시자들과 그들과 비슷한 인물들 사이에 언제나 한 가지 형태의 정직이 결여되어 있다. 그들은 자신의 경험을 절대로 지적인 양심의 문제로 다루지 않았다. … 그러나 그들과 달리 이성에 목말라하는 우리는 과학 실험을 할 때처럼 시간 단위로, 또 하루 단위로 우리의 경험을 주의 깊게 들여다보길 원한다. 우리는 스스로 실험의 주체가 되고 실험의 대상이 되기를 바란다.

처벌하고 비난하고 향상시키는 문제에 대해 더 이상 깊이 생각하지 않도록 하자. 우리는 개인을 좀처럼 변화시키지 못한다. 개인을 변화시키는 데 성공해야 한다면, 아마 우리가 알지 못하는 사이에 다른 문제가 생겨날 것이다. 우리 자신이 그 개인 때문에 변화할 수 있다는 뜻이다. 차라리, 다가올 모든 것에 대한 우리의 영향력이 그 개인의 영향력을 능가하도록 하자. 직접적으로 싸움을 벌이지 않도록 하자. 모든 탓과 처벌, 그리고 개선시키려는 욕망이 이 범주에 속한다.

먼저 전쟁과 승리의 진정한 의미를 이해하지 않고서 어떻게 멋지게 웃고 멋지게 사는 길을 알 수 있겠는가?

유쾌한 동물인 인간은 제대로 생각할 때마다 좋은 기분을 잃어버리는 것 같다. 곧잘 "진지해지니" 말이다! "웃음이 터지고 기분이 들뜬 곳에서, 생각은 아무런 쓸모가 없어." 이것이 이 엄숙한 동물이 모든 "즐거운 지식"에 대해 품고 있는 편견이다.

보다 예리하게 사고하고, 보다 정확하게 관찰하고, 보다 많은 것을 배우도록 하라. 그러면 그대는 어떤 상황에서도 더 이상 이것이나 저것을 "의무"와 "양심"이라는 식으로 말하지 않을 것이다. 도덕적 판단이 일반적으로 어떤 식으로 이뤄지는지에 대한 지식을 얻게 되면, 감동적인 이런 단어들이 지겹게 느껴질 것이다.

우리는 스스로를 자신이 원하는 모습으로 가꾸길 원한다. 새롭고, 독특하고, 유일하고, 자신의 법을 스스로 만들고, 자신을 스스로 창조해나가는 그런 존재가 되기를 바라는 것이다. 이 목적을 이루기 위해 우리는 이 세상의 모든 법칙과 필연성을 최대한 열심히 배우고 발견하는 학생이 되고 발견자가 되어야 한다. 그런 의미에서 창조자가 되기 위해 우리는 물리학자가 되어야 하는데, 지금까지의 모든 평가와 이상은 물리학에 대한 무지나 물리학에 대한 반대를 바탕으로 했다.

우리에게 "은혜를 베푸는 사람들"이 우리의 적들 그 이상으로 우리의 가치와 결단력을 떨어뜨린다.

과학에 대한 우리의 믿음은 언제나 형이상학적 믿음에 바탕을 두고 있다. 오늘날 무신론자이고 형이상학에 반대하는 우리 지식인조차도 여전히 수천 년 된 낡은 신앙이 붙인 불에서 불꽃을 얻고 있다. 이 낡은 신앙은 신은 진리이고 진리는 신성하다는 기독교 믿음을 말하며, 이 믿음은 또한 플라톤의 믿음이기도 하다.

의지가 결여된 곳에서 언제나 신앙의 필요성이 가장 두드러진다. 왜냐하면 의지가 명령의 감정으로서 주권과 권력의 두드러진 특징이기 때문이다. 말하자면, 명령하는 방법을 모르는 사람은 명령하는 존재를, 엄하게 명령하는 존재를, 이를테면 신이나 군주, 계급제도, 의사, 고해 신부, 교리, 당파(黨派) 같은 것을 더욱 간절히 원한다.

단순히 자기보존만을 추구하는 것은 절망 상태를 표현하고 있거나, 권력의 확장을 목표로 잡고 있는, 근본적인 생명 본능이 한계에 처해 있다는 것을 표현하고 있다. 이 생명 본능은 권력 확장을 꾀할 수 있는 상황에서는 종종 자기보존에게까지 이의를 제기하며 희생시키곤

하기 때문이다.

의식(意識)의 섬세함과 힘은 언제나 인간(혹은 동물)의 소통 능력과 비례하며, 이 소통 능력은 소통의 필요성과 비례한다. … 의식은 일반적으로 소통의 필요성 때문에 발달했다. 의식은 처음부터 인간과 인간 사이에서만 (특히 명령하는 자들과 복종하는 자들 사이에서) 필요하고 유용했으며, 그 유용성과 비례해 발달했다.

교회는 어떠한 상황에서도 국가보다는 더 숭고한 제도이다.

남녀 사랑에서 동등한 권리에 대해 말하는 것을 나는 절대로 용납하지 않는다. 그런 동등한 권리 같은 것은 절대로 없다. 이유는 남자와 여자가 사랑이라는 단어를 서로 다르게 이해하기 때문이다. 어느 한쪽이 상대방에게 사랑에 대해 자신과 똑같이 느끼고 똑같이 인식할 것이라고 기대하지 않는 것이 사랑의 조건이다. 여자가 사랑을 어떻게 이해하는지는 꽤 분명하다. 아무런 동기나 유보 없이 영혼과 육체를 완전히 복종시키는 것(단순한 헌신뿐만 아니라)이 여자들이 생각하는 사랑이다. 그러면서 여자들은 단서나 조건이 딸린 헌신이라는 생각에 오히려 수치심과 공포를 느낀다. 조건이 없는 상태에서, 여자의 사랑은 하나의 신앙이나 마찬가지이다. 여자에겐 사랑 외에 다른 것이 전혀 없다. 그런데 남자는 여자를 사랑할 때 여자로부터 바로 그런 사랑을 원한다. 따라서 남자 본인에 대해 말하자면 남자는 여자의 사랑의 전제조건으로부터 아주 멀리 벗어나 있다. 완전한 헌신을 요구하는 것이 낯설지 않은 남자가 틀림없이 있다 하더라도, 그런 사람들은 진정한 남자가 아니다. 여자처럼 사랑하는 남자는 그로 인해 노예가 되지만, 여자처럼 사랑하는 여자는 그로 인해 더욱 완전한 여자가 된다.

사유되고, 시로 표현되고, 그림으로 그려지고, 작곡되고, 심지어 건설되고 주조되는 모든 것은 독백적인 예술이거나 증인 앞에 제시되는 예술이다. 후자의 예술에, 신에 대한 믿음과 관련 있는, 겉보기에 독백적인 예술처럼 보이는 예술도 포함된다. 기도의 서정시가 그런 예이다. 이유는 신앙심 깊은 사람에겐 고독이 있을 수 없기 때문이다. 이 같은 구분을 처음 고안한 사람은 우리 무신론자들이다.

그대가 세상을 이해하는 방식은, 즉 세상을 "과학적"으로 이해하는 것은 여전히 가장 어리석은 해석이다. 말하자면, 세상에 관한 모든 가능한 해석 중에서 의미가 가장 빈약한 해석이라는 뜻이다. … 근본적으로 역학적인 세계는 근본적으로 무의미한 세계일 것이다.

새롭고 이름 없고 이해하기 어려운 우리는, 아직 펼쳐지지 않은 미래의 첫 수확인 우리는 새로운 목적을 위해 새로운 수단을, 말하자면 새로운 건강을, 지금까지의 그 어떤 건강보다 더 강하고, 예리하고, 거칠고, 대담하고, 유쾌한 그런 건강을 필요로 한다.

또 다른 이상이 우리 앞으로 달려오고 있다. 낯설고, 유혹적이고, 위험이 가득한 이상이다. 우리는 이 이상을 아무에게도 권하고 싶어 하지 않는다. 어느 누구에게도 이 이상에 대한 권리를 아직 인정하지 않기 때문이다. 이 이상은 지금까지 신성하다거나 선하다거나 침범 불가능하다거나 성스럽다고 불린 모든 것을 갖고 순진하게 장난치는 그런 정신의 소유자가 추구하는 이상이며, 그런 정신의 소유자에겐 사람들이 가치 기준으로 여기는 고귀한 것들은 이미 위험과 폐허, 타락 또는 적어도 완화나 맹목, 일시적 자기망각을 암시할 것이다. 그것은 초인이 추구하는 행복과 선의의 이상이지만 종종 비인간적인 것으로 비치기도 한다.

4장

———

차라투스트라는
이렇게 말했다

니체를 공부하는 학생이라면, 덜 모호한 니체의 다른 책들을 먼저 읽고 어느 정도 준비를 한 다음에 『차라투스트라는 이렇게 말했다』(독일어 제목: Also Sprach Zarathustra)를 읽는 것도 바람직하다. 이 책은 그 구상이나 글쓰기 작업에서 그보다 앞서거나 뒤서는 다른 모든 책들과 확연히 구분된다. 이 책은 고풍스럽고 시적인 스타일로 쓰였으며, 많은 부분이 고의로 불분명하게 쓰였다.

　니체는 이 책을 일반 독자들을 생각하며 쓰지 않았으며, 네 번째 섹션은 완성되고 7년이 지나서야 공개되었다. 니체의 다른 책들이 대중의 폭넓은 인정을 받을 때까지 『차라투스트라는 이렇게 말했다』의 출간을 늦추었더라면 더 좋은 결과를 얻을 수 있었을지도 모른다. 왜냐하면 불행하게도 이 책이 온갖 종류의 오해와 엉터리 해석에 노출되고 있기 때문이다. 사실, 이 철학자의 다른 작품들, 예를 들면 『여명』과 『도덕의 계보』 『선과 악을 넘어서』 같은 책들을 읽고 내용을 소화시킬 수 있을 때까지는 이 책을 이해하면서 읽는 것은 불가능하다.

그런데 불행하게도 이 책은 그 문체의 매력 때문에 니체의 책 중에서 영어권 시민들의 손에 가장 먼저 잡힌 책이었다. 오랫동안 이 책은 니체에게 그릇된 비판이 쏟아지게 한 주요 원인이었다. 책 속에 담긴 수사적 표현과, 사상을 설명하기 위해 제시한 무수한 비유들이 너무나 쉽게 엉터리 판단과 평가를 불렀다. 별다른 준비 없이 이 책을 읽는 독자는 설명이 되지 않는 모순과 도덕적 궤변처럼 들리는 내용을 많이 발견할 것이다. 무엇보다도, 보다 높은 윤리적 미덕이 없다는 느낌을 받기 쉽다. 니체에 대한 이해도가 가장 낮은 곳에서 이런 식의 비난이 많이 나온다. 그러나 그의 책들을 매우 주의 깊게 읽는 학생은 그의 사상의 바탕을 형성하고 있는 높은 미덕이 무엇인지를 잘 알고 있다.

니체는 1883년 초에 『차라투스트라는 이렇게 말했다』를 쓰기 시작해 1885년 2월 중반까지도 작업을 끝내지 못했다. 이 책을 쓰겠다고 생각한 것은 이보다 훨씬 전인 1881년 여름이었다. 영원 회귀(eternal recurrence) 사상이 그를 사로잡고 있을 때였다. 당장 그는 이 사상을 차라투스트라의 가르침의 바탕으로 이용하면서 메모를 하기 시작했다. 건강이 나빠져 여러 해 동안 고생한 니체는 이때 다소 건강을 회복하는 모습을 보이고 있었다. 니체가 이 작품을 경쾌하고 과장된 형식으로 쓰기로 한 것은 틀림없이 그가 갑작스레 육체적 건강을 누리게 된 때문일 것이다. 첫 섹션은 10일 만에, 두 번째 섹션은 몇 개월 뒤에, 세 번째 섹션은 그해 가을에 쓰였다. 그러나 네 번째 섹션과 마지막 섹션이 완성된 것은 그러고 나서 18개월이 더 지나서였다. 이런 시간적 거리 때문에, 이 책의 앞부분 3개 섹션과 뒷부분 사이에 근본적인 차이가 나타나게 되었다.

언어는 책 전반에 걸쳐 거의 똑같다. 화려하고, 시적이고, 상징적이다. 그러나 형식에는 변화가 있었다. 경구적이고 논리가 일관적이지 않던 명령조의 글이 서로 연결된 하나의 우화로 바뀐다. 첫 3개 섹션에서 성경의 시편을 닮은 짧은 글들이 서술과 대화로 보완되고 있는 것이다. 네 번째 섹션 전체에 걸쳐 하나의 이야기가 전개된다. 니체의 원리들의 골자를 구체적인 진술보다 이 우화의 모호성에서 찾아야 한다. 그렇기 때문에 그의 다른 책들을 다소 알지 않은 상태에서 그의 원리들을 찾아내는 것은 불가능할 것이다. 그럼에도 그의 사고의 일반적인 경향을 이해하기만 하면 누구나 그의 이야기에 나타나는 공상적인 방랑에 숨어 있는 의미를 파악할 수 있다. 또 차라투스트라와 동굴 안에 있는 "고귀한 인간들"의 두서없는 발언도 이해할 수 있게 된다.

『차라투스트라는 이렇게 말했다』는 니체의 윤리 체계의 기본 사항들 거의 대부분을 담고 있다는 점에서 독특하다. 그렇다고 해서 단순히 이 책을 읽음으로써 그의 전체 사상을 파악할 수 있다는 생각을 품어서는 안 된다. 상당한 준비를 하지 않은 상태라면, 아주 단순한 단어로 아주 명백하게 쓴 단락에서도 그의 철학의 단계들을 추적하는 데 어려움을 느낄 것이다.

분명히, 쉽게 이해되는 단편적인 경구와 관찰도 많다. 그러나 이런 경구와 관찰을 다른 것들과 동떨어진 것으로 받아들일 경우에 그것들이 다른 가르침들과의 연결 속에서 지니는 진정한 의미를 놓치게 된다. 니체의 다른 작품을 읽지 않고『차라투스트라는 이렇게 말했다』부터 읽는 사람이라면 글자 그대로의 의미로 받아들일 수밖에 없다. 이 같은 사실 자체가 니체의 책을 읽고 이해했다고 말하는 사람들이 정작 니체의 철학에 대해 잘 모르고 있는 현실을 설명해준다. 니체 철학의 전초 기지는 현재의 일상적인 사회적 삶으로부터 아주 멀리 벗어나 있다. 그렇기 때문에 니체의 철학은 당연히 현재의 단어들, 심지어 추상적이고 불명확한 것을 표현하는 데 쓰이는 전문적인 단어들의 제한적인 의미 때문에 방해를 받게 되어 있다. 이런 이유로, 그의 진술 중 많은 것이 엉터리 의미로 받아들여지는 것은 어쩌면 피할 수 없는 일이다. 또 그의 가르침들의 구조에 대한 전반적 지식이 갖춰지지 않은 영역에서 오해가 일어나게 되어 있다. 이 전반적인 지식은『차라투스트라는 이렇게 말했다』를 읽어서는 얻지 못한다.

이 책 중 많은 부분은 니체의 사상에 대해 이미 충분히 알고 있지 않은 사람에겐 전혀 아무런 의미를 지니지 못한다. 그리고 이 책에 쓰이는 용어 중 많은 것은 그의 작품의 주요 부분에서 발견되는 설명을 고려하지 않는다면 아무런 의미를 지니지 못한다.

그러나 이 책을 읽는 데 필요한 준비를 충분히 한 다음에 읽는 독자에겐 매력적이고 고무적인 부분이 많이 발견될 것이다. 니체는 이 책을 가장 친근하고 개인적인 것으로, 따라서 가장 중요한 작품으로 여겼다. 그는 이 책에 두 개의 섹션을 추가할 계획까지 잡았으나 실천에 옮기지는 못했다. 이 책에 대한 대중의 무관심이 그에게 부정적으로 작용했던 것 같다. 그가 공감 능력과 이해력을 갖췄을 것으로 믿었던 사람들마저도 이 책에 별로 관심을 보이지 않았다.

그럼에도 불구하고 이 책은 현대의 철학적인 문학 중에서 가장 두드러진 것으로 우뚝 서 있다. 그 형식만으로도 충분히 독특하다. 니체는 이 책을 전후한 다른 책들과 달리, 자신의 믿음을 에두르지 않고 직접적으로 표현하는 방법을 쓰지 않고 페르시아인 자라투스트라(영어 표기는 조로아스터이고 독일어 표기는 차라투스트라이다/옮긴이)를 시인이자 철학자로, 다시 말해 자신의 대변자로 내세우고 있다. 고대에 활동한 이 현자는 보다 고결한 인간을 상징한다. 니체의 사상이 우화와 훈계, 권고와 토론 등의 형식으로 자라투스트라의 입을 통해 나온다. 자라투스트라의 방랑과 경험이 나열되고 있으며, 자라투스트라의 삶에 일어나는 사건들은 니체의 행동 규범과 일치하는 어떤 의미를 구현하고 있다.

자라투스트라가 페르시아 출신이라는 점 때문에, 누구나 이 방랑 시인의 가르침에서 페르시아 철학의 영향이 발견될 것이라고 상상하기 쉽다. 그러나 그 이름만으로 니체의 원칙과 그 대변자의 모든 유사성은 끝난다. 니체가 대변자로 자라투스트라를 선택한 것은 페르시아 사람들에 대한 초기의 존경에서 비롯되었다. 그는 페르시아 사람들이 "최초로 포괄적인 역사관을 가진 사람"이라고 선언했다. 이 책에서 자라투스트라는 누가 봐도 니체 본인이다. 자라투스트라가 방랑하면서 겪는 경험은 니체 자신의 고통과 황홀, 고무와 실망을 실감나게 설명하는 내용이다. 니체의 삶을 잘 아는 사람들에게, 이 책에 소개되는 인물들 중 많은 이들이 이 철학자의 삶과 엇갈리는 삶을 산 사람들의 초상인 것으로 쉽게 드러난다. 마찬가지로, 우화와 비유 중 많은 것도 니체의 삶에 일어난 사건들을 조금 위장해 설명하는 내용이다. 책의 마지막 부분에서 니체가 바그너를 상징하는 인물로 어떤 공상적인 시인을 창조하면서 그를 엄격하게 비판하고 있는 것이 확인된다.

이 책에 등장하는 모습 그대로, 자라투스트라는 인간을 피해 두 가지 상징적인 동물인 독수리와 뱀과 함께 황무지나 산, 고원, 바닷가를 찾아다니며 법을 만들고 예언하는 떠돌이이다. 방랑이 끝날 때쯤 그가 사자를 만나는데, 이것은 그에게 여행이 종말에 가까워지고 있다는 것을 암시하는 신호이다. 이 사자가 자연에서 가장 훌륭하고 가장 막강한 것을 나타내기 때문이다.

이 책은 자라투스트라가 이리저리 떠도는 방랑길에 만나는 불신자들과 신봉자들에게 하는 설교와 대화로 구성되어 있다. 자라투스트라와 그를 동행하고 있는 동물들 사이에도 대화가 이뤄진다. 그리고 마지막 부분에서 자라투스트라는 자신의 동굴에 보다 고결한 유형의 인간을 대표하는 다수의 사람들을 모아놓고 그들과 대화한다. 자라투스트라는 모든 대화에서 열광적이고 시적인 스타일을 이용한다. 다윗의 '시편'의 스타일과 다르지 않다. 자라투스트라의 방랑과 경험을 들려주는 텍스트는 초기 동양 종교의 글쓰기 스타일과 비슷하다.

『차라투스트라는 이렇게 말했다』는 『인간적인, 너무나 인간적인』과 『여명』 『즐거운 지식』에 이어 나온 책이며, 니체의 건설적인 사상 중 많은 것이 이 책에 처음 소개된다. 첫 번째 파트는 보다 명료하여 나머지 파트보다 쉽게 이해된다. 이 파트에서 니체는 인간을 등급으로 나누고 구별한다. 니체가 강조한 정신의 3가지 변형이 낙타와 사자, 어린아이로 상징되면서 설명되고 있다. 여기서 우리는 결혼과 출산과 관련하여 널리 인용되고 있는 철학자의 글을 발견한다. 전쟁과 평화에 관한 사상도 확인된다.

그런 글들에서 니체는 행복의 개념을 뒤집어 놓는다. 개인의 열정과 선호가 고결한 인간과의 관계 속에서 비판의 대상이 되고 있으며, 명백한 본능도 분석된다. 니체는 행동 방식도 제시하며, 신봉자들의 행동과 태도를 자신의 가치에 따라 칭송하거나 비판하면서 분석한다. 그는 자비를 이해가 쉽도록 분석하며, '베푸는 미덕에 대하여'라는 항에서 미덕이 존재의 수단이 될 수 있는 조건에 대해 설명한다. 그는 상대적 도덕이라는 문제를 제기하며 자신의 주제들이 훗날 발달할 노선을 암시한다. 초인에 대한 정의가 짧게 이뤄지지만, 초인이 그의 철학 체계의 일부를 이룬다는 점을 인식시키는 선에서 그친다. 초인 개념은 다윈의 진화론에 바탕을 두고 있으며, 니체는 자연선택의 법칙을 적용하고 적자생존의 법칙이 자유롭게 작용하도록 함으로써 초인이 생기게 하려고 노력한다. 여기서도 우리는 니체가 인간에 대해 품고 있는 이상에 관한 언급을 보게 된다. 표준화된 목표를 보여주는 것이 아니라 인간의 최고의 모범들을 보여주는 것이 그의 철학의 목적이다.

두 번째 파트에서 권력 의지의 원리가 그 틀을 분명히 드러낸다. 권력 의지가 나타나는 장, 즉 '자기 극복'은 단순히 관찰에 근거한 짧은 설명일 뿐이다. 이 사상의 발달은 니체의 말년까지 발견되지 않지만, 이 이론이 그의 마음에 분명히 잉태되었다는 것은 그것이 나머지 책들에서 끊임없이 적용되고 있다는 사실로 뒷받침된다. 현재로선 권력 의지는 하나의 진술에 지나지 않는다. 그러나 너무나 분명하기 때문에 누구나 그 의미를 파악하고 니체의 권력 의지가 다윈의 원리와 스펜서의 원리와 어떤 식으로 다른지를 확인할 수 있다. 이 섹션에 개인적인 장이 여럿 포함되어 있다. 초기에 그를 비판했던 사람들에 대한 통렬한 비난, 니체 자신과 쇼펜하우어의 비교, 초기에 학계를 상대로 벌였던 투쟁에 대한 설명, 바그너와의 우정에 대한 언급, 초기의 저서들이 겪었던 오해에 대한 유감 표현 등에 관한 글이 그런 장이다. 마지막 장들 중 하나는 그의 철학 매우 깊은 곳에 흐르고 있는 저류 속을 들여다보게 하는, '심오함'에 대한 정의를 제시한다.

이 책에서 가장 중요한 자료가 발견되는 곳은 세 번째 파트이다. '낡은 서판과 새로운 서판'이라는 제목의 장을 보면, 니체 철학 체계에서 중요한 가르침들이 요약되어 있다. 여기서 이 책을 잉태시킨 영원 회귀라는 원리를 만난다. 영원 회귀에 관한 현재의 진술은 몇 가지 잠정적 고찰로 국한되고 있으며, 훗날 발달을 거치면서 더욱 확신에 찬 모습으로 제시된다. 그러나 니체가 자서전에서 이 사변적인 철학 원리를 "긍정적인 철학의 공식 중에서 가장 고귀한 것"으로 꼽았음에도 불구하고, 그의 글과의 관계 속에서 이 원리에 중요성을 지나치게 많이 부여해서는 안 된다. 첫째, 그 사상은 그가 고안한 사상이 절대로 아니라는 점이다. 그는 초기의 어느 에세이에서 그 사상의 기원을 찾아 나섰다. 둘째, 그 사상이 초인이라는 그의 주요 원리에 거의 아무런 영향을 끼치지 않았다는 점이다. 니체가 이 원리를 설명하는 데 시간과 공간을 할애했을지라도, 이 사상이 그의 가르침의 일부가 된 적은 결코 없었다. 그보다 이 사상은 그의 다른 설명들을 두루 아우르는 그 무엇이었다. 그의 우주 개념을 뒷받침하기 위해 제시된 하나의 조건일 수 있는 것이다.

그래서 나는 니체가 영원 회귀라는 사상을 거론한 것은 그가 초인의 길에서 떠올릴 수 있었던 가장 큰 장애물이 바로 그것이었기 때문이라고 생각한다. 어떠한 장애물도 미래의 초인이 의기양양하게 헤쳐나갈 수 없을 만큼 클 수 없었기 때문에, 니체는 불굴의 정신에 대한 궁극적 테스트로 초인에게 영원 회귀라는 조건을 적용했을 것이다. 이 사상이 야망도 결국엔 헛된 노력이라는 느낌을 주었을 것이고, 니체는 모든 야망이 최종적으로 헛된 것으로 돌아가지 않는다면 인간의 내면에서 진정한 위대성을 발견하지 못했을 것이다. 그러나 영원 회귀라는 사상을 니체의 작품에서 제외시켜도 그의 주요 가르침은 훼손되지 않는다. 이는 니체가 생각하는 영원 회귀가 존재의 부차적인 조건이기 때문이다.

이야기 형식인 네 번째 파트는 종종 제기되는 의문에 대한 대답을 제시하고 있다. 니체의 철학은 과연 누구를 위한 것인가? 이 섹션은 그의 글이 모든 계급을 위한 것이라는 일부 비평가들의 가정을 영원히 폐지시켜 버린다. 사실, 학자들, 심지어 니체의 작품을 충분히 잘 알고 있다고 주장하는 사람들조차도 끊임없이 제기하는 이 가정은 그의 글 어디에서도 드러나지 않는다.

『낡은 생각들』로까지 거슬러 올라가면, 이 같은 가정과 정반대의 가정이 가능해진다. 그리고 『적그리스도』와 『권력 의지』에서 그의 원리들이 모든 사람을 위한 것이라는 점을 명백히 거부하는 내용이 나타난다. 그럼에도 니체가 모든 사람들에게 자신의 가르침을 역설했다는 이론에 근거하여 그의 철학을 비판적으로 반박하는 주장이 끊임없이 나오고 있다. 이보다 더 터무니없는 주장은 없다.

니체는 초인 종족에 대해 어떠한 비전도 갖지 않았으며, 권력 행사에 근거한 황금시대는 그의 목표도 아니었고 그의 희망도 아니었다. 그의 철학은 전적으로 귀족주의적이다. 그의 철학은 인간의 주인을 위한 윤리 체계였으며, 그의 책들은 지적인 사람을 위한 선물이었다. 가치를 재평가하려는 니체의 시도에 대한 대답으로 비평가들이 종종 제시하는 인물이 로크(John Locke)와 루소(Jean-Jacques Rousseau), 흄(David Hume)이다. 그러나 니체의 윤리 체계에서 중요한 요소인 노예 도덕에 대한 정의를 면밀히 조사하면, 이 3명의 사상가들의 보다 부드러운 윤리를 폐기하지 않고도 초인 철학을 받아들일 수 있다는 것이 확인된다. 니체가 독자들에게 취하는 입장은 자라투스트라의 우화에서 명백히 드러난다. 시인이며 철학자인 자라투스트라는 동정 본능을 경험하지만 세상 속으로 나가면서 이 본능은 "고결한 사람들"에게만 어울린다는 것을 깨닫는다. 자라투스트라는 고결한 사람들이 민중의 무지와 환경의 제약 때문에 위험에 처해 있다는 것을 발견하고는 그들을 자신의 동굴로 이끈다. 그는 거기서 열등한 사람들로부터 고립된 가운데 그들과 삶의 문제를 논하면서 초인을 낳기 위해 그들이 취해야 할 노선을 제시한다.

　책의 성격 때문에, 이 책에서 전체 내용을 파악하게 하는 구절을 선택하는 것이 극도로 어렵다. 긴 우화 하나에 단 하나의 철학적 가르침이 담긴 경우도 종종 있으며, 그래서 니체의 말로 그 가르침을 전하는 유일한 방법은 그 장을 전부 전하는 것이다. 물론 그것은 불가능한 일이다. 그러므로 이 책에 제시된 사상들 중 많은 것은 다음에 제시하는 인용에 포함되지 않았다. 네 번째 파트는 발췌라는 절단 과정에 완강히 버텼으며, 그래서 나는 이 섹션에서는 일반적인 구절 몇 개를 취하는 데서 만족하지 않을 수 없었다. 그러나 『차라투스트라는 이렇게 말했다』는 니체의 가르침을 배우기 위해 곧장 택할 수 있는 책은 아니다.

니체는 이렇게 말했다

나는 그대들에게 초인을 가르친다. … 사람은 넘어야 할 그 무엇이다.

사람에게 원숭이는 무엇인가? 웃음거리이고 수치이다. 사람과 초인의 관계도 그렇다. 초인에게 사람은 웃음거리이고 수치인 것이다.

그대들은 벌레에서 인간에 이르기까지의 길을 걸었으며, 그대들 안에는 많은 것이 여전히 벌레이다. 한때 그대들은 원숭이였으며, 지금도 인간은 어떤 원숭이보다도 더 원숭이 같다.

형제들이여, 내가 권하노니, 땅에 충실하도록 하고, 그대들에게 땅보다 높은 곳의 희망 운운하는 자들을 믿지 마라! 그런 사람들은 자신들이 알고 있든 모르고 있든 상관없이 독살자이니라.

지금은 땅을 모독하는 것이 가장 무서운 죄이다.

사람은 동물과 초인 사이의 심연에 걸쳐진 밧줄이다.

사람에게 있어서 위대한 것은 사람이 하나의 목표가 아니라 하나의 다리 같은 존재라는 사실이다.

그대들에게 말하노라. 사람은 춤추는 별 하나를 탄생시키기 위해 내면에 아직 카오스를 갖고 있어야 한다.

이제 그대에게 정신의 3가지 변형에 대해 이야기하려 하네. 어떤 식으로 정신이 낙타가 되고, 그 낙타가 다시 사자가 되고, 그 사자가 마침내 어린아이가 되는지에 대해서.

존경심을 품고 있는 강인한 정신이 짊어져야 할 무거운 짐은 많아. 강인한 정신의 힘이 무거운 것을, 더없이 무거운 것을 갈망하기 때문이라네.

뭐가 무거운가? 무거운 짐을 곧잘 지려 하는 정신이 물었다. 이어 정신은 낙타처럼 무릎을 꿇고 앉아 짐이 꽤 많이 실리길 원한다.

그대 영웅들이여, 내가 등에 짊어지고 나의 힘을 확인함으로써 기뻐하게 하는 가장 무거운 짐은 무엇인가? 짐을 기꺼이 지려 하는 정신이 물었다.

그것은 이것이 아닌가? 자만심을 억누르기 위해 스스로를 모욕하는 일이 아닌가? 자신의 지혜를 조롱하기 위해 자신의 어리석음을 드러내는 일이 아닌가?

아니면 이것인가? 우리의 대의가 성공을 거두었을 때 그 대의를 버리는 것인가? 나쁜 길로 유혹하는 자를 유혹하기 위해 높은 산을 오르는 것인가?

아니면 이것인가? 지식의 도토리와 풀을 먹으며, 진리를 위해서 영혼의 굶주림을 견디는 것인가?

아니면 이것인가? 아픈 몸이면서도 위로하러 오는 사람들을 거절하고, 그대의 요청을 절대로 듣지 못할 귀머거리를 친구로 사귀는 것인가?

아니면 이것인가? 진리의 물이라면 더러운 물에라도 들어가서 차가운 개구리나 뜨거운 두꺼비를 거부하지 않는 것인가?

아니면 이것인가? 우리를 경멸하는 자들을 사랑하고, 우리를 놀라게하려는 유령에게 오히려 손을 내미는 것인가?

이 모든 무거운 짐들을 강인한 정신은 자신의 등에 짊어진다. 짐이 다실리면 황야로 길을 서두르는 낙타처럼, 강인한 정신도 자신의 황야로 길을 서둔다.

그러나 광막한 황야에서, 두 번째 변형이 일어난다. 여기서 정신이 한 마리 사자가 되는 것이다. 사자가 된 정신은 자유를 쟁취하고, 자신의 황야에서 지배자가 된다.

사자는 여기서 자신의 마지막 주님을 찾아 나선다. 사자는 마지막 주님에게, 자신의 마지막 신에게 적대감을 보일 것이다. 승리를 거두기 위해서 사자는 이 거대한 용과 결투를 벌일 것이다.

정신이 더 이상 주님이나 신이라고 부르기를 거부하고 있는 이 거대한 용은 무엇인가? 거대한 용은 "너는 해야 해"라는 이름으로 불린다. 그러나 사자의 정신은 "내가 하고자 해."라고 말한다.

비늘을 두른 짐승인 "너는 해야 해"가 황금을 반짝이면서 정신이 가는 길에 누워 있다. 비늘마다 "너는 해야 해!"라는 명령이 금빛으로 빛나고 있다.

천년 동안 내려오고 있는 가치들이 비늘들에서 빛을 반짝이고 있고, 용들 중에서 힘이 가장 센 용이 이렇게 말한다. "사물들의 모든 가치들이 나에게서 반짝이고 있구나."

"모든 가치들은 이미 다 창조되었고, 창조된 모든 가치를 내가 대표하고 있어. 참으로 말하건대, '내가 하고자 해' 같은 것은 더 이상 없어." 그 용은 이렇게 말한다.

형제들이여, 정신에 사자가 있어야 하는 이유는 무엇인가? 곧잘 단념하고 경건한, 짐만 싣는 짐승만으로 충분하지 않은 이유는 무엇인가? 새로운 가치들을 창조하기 위해서라네. 사자조차도 아직 성취하지 못한 일이지만, 새로운 창조에 필요한 자유를 창조하는 것, 그것은 사자의 힘으로 할 수 있지.

스스로 자유를 창조하고 의무에도 진정으로 "노!"라고 말할 수 있기 위해서라네. 그걸 위해서, 형제들이여, 사자가 필요하다네.

새로운 가치들에 대한 권리를 주장하기 위해서라네. 기꺼이 짐을 지려 들고 경건한 태도를 보이는 정신에게 가장 힘든 부분이 이것이지. 정말이지, 그런 정신에겐 그 같은 권리를 주장하는 것이 곧 약탈이고 맹수나 하는 짓으로 여겨진다네.

정신도 한때는 "너는 해야 해"라는 명령을 가장 신성한 것으로 여겼지만, 지금 정신은 대단히 신성한 것에서도 망상과 자의성을 발견하지 않을 수 없어. 정신은 자신이 사랑하는 것으로부터 자유를 쟁취해야 할 것이네. 이 쟁취에 사자가 필요하다네.

그러나 형제들이여, 말해 보라! 사자조차도 하지 못한 것을 어떻게 어린아이가 할 수 있는가? 약탈하는 사자가 왜 지금 어린아이가 되어야 하는가?

어린아이는 순진무구이고, 망각이고, 새로운 시작이고, 놀이이고, 스스로 구르는 바퀴이고, 최초의 운동이고, 거룩한 긍정이라네.

그렇다. 형제들이여, 창조의 놀이를 위해 신성한 긍정을 생명으로 끌어들일 필요가 있어. 지금 정신은 자신의 의지를 원하고 있어. 세상에서 버림받은 자는 자신만의 세상을 얻게 될 것이네.

정신의 3가지 변형을 나는 그대들에게 설명했노라. 정신이 낙타가 되고, 그 낙타가 다시 사자가 되고, 그 사자가 마지막에 어린아이가 되는 이유를 말이네.

새로운 자긍심을 나는 사람들에게 가르친다. 머리를 더 이상 천상의 것들의 모래에 파묻지 말고, 땅에 의미를 부여하는 지상의 머리를 당당하게 들고 다니라고!

새로운 의지를 나는 사람들에게 가르친다. 인간이 맹목적으로 추구해온 길을 찾아서 인정하고, 병들어 죽어가는 사람처럼 몰래 그 길에서 벗어나는 일이 더 이상 없도록 하라고!

병들고 죽어가는 자들. 육체와 땅을 무시하면서 천상의 세계와 속죄의 핏방울을 발명한 자들은 바로 그들이었어. 그러나 감미롭고 슬픈 이 독마저도 그들은 육체와 땅에서 얻었다네!

깨친 자, 영리한 자는 이렇게 말했다. "나는 전적으로 육체이며, 그 이상의 다른 것은 아니다. 영혼은 육체 안에 있는 무엇인가의 이름일 뿐이다."

육체는 하나의 큰 이성이고, 한 가지 의미를 지니는 복수(複數)이고, 전쟁이자 평화이고, 양떼이자 양치기이다.

나의 형제여, 그대 육체의 한 도구도 마찬가지로 그대의 작은 이성이며, 그것을 그대는 "정신"이라 부르네. 그대의 큰 이성이 부리는 작은 도구이자 노리개를 말이네.

도구와 노리개는 감각과 정신이며, 그런 것들 뒤에 자기(自己)가 자리 잡고 있어. 자기는 감각의 눈으로 찾고 있고, 정신의 귀로 경청하고 있다네.

형제여, 생각과 감정 뒤에 막강한 주인이, 미지의 현자가 있다. 그것은 자기라 불린다. 그것은 그대의 육체 안에 거주하고 있으며, 자기가 그대의 육체이기도 하다.

그대에게 어떤 미덕이 있고 그것이 그대 자신의 미덕일 때, 그대는 그 미덕을 다른 누구와도 공유하지 못한다.

만일 그대가 행운을 잡았다면, 그대는 한 가지 미덕을 갖게 될 것이지만 그 이상의 미덕을 갖지는 못할 것이다. 그래서 그대는 다리를 조금 더 쉽게 건너갈 수 있을 것이다.

"적"이라고는 불러도 "악한"이라고는 부르지 마라. "병약한 자"라고는 불러도 "비천한 자"라고는 부르지 마라. "바보"라고는 불러도 "죄인"이라고는 부르지 마라.

글로 적힌 것들 중에서, 나는 사람이 자신의 피로 쓴 글만을 사랑한다. 피로 글을 써보라. 그러면 그대는 피가 곧 정신이라는 사실을 깨닫게 될 것이다.

그대들은 높은 위치로 올라가길 원할 때 위를 올려다보지만, 나는 이미 높은 곳에 다다랐기 때문에 아래를 내려다본다.
그대들 가운데 웃음을 지으면서 높은 곳까지 올라갈 수 있는 사람이 있는가?

높은 산에 오른 사람은 모든 비극과 비극적인 현실을 비웃는다.

용기 있고, 초연하고, 냉소적이고, 고압적인 존재가 되라고 지혜는 우리에게 가르친다. 지혜는 여인과 같아서 언제나 전사를 사랑한다.

사람이 생명을 사랑하는 것은 사람에게 살려고 하는 경향이 있어서가 아니라 사랑하려는 경향이 있어서라는 말은 맞는 말이다.

나는 춤을 추는 방법을 아는 신만을 믿어야 한다.

사람들은 분노가 아니라 웃음으로 살해를 한다. 자, 오라. 중력의 정신을 살해하자꾸나!

지구는 존재할 가치가 없는 것들로 가득하고, 생명은 너무도 많은 자들에 의해 훼손되고 있다. 그들을 "영원한 생명"(永生)으로 유혹해서 이 생(生)에서 빠져나가도록 할 수만 있다면!

그대들은 증오와 시기심을 모를 만큼 위대하지는 않다. 그렇다면 적어도 그런 일로 부끄러워하는 일은 없을 정도는 되어야 하지 않는가!

그대들은 새로운 전쟁의 수단으로 평화를 사랑할 것이고, 긴 평화보다 짧은 평화를 더 사랑할 것이다.

그대들에게 내가 권하는 것은 노동이 아니라 전쟁이다. 그대들에게 내가 권하는 것은 평화가 아니라 승리이다. 그대들의 노동이 전투가 되게 하고, 그대들의 평화가 승리가 되게 하라!

그대들은 훌륭한 명분은 전쟁까지도 신성하게 한다는 식으로 말하는가? 나는 그대들에게 이렇게 말한다. 훌륭한 전쟁이 모든 명분을 신성하게 만든다고.

"무엇이 선인가?" 그대들이 묻는다. 용감한 것이 선이다.

그대들은 증오할 가치가 있는 적을 두어야지, 경멸할 만한 적을 두어서는 안 된다. 그대들은 적들을 자랑스러워할 수 있어야 한다. 그러면 적들의 성공도 그대들의 성공이 될 것이다.

국가는 냉혹한 괴물들 중에서 가장 냉혹한 괴물로 불린다. 국가는 냉혹하게 속이고, 이 괴물의 입에서 "나, 국가는 곧 민족이다."라는 거짓말이 술술 나온다.

보라, 이 불필요한 존재들을! 그들은 발명가의 작품을 훔치고 현자들의 보물을 훔치고 있다. 그러면서 그들은 절도를 문화라고 부르고 있으며, 그들에겐 모든 것이 병이 되고 재난이 된다.

새로운 가치들을 고안한 사람들을 중심으로 세상은 돌아가고 있다. 눈에 보이지 않는 가운데 세상은 그런 식으로 돌아가고 있는 것이다. 그러나 배우들을 중심으로 사람들과 명예가 돌아가고 있다. 그런 것이 세상의 이치이다.

그대들이 최소한 동물로서라도 완벽할 수만 있다면! 그래도 동물에 겐 순진무구함이라도 있으니.

순결은 일부 사람들에겐 미덕이지만, 많은 사람들에겐 악덕이다.

순결을 지키는 것이 어려운 사람들에겐, 순결이 지옥에 이르는 길이 되지 않도록, 또 영혼의 불결과 욕정에 이르는 길이 되지 않도록 하기 위해 순결을 단념하라고 권하라.

벗을 원한다면, 그를 위해 전쟁도 기꺼이 치를 준비가 되어 있어야 한 다. 그리고 전쟁을 치르기 위해서는 적이 될 줄도 알아야 한다.

그대는 자신의 벗에서 최선의 적을 발견할 수 있어야 한다. 그대는 벗 과 맞서고 있을 때 그대의 가슴으로는 그 벗이 더없이 가깝다는 느낌 을 받을 수 있어야 한다.

그대는 노예인가? 그렇다면 그대는 벗이 될 수 없다. 그대는 폭군인 가? 그러면 그대는 벗을 사귀지 못한다.
여자들의 내면에 노예와 폭군이 너무나 오랫동안 숨어 있었다. 그 때 문에 여자는 우정을 쌓지 못한다. 여자는 오직 사랑만을 알 뿐이다.
여자의 사랑에는 사랑하지 않는 모든 것에 눈을 감는 맹목이 있고 불공평이 있다. 심지어 여자의 의식적인 사랑에도 빛과 함께 기습과 번개와 밤이 존재한다.

사람은 오직 자기 자신을 지키기 위해서 사물들에 가치를 부여했다. 사람은 사물들의 의미를, 사람을 기준으로 한 의미를 창조했다. 따라서 사람은 자신을 "인간"이라고, 즉 가치 평가자라고 불렀다.

수많은 사람들이 존재했다는 이유로, 지금까지 수많은 목표들이 있어 왔다. 수많은 사람들의 목에 채울 그런 족쇄는 여전히 존재하지 않는다. 하나의 목표가 결여되어 있기 때문이다. 인류는 아직 하나의 목표를 갖지 못하고 있다.

내가 그대에게 이웃을 사랑하라고 권하고 있는가? 나는 오히려 그대에게 이웃을 벗어나 아주 먼 곳을 사랑하라고 권한다.
이웃 사랑보다 더 높은 것은 아주 먼 미래에 있는 자들을 사랑하는 것이다. 또 인간을 사랑하는 것보다 더 고귀한 것은 사물과 유령을 사랑하는 것이다.
형제여, 그대 앞으로 달려오고 있는 유령은 그대보다 더 당당하다. 그런데 왜 그대는 그 유령에게 그대의 살과 뼈를 주지 않는가?

그대는 멍에에서 벗어날 자격이 있는가? 예속을 벗어던지면서 자신의 마지막 가치까지 버리는 결과를 낳은 사람이 참으로 많다.

무엇으로부터 자유로워진단 말인가? 그것이 차라투스트라와 무슨 상관이 있는가! 그래도 그대의 눈이 나에게 이 물음에 대답해야 한다. 무엇을 위해 자유로워지려 하는가?

여자의 모든 것은 하나의 수수께끼이며, 여자의 모든 것은 한 가지 해답을 갖고 있다. 그것은 임신이라 불린다.

여자에게 남자는 하나의 수단이고, 목표는 언제나 아이이다. 그러나 남자에게 여자는 무엇인가?

진정한 남자는 서로 다른 두 가지를 원한다. 위험과 오락이다. 그래서 남자는 가장 위험한 노리개로 여자를 원한다.

남자는 전쟁을 위해 훈련을 해야 하고, 여자는 전사의 오락을 위해 훈련을 받아야 한다. 그 외의 다른 것은 어리석은 짓이다.

두 개의 달콤한 열매를 전사는 좋아하지 않는다. 그래서 전사는 여자를 좋아한다. 아무리 달콤한 여자라도 쓴 맛을 주기 때문이다.

여자는 남자보다 아이들을 더 잘 이해하지만, 남자는 여자보다 더 유치하다.

진정한 남자의 내면에 어린아이 같은 존재가 숨어 있으며, 그것이 놀기를 원한다. 그러니 여인들이여, 남자의 내면에서 아이를 발견하길!

여자는 아직 도래하지 않은 세계의 미덕으로 빛을 발하는 보석처럼 순수하고 섬세한 노리개가 되도록 하라.

별빛 줄기가 그대의 사랑 안에서 빛을 발하도록 하라. 그대의 희망이 이렇게 말하도록 하라. "초인을 낳고 싶어!"

그대의 사랑 안에 용기가 깃들기를! 그대의 사랑으로 그대는 그대의 마음에 두려움을 불러일으키는 자를 공격하길!

그대의 사랑 안에 그대의 명예가 있기를! 그렇지 않으면 여자는 명예에 대해 거의 이해하지 못할 것이다. 그러나 이런 것을 그대의 명예로 여기도록 하라. 언제나 사랑 받는 이상으로 사랑하고, 사랑에서 결코 둘째가 되지 않는 것이다.

여자가 사랑할 때, 남자는 그녀를 두려워해야 한다. 사랑을 하는 여자는 모든 것을 희생할 것이고, 사랑 외의 모든 것을 무가치한 것으로 여기기 때문이다.

여자가 증오할 때, 남자는 그녀를 두려워해야 한다. 남자는 깊은 영혼 속에서 단순히 악하지만, 여자는 비열하기 때문이다.

여자는 누굴 가장 증오할까? 쇠가 자석에게 이렇게 말한 적이 있다. "나는 너를 대단히 미워해. 네가 나를 잡아당기긴 하지만 완전히 끌어당길 만큼 강하진 않기 때문이야."

남자의 행복은 "내가 할 거야."라는 표현에, 여자의 행복은 "그가 할 거야."라는 표현에 있다.

그대에게 적이 있다면, 악을 선으로 갚는 일이 없도록 하라. 그렇게 하면 그들이 부끄러워할 것이다. 그러나 그가 그대에게 선한 무엇인가를 했다는 점을 분명히 보여주도록 하라.

누구를 창피하게 만드느니 차라리 화를 내도록 하라! 또 누가 그대를 저주할 때, 감사를 표하려 들지 마라. 차라리 그대도 마찬가지로 어느 정도 저주를 하라.

나에게 말해다오. 눈이 멀지 않은 사랑인 정의를 어디서 발견할 수 있는가?

그대는 젊고, 자식과 결혼을 원한다. 그러나 나는 그대에게 묻고 싶다. 그대는 과연 아이를 바랄 자격을 갖춘 남자인가?
그대는 승리한 자이고, 자신을 정복한 자이고, 열정을 지배하는 자이고, 그대의 미덕의 주인인가? 이런 것을 나는 그대에게 묻는다.
아니면 그대 안에 동물이 있어서 그런 것을 원하는가? 아니면 외로움 때문에? 그것도 아니면 그대 내면의 갈등 때문에?
나는 그대의 승리와 자유가 아이를 갈망하도록 만들기를 바란다. 그대는 그대의 승리와 해방을 위해 살아 있는 기념비들을 세워야 할 것이다.
그대는 그대 자신을 뛰어넘어야 한다. 그러나 무엇보다 먼저 그대는 육체와 영혼을 반듯하게 세워야 한다.

결혼. 그것을 나는 두 당사자보다 더 큰 한 존재를 창조하려는 두 사람의 의지라고 부른다.

하고 많은 사람들, 존재할 가치가 없는 사람들이 결혼이라고 부르는 그것을, 아, 나는 어떻게 불러야 하나?
아, 두 사람의 영혼의 빈곤이여! 아, 두 사람의 영혼의 불결함이여!
아, 두 사람의 측은한 자기만족이여!
이런 것들을 그들은 혼인이라고 부르며, 그들은 자신의 결혼이 천상에서 이뤄졌다고 말한다.

좋아, 나는 존재할 가치도 없는 자들이 말하는 그 천국을 좋아하지 않아. 또 나는 천상의 덫에 걸려든 동물들도 좋아하지 않아.

자신이 맺어주지 않은 것에 축복을 내리겠다고 절뚝거리며 오는 신도 나로부터 멀리 떨어져 있기를!

그래도 그런 혼인을 비웃지 않도록 하라! 부모 문제로 애통해 할 이유를 갖고 있지 않은 아이가 어디 있겠는가?

모두가 죽음을 중대한 문제로 여기고 있지만, 그럼에도 죽음은 아직 축제가 되지 못하고 있다. 사람들은 아주 멋진 축제를 벌이는 방법을 배우지 못하고 있다.

나 그대에게 나의 죽음을 찬미한다. 내가 원해서 나에게 찾아오는 그런 자발적인 죽음을.

그렇다면 언제 나는 죽음을 원하게 될까? 어떤 목표와 상속인을 두고 있는 사람은 그 목표와 상속인에게 적절한 때에 죽기를 바란다.

그대들은 스스로 제물이 되고 선물이 되기를 갈망하고 있으며, 그래서 그대들은 온갖 부를 영혼 속에 축적하기를 갈망하고 있다.

그대들의 영혼은 만족을 모르는 가운데 보석과 보물을 계속 모으려 들고 있다. 그대들의 미덕이 끝없이 베풀려는 욕망 때문에 결코 충족되지 않기 때문이다.

그대들은 모든 것이 그대들을 향해, 그대들 속으로 흐르도록 강요한다. 그것들이 다시 그대들의 샘에서 그대들의 사랑의 선물로 흘러나가도록 하기 위해서다.

정말이지, 이런 식으로 베푸는 사랑은 모든 가치들을 횡령하는 도둑이 되어야 하지만, 나는 이것을 건강하고 성스러운 것으로 여기며 이기심이라고 부른다.

그대들이 칭송과 비난을 뛰어넘어 초연할 때, 그래서 그대들의 의지가 사랑하는 사람의 의지로서 만물을 지배하게 될 때, 바로 거기에 그대들의 미덕의 기원이 있다.

형제들이여, 그대들의 미덕의 힘으로 땅에 충실하도록 하라. 그대들의 베푸는 사랑과 그대들의 지식을 땅의 의미에 온전히 바치도록 하라. 나 이렇게 그대들에게 기도하고 간청한다.

그대들의 미덕이 땅을 박차고 날아오르지 않도록 할 것이며 그 날개로 영원의 벽에 부딪는 일이 없도록 하라.

지혜로운 사람은 적을 사랑할 줄 알아야 할 뿐만 아니라 벗을 미워할 줄도 알아야 한다.

한때 사람들은 먼 바다를 바라보면서 신에 대해 말했으나, 지금 나는 그대들에게 초인에 대해 말하라고 가르친다.

그대들은 마음 속에 어떤 신을 그릴 수 있는가? 그러나 그런 것에 대한 생각이 진리를 향한 의지가 되도록 하라. 모든 것을 인간이 인식할 수 있는 것으로, 또 인간이 볼 수 있는 것으로, 또 인간이 감각할 수 있는 것으로 바꿔놓으려는 의지로 보아야 한다는 뜻이다. 그대들은 자신의 통찰력을 최대한 발휘할 수 있어야 한다.

창조하는 행위, 그것은 고통으로부터의 위대한 구원이며 삶의 짐을 덜어주는 것이다. 그러나 창조하는 자가 나타나기 위해선, 고통 자체도 필요하고 많은 변화도 필요하다.

만약 신들이 존재한다면, 더 창조할 것이 뭐가 있겠는가?

분별력 있는 사람들에겐 인간 자체가 불그레한 뺨을 가진 동물에 지나지 않는다.

진정으로 말하건대, 나는 동정을 베풀면서 행복을 느끼는 자비로운 사람들을 좋아하지 않는다. 그런 사람들은 수치심을 결여하고 있다. 나는 동정심을 보여야 하는 때에도 동정적인 사람으로 불리고 싶지 않다. 혹시라도 내가 그런 사람이라면, 멀찍이서 동정심을 보이는 그런 존재이고 싶다.

인류가 존재한 이래로, 인간은 자신을 거의 즐기지 않았다. 형제들이여, 그 점이 바로 우리의 원죄이다!

큰 은혜는 감사하는 마음을 일으키기보다 복수심을 불러일으키며, 작은 친절은 잊히지 않을 경우에 정신을 끊임없이 갉아대며 괴롭히는 벌레가 된다.

양심의 가책에 시달리는 사람은 남을 괴롭히게 된다.

동정심 많은 사람들이 저지른 어리석음보다 더 심각한 것이 있었는가? 또 동정심 많은 사람들이 저지른 어리석음보다 더 고통스런 것이 있었는가?
자신의 동정심조차 제대로 극복하지 못하면서 사랑을 하는 모든 이들에게 화 있어라!
악마가 언젠가 나에게 이렇게 말했다. "신에게도 지옥 같은 골칫거리가 있어. 그것은 바로 인간에 대한 신의 사랑이지."

위대한 사랑은 특별히 유감스럽다. 위대한 사랑은 사랑 받을 대상까지 창조하려 들기 때문이다.
"나의 사랑에 나 자신을 바치노라. 그리고 나 자신처럼 나의 이웃도 바치노라." 창조주들이 한결같이 하는 말이다.

"여기 성직자들이 있다. 그들이 나의 적들이긴 하지만 칼을 건드리지 않고 그냥 조용히 지나가도록 하자."
성직자들 가운데도 영웅은 있다. 큰 고통을 겪은 사람도 많다. 그래서 그들은 다른 사람들도 고통 받기를 원한다.

그들은 사악한 적이다. 그들의 온화함보다 복수심으로 더 뜨겁게 불타는 감정은 없다.

그대들의 자기(自己), 그것은 그대의 행위 안에 있다. 어머니가 아기의 안에 있듯이. 그것을 그대의 미덕의 공식으로 삼길!

생명은 기쁨이 솟는 샘이지만, 어중이떠중이들도 함께 마시면 모든 샘에 독이 풀리게 된다.

평등을 설교하는 그대들이여, 영혼을 어지럽히는 그대들이여! 그대들이야말로 나에게 타란툴라 거미 같은 존재들이며 은밀히 복수심을 품고 있는 자들이도다!

평등을 설교하는 자들이여, 무능이라는 폭군 같은 광기가 그대들의 내면에서 "평등"을 외치고 있다. 그대들이 은밀히 품고 있는 갈망이 미덕처럼 들리는 단어로 위장하고 있구나!
상처 난 자만심과 억눌린 시기심이, 아마 그대들의 조상들의 것일지도 모르는 자만심과 시기심이 그대들의 가슴에서 복수의 불꽃과 광기로 폭발하고 있다.

처벌하려는 충동이 강한 사람을 절대로 신뢰하지 마라! 정말로, 그들의 영혼엔 정직만 결여되어 있는 것이 아니다.
그리고 그들이 스스로를 "선하고 정의로운" 존재라고 부를 때, 그들에게 바리새인이 되는 데 부족한 것은 권력밖에 없다는 점을 망각하지 마라.

나는 나 자신이 평등을 설교하는 자들과 혼동되는 것을 원하지 않는다. 정의가 나에게 이렇게 말하고 있기 때문이다. "인간은 평등하지 않아."
그리고 인간은 평등할 수도 없다.

선과 악, 부와 빈곤, 높고 낮음, 그리고 가치를 일컫는 모든 이름들. 이런 것들은 생명이 스스로를 거듭 능가하는 데 필요한 무기가 되어 줘야 하고 또 그런 노력을 보여주는 확실한 신호가 되어야 한다.

벗들이여, 우리도 서로에게 견실하고 아름다운 적이 되도록 하자. 우리도 서로 맞서며 정직하게 분투하도록 하자.

굶주리고, 맹렬하고, 외롭고, 신의 버림을 받기를, 사자의 의지는 간절히 바라고 있다.
노예들의 행복으로부터 자유롭고, 신들과 신들에 대한 숭배로부터 벗어나 있고, 두려움을 모르고, 공포를 불러일으키고, 장엄하고 외로운 것, 그런 것이 양심적인 자의 의지이다.

생명체가 발견되는 곳마다, 나는 권력 의지를 발견했다. 심지어 하인의 의지에서도 나는 주인이 되려는 의지를 발견했다.

약한 자는 강한 자를 섬기고, 거기에 덧붙여 약한 자는 자신보다 더 약한 자에게 군림하려는 의지를 키운다. 이 즐거움 하나만은 약한 자도 버리려 하지 않는 것이다.

그리고 약한 자가 자신보다 더 약한 자에게 권력을 행사하면서 기쁨을 누리기 위해 자신보다 강한 자에게 굴복하듯이, 대단히 강한 자까지도 권력을 위해 자신을 굴복시키고 목숨까지 건다.

모험과 위험을 무릅쓰고, 목숨을 걸고 주사위 놀이를 하는 것이 가장 강력한 자들의 굴복이다.

영원히 지속되는 선과 악 같은 것은 존재하지 않는다. 선과 악도 자체의 힘으로 스스로를 거듭해서 능가해야 한다.

선과 악의 창조자가 되려는 자는 먼저 파괴자가 되어 가치들을 부숴야 한다.

벗들이여, 그대들은 취향과 기호에 대해선 어떤 논쟁도 가능하지 않다는 식으로 나에게 말하려 하는가? 그러나 모든 삶은 취향과 기호에 관한 논쟁에 지나지 않는다네. 취향, 그것은 동시에 무게이고 저울이며 무게를 측정하는 관리라네. 아, 슬프도다. 무게와 저울, 무게를 측정하는 관리와 언쟁을 벌이지 않고 삶을 살려고 하는 모든 생명체들이여!

오늘을 살고 있는 사람들은 나에게 낯설고 웃음거리일 뿐이며, 나는 아버지 나라와 어머니 나라에서 쫓겨난 망명객이다. 그래서 나는 오직 멀고먼 바다에서 아직 발견되지 않은 나의 아이들의 나라만을 사랑한다. 나는 나의 돛에 그것을 찾아 나서라고 명령한다.

나는 나의 조상들의 후손이었다는 사실에 대해 나의 아이들에게 보상할 것이다. 그리고 이 현재에 대해서도 모든 미래에 보상할 것이다.

순진무구는 어디에 있는가? 생식 의지가 있는 곳에 있다. 그리고 자기 자신을 능가하여 창조하려는 사람은 너무나 순수한 의지를 갖고 있다.

아름다움은 어디에 있는가? 내가 나의 의지를 모두 쏟아 붓는 곳에, 내가 사랑하다 죽을 곳에, 그래서 이미지가 단순히 이미지로만 남지 않을 곳에 있다.

사랑과 죽음. 이것들은 영원과 통한다. 사랑하려는 의지, 그것은 또한 죽음을 준비하는 것이다.

감히 당신 자신만을 믿도록 하라. 당신 자신과 당신의 내면의 부분들을! 자신을 믿지 않는 사람은 언제나 거짓말을 하게 된다.

모든 신은 시인의 상징들이고 시인의 궤변들이다.

그대들 모두는 "자유"를 가장 열렬히 외치지만, 나는 뜨거운 함성이 들리고 자욱한 연기가 피어날 때면 "중대한 사건들"에 대한 믿음을 버려야 한다는 것을 배웠다.

나의 벗인 소란이여, 나를 믿어라! 중대한 사건은 요란한 시간이 아니라 고요의 시간이라는 것을.

새로운 소음을 일으키는 자들이 아니라 새로운 가치를 발명하는 자들을 중심으로 세상은 돌아가고 있다. 세상은 그렇게 소리없이 돌아가고 있다.

지나간 것들을 보상하고, "지금까지 그랬다"는 식의 모든 표현을 "이렇게 되어야 한다!"는 표현으로 바꿔놓는 것, 그것을 나는 구원이라 부른다.

복수의 정신. 나의 벗들이여, 그것이 지금까지 인간이 해 온 최고의 숙고였으며, 고통이 있는 곳에는 반드시 처벌이 있어야 한다고 주장해 왔다.

복수는 스스로를 "처벌"이라고 부른다. 복수는 엉터리 단어로 선한 양심인 척 꾸미고 있다.

내가 인간으로서 처음으로 채택한 신중은 이것이다. 나를 속이려 드는 사람들을 경계하는 수고를 덜기 위해 나 자신이 속도록 내버려두기로 한 것이다.

사람들 사이에서 쇠약해지고 싶지 않은 사람은 모든 잔의 물을 마시는 것을 배워야 하며, 사람들 사이에서 자신을 깨끗하게 지키고 싶어하는 사람은 더러운 물로도 자신을 씻는 방법을 알아야 한다.

정말로, 악에게조차도 여전히 미래는 있다! 그리고 가장 따뜻한 남쪽
은 아직 인간에게 발견되지도 않았다.

기껏 12피트의 폭에 3개월밖에 되지 않았는데도, 지금 무시무시한 사
악으로 불리고 있는 것이 얼마나 많은가! 그러나 언젠가 더 큰 용들
이 세상에 나타날 것이다.

그날에 대비해 초인에겐 용이, 그에게 걸맞은 슈퍼용이 있어야 하고,
그러기 위해선 축축한 처녀림에 따뜻한 태양이 더 많은 빛을 비춰야
한다.

그대들의 야생 고양이로부터 호랑이들이 나와야 하고, 그대들의 독
두꺼비로부터 악어가 나와야 한다. 훌륭한 사냥꾼이 훌륭한 사냥터
를 가져야 하기 때문이다.

그리고 정말로, 선하고 정의로운 그대들이여! 그대들의 내면에 비웃
음을 살 것이 많이 있고, 무엇보다 지금까지 "악마"라 불려온 것들에
대한 두려움이 있다!

그대들의 영혼은 위대한 것과 거리가 아주 멀고, 그래서 그대들에겐
초인이 선한 모습을 보일 때에도 무섭게 느껴질 것이다!

그리고 현명하고 똑똑한 그대들이여, 그대들은 초인이 발가벗은 몸
으로 즐기는 그 지혜의 뜨거운 빛을 참지 못하고 달아나게 될 것이다.

내가 알고 있는 최고의 인간들인 그대들이여! 그대들에 대해 내가 품
고 있는 의심과 은밀한 웃음은 이것 때문이다. 설마 그대들이 나의 초
인을 악마라 부르지는 않겠지.

아, 나는 최상이고 최고인 존재들에게 싫증이 났다. 그들의 "높이"보
다 더 높은 곳으로, 밖으로, 그리하여 초인 쪽으로 가기를 갈망했다.

나는 이 최선의 존재들이 발가벗은 모습을 보았을 때, 한 줄기 공포가 나의 전신을 타고 흘렀다. 바로 그때, 나에게 먼 미래로 솟아오르게 할 날개가 싹텄다.

보다 먼 미래로, 예술가들이 꿈꾼 것보다 더 먼 남쪽으로. 신들이 모든 옷을 부끄럽게 여기는 그곳으로.

그러나 나는 이웃들이고 동료인 그대들이 허영심 많으면서도 "선하고 정의로운" 존재로 위장하고 옷을 말쑥하게 차려 입고 있는 모습이 보고 싶다.

그리고 나도 변장한 채 그대들 틈에 앉아 있을 것이다. 그러면 그대들과 내가 구분되지 않을 테니까. 그것이 내가 인간으로서 마지막으로 생각해낸 신중이다.

어린아이가 되려는 사람은 자신의 젊음까지 뛰어넘어야 한다.

그대는 위대함에 이르는 길을 걷고 있구나. 여기선 어느 누구도 그대의 뒤를 밟지 못해! 그대의 발이 그대 뒤로 난 길을 지워왔어. 그 위엔 '불가능'이라는 글자가 적혀 있어.

'이 순간'이라는 성문으로부터, 뒤쪽으로 길고 긴 영원의 길이 달리고 있다. 우리 뒤에 영원이 놓여 있는 것이다.

만물 중에서 자신의 경로를 달릴 줄 아는 것이라면 모두 이미 이 길을 달리지 않았는가? 만물 중에서 일어날 수 있는 모든 것은 이미 일어나서 결실을 맺고 사라지지 않았는가?

그리고 만약에 모든 것이 이미 존재했다면, 난쟁이여, 그대는 '이 순간'에 대해 어떻게 생각하는가? 이 성문 역시도 이미 존재했던 것이 아닌가?

그리고 '이 순간'이 지금 다가오고 있는 모든 것을 그 뒤로 끌어당길 수 있을 만큼, 만물은 서로 너무나 지혜롭게 밀접히 연결되어 있는 것이 아닌가? 결과적으로 성문 자체까지도?

만물 가운데서 자신의 경로를 달릴 줄 아는 것은 모두 이 긴 길에서 앞쪽으로 한 번 더 달려야만 하니 말이다.

그리고 달빛 아래 서서히 기어가고 있는 이 거미와 이 달빛, 그리고 이 성문 안에서 서로 영원한 것에 대해 속삭이고 있는 그대와 나, 이 모든 것들도 이미 존재했던 것이 아닌가?

우리는 되돌아와서 우리 앞에 있는 다른 길을, 그 길고도 섬뜩한 길을 달려야 하는 것이 아닌가? 우리는 영원히 되돌아 와야 하는 것이 아닌가?

만물은 영원의 샘에서, 그리고 선과 악의 저편에서 정화된다. 그러나 선과 악 자체는 곧잘 달아나는 그림자들이고, 김빠진 걱정거리이고, 흘러가는 구름일 뿐이다.

정말로, 내가 "만물 위에 우연의 천국, 순진무구의 천국, 불확실성의 천국, 방종의 천국이 서 있다"고 가르칠 때, 그것은 축복의 말이지 신성 모독은 아니다.

"우연", 이것이야말로 세상에서 가장 오래된 고결함이 아닌가. 나는 그것을 만물에 되돌려주었다. 만물을 목적이라는 굴레로부터 해방시킨 것이다.

내가 만물 위에도, 만물들 사이에도 "영원한 의지" 같은 것은 절대로 없다고 가르쳤을 때, 나는 이 자유와 하늘의 평온을 만물 위로 하늘색 종처럼 올려놓았다.

내가 "모든 것 안에서 불가능한 것이 한 가지 있는데, 그것은 바로 합리성이다."라고 가르쳤을 때, 나는 영원한 의지가 앉았던 자리에 방종과 어리석음을 앉혔다.

나는 눈을 똑바로 뜨고 이 사람들 사이를 지나간다. 그들은 자신들의 미덕을 시기하지 않는 나를 용서하지 않는다.

그들은 나를 물어뜯으려 든다. 내가 그들을 향해 하찮은 인간에겐 하찮은 미덕이 필요하다는 식으로 말했고, 또 내가 하찮은 사람들이 필요하다는 것을 쉽게 이해하지 못하기 때문이다.

충분히 남자다운 사람만이 여자 속에 있는 여자를 구할 수 있다.

친절이 지나친 곳에서, 나는 약함이 지나친 것을 본다. 정의와 동정이 지나친 곳에서, 약함도 지나친 것이 확인된다.

그들은 서로에게 정직하고 공평하고 이해심이 깊다. 모래알들이 모래알들에게 정직하고 공평하고 이해심 깊듯이.

작은 행복을 겸손하게 받아들이고, 그것을 그들은 "복종"이라고 부르면서 또 동시에 겸손하게 새로운 작은 행복을 찾기 시작한다. 그들은 진정으로 단 한 가지만을 원한다. 아무도 자신들을 해치지 않았으면 하는 바람을 품고 있는 것이다. 그래서 그들은 모든 사람의 소망을 미리 예상하면서 모두에게 잘 대한다. 그러나 그것은 "미덕"이라 불릴지라도 비겁이다.

그리고 그런 하찮은 사람들이 어쩌다 거칠게 말할 때 유심히 들어보면, 쉰 목소리밖에 들리지 않는다.

그들은 정말로 영리하며, 그들의 미덕은 영리한 손가락들을 가졌다. 그러나 그들에겐 주먹이 없다. 그들의 손가락은 주먹 뒤로 구부려 들어갈 줄을 모른다.

그들에게 미덕은 겸손하고 얌전하게 길들이는 것이다. 그래서 그들은 미덕을 갖고 늑대를 개로 만들었으며, 인간을 인간의 최고 가축으로 만들었다.

"우리는 죽어가는 검투사와 만족한 돼지 사이 한가운데에 우리의 의지를 놓았다." 그들의 능글맞은 웃음이 나에게 이렇게 말하고 있었다. 그러나 그것은 중용이라 불릴지 몰라도 그저 평범일 뿐이다.

복종하라고 가르치는 선생들! 왜소하거나 병들거나 비열한 무엇인가가 있는 곳이면, 그들은 마치 이처럼 기어 나오고, 그러면 나의 혐오감만이 그들을 밟아 터뜨리지 않도록 말릴 수 있을 뿐이다.

그대들의 토양은 너무 부드럽고, 너무 고분고분하다. 그러나 나무가 거목으로 자라려면 단단한 바위를 단단한 뿌리로 감아야 한다.

언제나 그대들이 원하는 것을 하되, 그보다 먼저 그대들은 원할 줄 아는 사람이 되어야 한다.

그대의 이웃을 그대 자신만큼 사랑하되, 그보다 먼저 그대 자신을 사랑할 줄 아는 사람이 되어야 한다.

나의 경멸과 나의 경고라는 새는 사랑의 마음에서 날아오르지 늪에서 날아오르지 않는다.

나의 가장 큰 위험은 언제나 남의 비위를 맞추려 드는 마음과 동정에 있었으며, 인간들이 일으키는 온갖 소동은 비위를 맞춰주길 바라고 묵인해주길 바란다.

스스로 선하다고 생각하는 사람들 틈에서 사는 사람은 동정 때문에 거짓말을 하게 된다. 동정은 모든 자유로운 영혼을 질식시킨다. 선하다고 생각하는 사람들의 어리석음은 이루 헤아릴 수 없을 만큼 깊기 때문이다.

관능적 쾌락. 자유로운 가슴의 소유자들에게 그것은 순진무구하고 자유로운 것이며, 지상의 낙원에서 누리는 행복이며, 현재로 넘쳐흐르고 있는 미래의 감사이다.
관능적 쾌락. 그것은 무기력한 자에게만은 감미로운 독이지만, 사자의 의지를 가진 사람에겐 기운이 펄펄 나게 하고 경건하게 보관한 포도주 중의 포도주이다.

관능적 쾌락. 그것은 보다 높은 행복과 보다 높은 희망을 상징적으로 보여주는 위대한 행복이다. 많은 사람들에게 결혼, 아니 결혼 그 이상의 것을 약속하고 있으니 말이다. …

관능적 쾌락. 그것은 그런 것이지만, 그래도 나는 나의 생각과 심지어나의 말(言) 주변에 울타리를 쳐야겠다. 돼지와 난봉꾼이 나의 정원에 침입하지 못하도록 막기 위해서.

권력에 대한 열정. 그것은 썩어빠지고 알맹이가 없는 모든 것을 부수고 깨뜨리는 지진이며, 회칠한 위선자의 무덤을 불평의 소리를 지르면서 파헤치는 자이며, 섣부른 대답 옆에서 빛을 발하고 있는 의문 부호이다.

권력에 대한 열정. 그것은 그 눈길만으로도 사람이 기어 다니게 하고, 머리를 조아리며 굽실대게 하고, 사람을 뱀과 돼지보다도 더 비열한존재로 만든다. 사람이 마침내 경멸의 절규를 터뜨릴 때까지, 그것은그런 식으로 사람을 계속 비열하게 만든다.

권력에 대한 열정. 그것은 도시들과 제국들이 스스로 "날 잡아먹어라!"라고 외칠 때까지 도시들과 제국들의 얼굴에 대고 "물러나라!"고 설교하는 무시무시한 모욕 선생이다.

권력에 대한 열정. 그러나 그것은 유혹의 눈길을 보내면서 순수하고, 고독하고, 자기만족을 느낄 만큼 높은 곳으로 올라간다. 그러면서 지상의 천국들에 자줏빛 행복을 그리고 있는 사랑처럼 빛을 발한다.

권력에 대한 열정. 높은 곳에 이른 사람이 권력을 잡으려고 몸을 구부릴 때, 누가 그것을 열정이라 부르겠는가! 진정으로 말하건대, 그런 욕구와 하강(下降)에는 병적이거나 탐욕스런 것이 전혀 없다.

고독한 그 높은 곳이 영원히 외롭게 남거나 자족하려 하지 않을 때, 산들이 계곡으로 내려오고 높은 곳의 바람이 평원으로 불어올 때.

오, 누가 그런 갈망에 적절한 이름을 찾아줄 수 있겠는가! 이름 붙이기 어려운 이 덕을 차라투스트라는 한때 "베푸는 덕"이라고 불렀다.

바로 그때, 그의 입에서 이기심을, 강력한 영혼에서 비롯되는 건전하고 건강한 이기심을 축복하는 일이 벌어졌다. 진정으로, 이기심을 처음으로 축복하는 일이 벌어졌다.

강력한 영혼에서 비롯된 이기심. 강력한 영혼은 고상한 육체, 멋지고 의기양양하고 활기찬 육체를 갖고 있으며, 이 육체 주변에 있는 모든 것은 하나의 거울이 된다.

유연하고 설득력 있는 육체, 춤추는 자, 이런 사람의 상징과 전형이 바로 스스로 만족하는 영혼이다. 그런 육체들과 영혼들의 자기만족은 스스로를 "미덕"이라고 부른다.

가벼워지고 새가 되기를 원하는 사람은 자기 자신을 사랑해야 한다. 나는 그렇게 가르친다.

그러나 병든 사람들이나 약한 사람들의 사랑은 여기에 해당되지 않는다. 왜냐하면 그런 사람들의 경우에는 자기애조차도 악취를 풍기기 때문이다.

사람은 온전하고 건강한 사랑으로 자신을 사랑해야 한다고 나는 가르친다. 그러면 사람은 자기 자신과 함께 있는 것을 잘 견뎌내면서 불필요하게 이리저리 배회하지 않을 것이다.

이런 방황도 스스로를 "형제애"라고 이름 붙이지만, 지금까지 특히 모든 사람들에게 짐이 되는 사람들이 거짓과 위장을 가장 악랄하게 자행한 것이 바로 형제애라는 미명 아래에서가 아니었던가.

진정으로 말하건대, 자신을 사랑하는 것을 배우는 것은 절대로 오늘과 미래의 계명이 아니다. 이 가르침은 모든 기술 중에서 가장 섬세하고 미묘하고 인내심 있고 오래 지속되는 기술이다.

창조하는 존재가 아니라면, 그 누구도 무엇이 선한 것이고 무엇이 나쁜 것인지를 모른다.

창조하는 존재는 인간이 추구할 목표를 제시하는 사람이고, 이 땅에 의미와 미래를 부여하는 사람이다. 그런 사람만이 선한 것이 무엇이고 악한 것이 무엇인지를 결정할 수 있다.

사람은 하나의 목표가 아니라 하나의 다리이다.

그대의 이웃들에게 동정심을 베풀지 마라! 사람은 능가해야 하는 그 무엇이다.

자신을 지휘하지 못하는 사람은 복종해야 할 것이다. 많은 사람은 자신을 지휘할 수 있지만, 자기복종이 부족하다.

평범한 삶에 만족하려는 사람은 그저 생각 없이 살기를 원한다. 그러나 생명을 소중히 여기는 사람들인 우리는 생명에 대한 대가로 최대한으로 줄 수 있는 것이 무엇인지에 대해 항상 고민한다.

즐길 것을 내놓지 못하는 곳에서는 즐기려 들지 마라. 그런 곳에서는 즐기기를 원해서는 안 된다.

"훔치지 마라! 살인하지 마라!" 한때 이런 계율들이 신성시되었다. 이 계율 앞에 사람들은 무릎을 꿇고, 머리를 조아리고, 신발을 벗었다.
그러나 나는 그대에게 묻는다. "세상에서 이 같은 계율보다 더 노련한 도둑과 살인자가 어디에 있는가?"
생명 안에도 강탈과 살해가 포함되어 있지 않은가? 그리고 그런 계율들이 신성한 것으로 불리면서, 그로 인해 진리 자체가 살해당하지 않았는가?

지금부터는 그대들이 어디서 왔는가 하는 것이 아니라 그대들이 어디로 향하고 있는가 하는 것을 명예의 기준으로 삼도록 하라. 그대들 자신들을 능가하려는 의지와 발걸음, 그런 것이 새로운 명예가 되어야 한다.

가장 훌륭한 자가 통치해야 하고, 또 가장 훌륭한 자가 통치하길 원한다. 이 가르침과 다른 가르침이 있는 곳에, 가장 훌륭한 존재가 보이지 않는다.

나는 남자와 여자가 이렇게 되기를 바란다. 남자는 전쟁에 적합하고, 여자는 모성에 적합해야 한다. 그러나 남자와 여자 모두 머리와 다리로 춤을 추는 방법을 알기를 바란다.

춤을 한 번도 추지 않은 날은 그냥 잃어버린 날로 여기도록 하자. 그리고 웃음을 전혀 수반하지 않는 진리는 허위로 여기도록 하자.

스스로 선하다고 생각하는 사람의 어리석음은 더없이 교활하다.

선하다고 생각하는 사람은 자신의 미덕을 스스로 찾아내는 사람을 십자가형에 처해야 한다. 이것이 진실이다.

그러나 선하거나 정의롭다고 생각하는 사람들의 땅과 가슴과 토양의 본질을 정확히 파악한 두 번째 사람은 "그들이 가장 미워하는 사람은 누구인가?"라고 물은 그 사람이었다.

창조하는 사람을 그들은 가장 미워한다. 서판과 낡은 가치들을 파괴하는 사람 말이다. 그런 창조자를 그들은 범법자라고 부른다.

선하다고 생각하는 사람들, 그들은 아무것도 창조하지 않는다. 그들은 언제나 종말의 시작일 뿐이다.

그들은 새로운 가치들을 새로운 서판에 쓰는 사람을 십자가형에 처하고, 그들은 자신을 위해 미래를 희생시킨다. 그리하여 그들은 전 인류의 미래를 십자가형에 처한다.

오, 형제들이여. 이 새로운 서판을 내가 그대에게 넘기니, 강해지도록 하라!

모든 것은 가고, 모든 것은 되돌아온다. 존재의 바퀴가 영원히 돌기 때문이다. 모든 것은 죽고, 모든 것은 다시 피어난다. 존재의 세월이 영원히 흐르기 때문이다.

모든 것은 깨어지고, 모든 것은 새로 통합된다. 똑같은 존재의 집이 영원히 건설되기 때문이다. 만물은 분리되고, 만물은 다시 서로 만난다. 존재의 고리가 영원히 스스로에게 충실하기 때문이다.

순간마다 존재가 시작되고, 모든 "여기"를 중심으로 "거기"라는 공이 돌고 있다. 그 중심은 어디에나 있다.

사람에겐 최선을 위해서 가장 나쁜 것이 필요하다.

가장 나쁜 것이 최고의 창조자에겐 최고의 힘이며 가장 단단한 돌이 된다. 그래서 사람은 한층 더 선해지면서 한층 더 나빠져야 한다.

내가 얽혀 있는 원인들의 매듭이 다시 돌아오고, 그것이 나를 다시 창조할 것이다. 나 자신이 영원 회귀의 원인들에 속하니까.

나는 이 태양과 이 지구, 이 독수리, 이 뱀과 함께 올 것이다. 새로운 생명이 아니라 보다 낮거나 비슷한 생명으로.

나는 만물의 영원한 회귀를 가르치기 위해 더없이 크기도 하고 작기도 한 동일한 이 생명으로 영원히 다시 올 것이다.

대지와 인간의 위대한 절정에 대해 말하고, 인간에게 다시 초인을 선언하기 위해서.

"보다 높은 인간들인 그대들이여!" 대중이 눈을 깜박이며 말했다.

"보다 높은 인간 같은 것은 절대로 존재하지 않아. 우리는 모두 평등해. 신 앞에서 인간은 인간일 뿐이야. 우리는 모두 평등해!"

신 앞에서라니! 이 신은 이미 죽었어. 그러나 대중 앞에서, 인간은 평등하지 않아! 그대 높은 인간들이여, 시장터를 멀리하라!

보다 높은 인간들인 분발하는 인간들이여, 그대들은 오늘날 건전한 불신을 품도록 하라! 열린 가슴을 가진 그대들이여! 그리고 이유들을 비밀로 하라! 오늘날 세상은 대중의 세상이니.

대중이 일찍이 아무런 근거도 없이 믿기로 한 것을, 누가 근거를 대가며 그들에게 그것이 틀렸다고 반박할 수 있겠는가?

그리고 시장터에서 사람들은 몸짓으로 설득한다. 그러나 근거들을 제시하면 대중은 오히려 그런 관점에서 접근하는 사람들을 불신하려든다.

그러다 언젠가 진리가 승리를 거두게 되면, 그대 스스로에게 적절히 불신감을 품으면서 이렇게 물어보라. "어떤 강력한 오류가 이 진리를 위해 분투를 했지?"

창조하는 그대들이여, 부디 "위하여"라는 전치사를 사용하지 않는 법을 배우도록 하라. 그대들의 미덕은 그대가 "위하여"나 " 때문에" "왜냐하면" 같은 표현을 쓰지 않을 것을 바라고 있다. 가증스런 이런 허위의 짧은 단어들을 그대들은 듣지 않기를!

"이웃을 위하여"라는 것은 하찮은 인간들의 미덕일 뿐이다. 그들 사이에선 "유유상종"이라는 소리가 자주 들린다. 그런 사람들에겐 그대들이 자기를 추구하는 것에 대해 말할 자격도 없고 말할 권리도 없다.

이 땅에서 지금까지 저질러진 죄 중에서 가장 큰 것은 무엇이었는가?

"지금 웃는 자에게 화 있을진저!"라고 외친 자의 말이 아닌가.

그 사람은 이 땅에서 웃을 이유를 하나도 발견하지 못했는가? 그렇다

면 그는 제대로 찾지 않았을 것이다. 어린아이까지도 웃을 이유를 찾

으니 말이다.

5장

|

영원 회귀

니체의 노트에서 끌어낸, 영원 회귀에 관한 다음 인용들은 영원히 다시 회귀하는 만물의 비합리성을 지적하는 이 원리가 처음 등장하는 책인『차라투스트라는 이렇게 말했다』를 보충하는 구절로 여기에 제시된다. 이 주제에 관한 니체의 메모들은 분명히 차라투스트라에 관한 아이디어가 처음 떠올랐던 1881년 후반부에 쓰였다. 그러나 이 메모들은 몇 년 지나서도 발표되지 않았으며, 지금은 영어로 번역된 니체 전집에서『우상의 황혼』과『적그리스도』, 그리고『차라투스트라는 이렇게 말했다』에 관한 설명을 담은 메모와 함께 14권을 이루고 있다. 니체의 글 중에서 내가 연대순으로 배치하지 않은 유일한 글이다. 이 인용들을『여명』과『즐거운 지식』사이에 놓지 않고 이 부분에 배치하는 이유는 이 원리를 구상하고 거기에 관한 메모를 한 다음에 니체가 이 원리를 옆으로 제쳐두고『즐거운 지식』을 썼기 때문이다. 그런데『즐거운 지식』에는 영원 회귀에 관한 내용이 전혀 나오지 않는다.『차라투스트라는 이렇게 말했다』가 발표될 때까지, 니체는 이 회귀의 원리를 전혀 이용하지 않았다. 회귀에 관한 언급이 처음 나오는 곳이『차라투스트라는 이렇게 말했다』이기 때문에, 나는 이 책에 이어 보충적인 메모를 배치하게 되었다.

니체의 작품들 중에서 영원 회귀를 다루는 섹션이 하나 더 있다.『권력 의지』 2권의 마지막 부분이다. 그러나 거기서도 우리는 여기 제시하는 인용들에서 발견되지 않는 자료는 전혀 담고 있지 않은 단편적인 메모만을 발견할 뿐이다. 니체가 이 메모들을 다듬을 뜻이 있었던 것은 분명하다. 그러나 그가 추가적으로 메모들을 다듬었다 하더라도, 이 원리가 지금 우리가 읽고 있는 원리와 다른 모습이었을 것이라고 나는 생각하지 않는다. 왜냐하면 이 원리가 지금의 형태로 완전히 설명되지는 않을지라도 적어도 결론의 측면에서는 완벽하기 때문이다.

앞 장에서『차라투스트라는 이렇게 말했다』의 인용들에 대해 설명하는 대목에, 이 원리에 관한 언급이 있었다. 거기서 나는 이 원리가 니체의 철학에 미친 영향에 대해 설명하고 이 원리가 그의 사고에 어떤 식으로 나타나는지를 보여주려 했다.

다음 메모들은 니체의 가치 체계를 이해하는 데 꼭 필요한 것은 아니다. 나는 단지 니체 철학의 모든 단계에 대해 관심을 두고 있는 학생들을 위해서 여기에 이 구절들을 배치한다.

니체는 이렇게 말했다

우주 에너지의 범위는 유한하다. 우주 에너지는 "무한"하지 않다. 우리는 우리가 생각하고 있는 우주 에너지의 개념에 그런 과잉이 있다는 것을 알아야 한다. 우주 에너지가 엄청나게 크고 실제로 가늠하는 것이 불가능할지라도, 이 에너지의 상태와 변화, 결합, 발달 등의 숫자는 어쨌든 유한하지 무한하지 않다. 그러나 이 우주 에너지가 변화 작용을 일으키는 시간은 무한하다. 말하자면 에너지는 영원히 똑같고 영원히 작용한다는 뜻이다. 바로 지금 이 순간, 어떤 한 영원이 지나갔다. 말하자면, 모든 가능한 진화가 이미 일어났음에 틀림없다는 뜻이다. 따라서 현재의 진화 과정은 이전의 과정이 그랬고 앞으로 있을 과정이 그렇듯이 하나의 반복임에 틀림없다. 지금까지도 반복이 영원히 있었고, 앞으로도 반복이 영원히 있을 것이다. 모든 힘들의 전체 상태가 지속적으로 되돌아오므로, 모든 것은 무한히 많은 횟수를 존재해 왔다.

에너지는 일정하며 무한할 필요가 없다. 에너지는 영원히 활동하지만 새로운 형태를 무한히 창조하지는 못하며 되풀이하고 있음에 틀림없다. 그것이 나의 결론이다.

우주의 에너지는 일정한 수의 가능한 특성만을 가질 수 있다.

우주가 하나의 유기체라는 가정은 유기적인 것들의 본질 자체와 모순된다.

우리는 다음에 말하는 두 가지 결론 중 어느 하나를 받아들여야 한다. (1) 우주는 주어진 어떤 시간에 활동을 시작했으며 그와 비슷한 방식으로 활동을 끝낼 것이다. 그러나 우주가 활동을 시작했다는 생각은 터무니없다. 만약에 어떤 평형 상태에 이르렀다면, 그 상태가 영원히 지속되었을 것이기 때문이다. (2) 지속적으로 되풀이되는 무수히 많은 것들 같은 것은 절대로 없다. 활동은 영원하고, 에너지의 상태와 산물은 제한적이다.

우리가 상상할 수 있는 에너지의 마지막 물리적 상태는 또한 첫 번째 물리적 상태여야 한다. 에너지를 잠재적 에너지 상태로 흡수하는 것이 가장 생동적인 에너지를 생산하는 원인임에 분명하다. 왜냐하면 대단히 긍정적인 상태는 부정적인 상태에 이어 나타날 것이기 때문이다. 물질 같은 공간은 주관적인 형태이지만, 시간은 그렇지 않다. 공간 개념은 먼저 공간이 비워질 수 있다는 전제에서 나왔다. 그러나 빈 공간 같은 것은 절대로 없다. 모든 것은 에너지이다.

일반적으로 에너지의 정적인 상태는 불가능하다. 만약에 안정이 가능했다면 에너지의 정적 상태가 이미 이뤄졌을 것이다.

물리학은 에너지가 나눠질 수 있다고 가정하지만, 그런 가능성은 어떤 것이든 먼저 현실에 맞춰 조정되어야 한다. 그러므로 에너지를 동등한 부분으로 나누는 문제는 있을 수 없다. 에너지는 모든 상태에서 일정한 특성을 보이는데, 특성은 나눠지지 않는다. 따라서 에너지의 평형 상태는 불가능하다.

만약에 평형 상태가 가능하다면, 그런 상태는 이미 이뤄졌을 것이다. 그리고 만약에 이 일시적 상태가 이미 존재한다면, 그것과 그 전의 것을 낳았던 상태도 마찬가지로 이미 존재했을 것이다. 이런 식으로 거꾸로 한없이 올라갈 수 있을 것이다. 그렇다면, 이 일시적 상태가 이미 두 번만 아니라 세 번도 존재했다는 말이 된다. 또 앞으로도 두 번만 아니라 세 번도 존재할 것이란 뜻이 된다. 사실, 뒤로나 앞으로나 영원히 이어질 것이다. 말하자면, 생성의 전체 과정은 아주 비슷한 상태들의 무한한 반복으로 이뤄져 있다.

물질을 상상해 보자. 물질은 대부분의 경우에 한때 유기적이었을지라도 전혀 아무런 경험을 저장하지 않고 있을 것이다. 물질에는 언제나 과거가 없는 것이다. 만약에 그 반대가 사실이라면, 반복이 불가능할 것이다. 왜냐하면 그럴 경우에 물질이 새로운 과거를 갖고 새로운 특성을 영원히 만들어낼 것이기 때문이다.

우주는 어떤 형태를 취하려는 경향을 갖고 있다거나, 우주는 보다 아름다워지거나 보다 완벽해지거나 보다 복잡해지는 것을 목표로 잡고 있다는 식으로 믿지 않도록 하라. 이 모든 것은 의인화(擬人化)에 불과하다.

우리의 전체 세상은 무수히 많은 살아 있는 생명체들의 재로 구성되어 있으며, 살아 있는 물질이 전체에 비해 아무리 작다 할지라도 모든 것은 이미 이전에 생명으로 변형되었으며, 그 과정은 그런 식으로 계속된다. 만약에 우리가 영원한 시간을 인정한다면, 우리는 물질의 영원한 변화를 가정해야 한다.

에너지의 세계는 조금의 감소도 겪지 않는다. 에너지의 감소가 일어난다면, 영원한 시간 속에서 에너지의 세계는 점점 약해지다가 최종적으로 모두 사라지고 말 것이다. 에너지의 세계는 절대로 정적인 상태도 아니다. 정적인 상태가 가능하다면, 이 정적인 상태가 이미 이뤄졌을 것이고 우주의 시계는 멈췄을 것이기 때문이다. 따라서 에너지의 세계는 평형 상태를 이루지 않는다. 에너지의 세계가 지금까지 한번도 멈춘 적이 없고, 우주의 에너지와 운동은 늘 똑같기 때문이다. 이 세계가 지금까지 이룬 상태가 어떤 것이었든 그 상태는 한번만 아니라 무수히 많이 이뤄졌을 것임에 틀림없다.

나의 원리는, 그대가 다시 살기를 바라는 방향으로 살라는 것이다. 그것이 그대의 의무이다. 왜냐하면 어쨌든 그대는 다시 살게 될 것이기 때문이다. 분투하는 것이 가장 큰 행복인 사람은 분투하도록 하라. 평화가 가장 큰 행복인 사람은 휴식을 취하도록 하라. 복종하고 추종하고 따르는 것이 가장 큰 행복인 사람은 복종하도록 하라.

모든 생각 중에서 가장 강력한 생각은 그 전에 다른 야망에 쓰이던 엄청난 양의 에너지를 흡수한다. 이런 식으로 강력한 생각은 주변을 변화시키는 영향력을 행사하며, 이 생각은 새로운 에너지를 전혀 들이지 않은 상태에서도 에너지에 새로운 운동 법칙을 창조해 낸다.

그대들은 그대들의 두 번째 탄생이 이뤄질 때까지 긴 휴식을 취할 것이라고 공상하지만, 스스로를 기만하지 않도록 하라. 그대들의 의식의 마지막 순간과 그대들의 새로운 생명의 여명이 최초의 빛줄기를 보일 때까지의 시간은 찰나이다. 공간이 번갯불처럼 지나갈 것이다. 비록 살아 있는 생명체들에겐 그것이 수백만 년의 해(年)로 생각될지라도 ….

이제 그대들은 준비가 되어 있는가? 그대들은 온갖 형태의 회의(懷疑)를 경험하고, 얼음처럼 차가운 목욕물 속에서 향락을 즐기며 뒹굴었을 것임에 틀림없다. 그렇지 않다면 그대들에겐 이런 사고를 접할 자격이 절대로 없다. 나는 온갖 것에 대해 말을 거침없이 뱉는 자들로부터 나 자신을 보호하고 싶다. 나는 미리 나 자신의 원리를 옹호할 것이다. 그것은 더없이 자유롭고, 더없이 유쾌하고, 더없이 숭고한 영혼들의 종교여야 한다. 말하자면, 황금빛 얼음과 순수한 하늘 그 사이 어딘가에 있는 유쾌한 목초지 같은 것이 되어야 한다.

6장

—

선과 악을 넘어서

『선과 악을 넘어서』(독일어 제목: Jenseits von Gute und Böse)를 쓸 때, 두 가지 목적이 니체를 고무했다. 이 책은『차라투스트라는 이렇게 말했다』를 설명하고 이해시키려는 노력임과 동시에, 그의 가장 중요한 저서인『권력 의지』를 쓰기 위한 예비 작업이었다. 이 책에서 니체는 '선'과 '악'이라는 상대적인 단어들을 정의하려고 시도하고, 부도덕과 '초(超)도덕'을 구분하려고 노력했다. 그는 고대의 어떤 도덕규범과 현대 생활의 필요를 조화시키려다가 모순을 보았으며, 또 도덕 이론과 사회적 관행 사이에 타협이 끊임없이 이뤄지고 있는 것을 확인했다.

그의 목표는 도덕과 필요 사이에 어떤 관계를 확립하고 인간 행동을 위해 합당한 바탕을 제시하는 것이었다. 따라서『선과 악을 넘어서』는 새로운 윤리 체계에 기여를 가장 많이 한 책 중 하나이며, 그의 철학의 심오한 원리 중 많은 것을 건드린다. 이 책 자체로는 결코 니체의 원리들을 완전하게 표현하고 있지 않지만, 그의 다음 작품을 이해하는 데 큰 도움을 줄 만큼은 심오하다. 이 책은 1885년 여름에 시작되어 겨울에 마무리되었다. 니체는 출판사를 잡는 데 어려움을 겪다가 결국 1886년 가을에 자비로 출간했다.

니체는 '철학자들의 편견'이라는 제목의 장으로 책을 열고 있다. 자신의 논리 체계에 대해 설명하는 장이다. 설명은 두 가지 방법으로 이뤄진다. 자기 앞에 있었던 공론가들이 이용했던 사고 체계를 조목조목 분석하면서 반박하고, 그의 철학이 근거하고 있는 가설들을 정의하는 방법이다. 이 장은 권력 의지라는 원리의 논리적 근거를 제시하는 중요한 장이다. 이 장의 추론이 아주 복잡하면서도 탄탄하기 때문에 이 장의 내용을 온전히 전할 구절을 따는 것은 불가능한 일이다. 따라서 니체를 공부하는 학생은 이 장을 전부 읽는 것이 바람직하다. 이 장은 니체의 철학적 입장을 전하고 아울러 그 다음 장들에서 추구할 경로에 대해 명쾌하게 설명한다.

전작에서 자주 제시되었던 가설, 즉 모든 진리의 상대성을 니체는 여기서 유추와 논증으로 옹호한다. 다른 중요한 철학 형식들을 조사의 바탕으로 이용하면서, 니체는 진리의 절대성에 의문을 제기하고 종국적 정의를 내리는 것이 어려운 이유가 진리가 절대적이지 않다는 사실에 있다는 점을 보여준다. 여기서 우리는 그의 사고를 지배하는 특징인 정신의 유연성을 확인하게 된다. 그러나 그 정신의 유연성은 엄밀히 검사를 거칠 경우에 형체가 없고 불안정한 추론으로 드러나는 그런 형태의 유연성이 아니고, 논리적이고 거의 과학적인 평가의 한 방법이다. 절대론을 거부하는 형이상학자들의 경박스러운 습관은 니체의 사고 어디에서도 나타나지 않는다. 그의 정신은 정적이지 않음에도 명확하다. 그의 논증의 바탕은 부유(浮遊)한다고 해도 무방하다. 논증의 바탕은 인과관계라는 인간적인 물결의 흐름에 따라 올라왔다가 내려가곤 하지만, 그럼에도 그 바탕 위에 세워진 건물만은 언제나 변함없이 곧게 서 있다.

니체는 철학자들의 무수한 "논리적" 결론들이 대부분 선험적인 명제, 다시 말해 편견이나 욕망의 결과일 뿐이라는 점을 지적하고, 그 명제를 뒷받침하는 삼단논법적인 구조는 변증법적 논증을 위한 것이 아니라 설명과 옹호를 위한 것이라는 점을 보여주었다. 철학자들이 가설적인 진리를 하나의 전제로 채택하는 것에서, 니체는 어떤 관점을 옹호하려 드는 것만을 보고 있다. 그러면서 어떤 논리 체계를 세우기 위해선 먼저 명제부터 입증해야 한다고 주장했다.

따라서 그는 확실성이 불확실성의 반대로서, 진리가 허위의 반대로서 지니는 근본적인 가치에 대해 의문을 제기한다. 그렇게 함으로써 니체는 아무런 입증 과정을 거치지 않은 가운데 확실한 것과 진리만이 소중하다고 단정하는 철학자들이 세웠던 토대 자체를 허물어뜨린다. 니체는 이런 절대론자들을 편견의 옹호자라고 부르며, 칸트의 요술 같은 말을 고도로 발달한 편견 옹호의 형태라고 규정짓는다. 수학적인 추론 체계를 보여주는 스피노자도 마찬가지로 결론부터 먼저 내리고 거꾸로 추론 과정을 거치며 설명을 준비하는 그런 사상가들의 범주에 속하게 된다. 니체는 더 나아가 의식적인 사고에 반하는 본능적인 기능들을 주장한다. 그는 생각이 취하는 경로들은 사상가의 본성에 의해 결정되며 논리조차도 생리적인 고려사항의 영향을 받는다고 주장한다. 철학적 사고의 전체 구조는 현실의 필요를 충족시킬 수 있어야 한다는 것이 그의 판단이다.

그는 더 나아가 "지식 충동"까지 파고든다. 그는 어떤 철학에서든 구체적인 어떤 목표가 원동력으로 작용하고 있다는 것을, 따라서 아주 추상적인 형태의 철학조차도 철학자의 자전적 잔재를 포함하고 있다는 것을 발견한다. 결국 그런 철학은 하나의 탐구가 되기는커녕 미리 생각한 어떤 명확한 결과를 향해 나아가는 하나의 목표가 된다.

도덕적 혹은 윤리적 충동은 언제나 도도하기 때문에 자주 철학으로 다듬어지는데, 그런 경우에 지식이 하나의 도구로 이용된다. 따라서 철학적 결론을 낳게 한 지식은 개인적인 어떤 본능의 파생물이다. 일반적인 "지식 충동"이 존재한다면, 그 충동은 철학적 경로로 향하지 않고 실용적이고 상업적인 활동으로 이어질 것이다. 학자는 철학적 설명을 추구하면서 언제나 개인적인 존재로 남는다.

칸트가 선험적으로 종합적인 판단의 기능을 발견했다고 주장하면서 제시한 '범주 표'를 보면서, 니체는 단지 개인적 본능에서 시작해서 개인적 본능에서 끝나는 추론의 고리만을 발견하고 있다. 그리고 칸트가 새로운 도덕적 기능을 발견했다고 주장하는 바로 거기서, 니체는 궤변적인 발명만을 보면서 그것이 당시 독일인들의 도덕 상태에 의해 광범위하게 받아들여진 이유를 설명한다. 종합적인 판단이 선험적으로 존재할 가능성을 무시하면서, 니체는 그런 판단의 필요성에 의문을 제기하며 믿음이 수반되지 않은 진리의 비실용성을 강조한다. 어떤 명제에 내재된 참 혹은 거짓은 그 명제와 반대되는 믿음이 존재하는 한 철학적 원리와 아무런 관련이 없다는 것이다.

예를 들어, 쇼펜하우어의 글에서 발견되는 개인적인 철학 체계는 니체에 의해 단 한 단락으로 다뤄진다. "'나는 생각한다'라는 문장에 표현된 정신 과정을 분석하면, 거기서 일련의 과감한 단언들이 고스란히 드러난다. 아마 이 단언들에 대한 증거를 제기하는 것은 대단히 힘들거나 불가능할 것이다. '나는 생각한다'라는 짧은 문장에는 이런 단언들이 담겨 있다. 생각하는 것은 '나'이며, 생각하는 무엇인가가 반드시 있으며, 사고는 하나의 원인으로 여겨지는 어떤 존재가 하는 행위이자 작동이며, 어떤 '자아'가 있고, 마지막으로 사고가 의미하는 바가 이미 정해져 있다는, 다시 말해 내가 사고가 무엇인지를 안다는 단언이 짧은 그 문장 안에 들어 있는 것이다. 나 자신이 이미 내면에서 사고라는 것이 무엇인지를 결정하지 않았다면, 어떤 기준으로 내가 나의 내면에서 일어나고 있는 것이 '의지'나 '감정'이 아니라고 결정할 수 있겠는가? 요약하면, '나는 생각한다'라는 단언은 내가 현재 나의 상태가 어떤지를 판단하기 위해 현재의 상태와 내가 알고 있는 나 자신의 다른 상태들과 비교한다는 것을 전제한다. 이런 식으로 추가적 '지식'을 회고적으로 연결시키고 있기 때문에, 그 단언은 어쨌든 나에겐 아무런 확실성을 지니지 못한다." 그래서 독선적이고 유물론적인 철학자는 진리에 대한 자신의 정의에서 비롯되고 있는 질문들에 대한 대답을 찾기 위해 순수하게 형이상학적인 설명에 의존하지 않을 수 없었다.

로크도 이 장에서 비판적인 조사의 대상이 되고 있다. 관념의 기원에 관한 이 사상가의 이론에 대한 비판에서, 니체는 철학 체계들의 순환을 제시하면서 그 순환의 과정들이 서로 유사함에 주목할 것을 요구하고 있다. 더 나아가, 니체는 동시대의 새로운 스타일의 사고에서 그 전에 존재했던 모든 철학들의 바탕이 발견된다는 점을 보여준다. 기원이 같은 언어들로 다듬어진 철학 학파들에서, 그는 누구도 부정하지 못할 어떤 유사성을 발견한다. 이 모든 것은 로크의 이론과 양립할 수 없는 어떤 결론에 이른다. 니체는 물리학자들의 결론을 공격한다. 그들의 연구가 오로지 자신의 편향과 신념에 맞춰 자연의 법칙들을 해석하는 데서 그친다는 이유로, 니체는 물리학자들에게 철학의 어떤 자리도 인정하지 않는다. 자연적인 현상에서 추론할 수 있는 이론들은 물리학자들의 원리에서 발견될 수 없다. 이유는 물리학자들의 활동이 자연의 사건들을 편향적인 가치 판단에 맞게 왜곡하는 것이기 때문이다.

마지막으로, 니체는 심리학자들의 습관과 관행을 파고든다. 심리학자들 사이에서도 그는 철학의 바탕을 발견하지 못한다. 심리학이 인간의 정신과의 관계 속에서 진리를 찾아내려는 고귀한 욕망을 추구하는 것이 아니라 도덕적 고려에 근거한 편향과 두려움에 휘둘리고 있다고 니체는 주장한다. 그는 실험자들이 "나쁜" 충동과 뚜렷이 구분되는 것으로서 "선한" 충동을 설명하려는 욕망을 끊임없이 보이고 있다는 것을 확인한다. 다른 어떤 학문보다도 도덕적 영향에서 멀리 벗어나 있는 학문에 도덕적 편향을 강요하려 드는 것은 바로 이 욕망 때문이다. 철학의 모든 부문에서뿐만 아니

라 심리학에서도 이 같은 편향이 인간 행동의 뒤에서 작용하고 있
는 동기들을 깊이 파고드는 길에 장애가 되고 있다. 니체는 분석과
비판에서 파괴적인 모습만을 보이고 있지는 않다. 그는 겉으로 드
러나지 않는 가운데 권력 의지에 근거하여 자신의 철학 체계를 구
축하고 있다. 첫 장을 면밀히 검토하면, 권력 의지라는 표현이 자주
사용되고 있는 것이 확인된다. 뒤로 갈수록, 이 원리가 더욱 뚜렷이
모습을 드러낸다.

니체가 "자유로운 정신"이라고 부르는 것, 즉 생각하는 사람, 지
적 귀족, 철학자이자 통치자를 가장 멋지게 정의한 부분은 『선과
악을 넘어서』의 두 번째 장에 담겨 있다. 평소보다 다소 긴 일련의
단락에서, 이 탁월한 인간의 주요한 특징들이 묘사되고 있다. 그러
나 "자유로운 정신"을 초인과 혼동해서는 안 된다. "자유로운 정
신"은 현재의 인간이 자신을 능가하는 과정에 건너야 하는 "다리"
이다. 자유로운 정신을 묘사하고 분석하는 대목에서, 우리는 자유
로운 정신의 두드러진 특징들을 엿볼 수 있다. 『차라투스트라는 이
렇게 말했다』에서 보듯, 자유로운 정신은 지금까지 부분적으로, 또
잠정적으로만 정의되었다. 여기서 자유로운 정신의 본능과 욕망,
습관과 활동이 윤곽을 드러내고 있다. 더 나아가, 자유로운 정신과
열등한 인간의 관계, 그리고 자유로운 정신과 그의 환경 속의 유기
체들과의 관계도 설명되고 있다. 이 장은 중요한 장이다. 곳곳에서
니체의 주요한 철학적 원리들에 대한 설명이 완곡하게 표현되고
있기 때문이다.

추론을 통하면, 계급 구분도 엄격히 이뤄지고 있는 것이 확인된

다. 아직 제대로 정의되지 않고 있음에도 불구하고, 노예 도덕과 주인 도덕이 서로 균형을 이루고 있다. 또 주인과 노예의 품행 기준이 두 부류를 구별하는 것으로 정의되고 있다. 섬기는 계층은 자신을 이끌어줄 독단적인 주장을 필요로 한다는 점을 끊임없이 드러내는 반면에, 지배 계층은 독단적인 도덕적 의무를 부정하는 그런 상태 쪽으로 지속적으로 다가서고 있다. 니체는 새로운 부류의 철학자들이 등장하고 있는 것을 본다. 선과 악 그 너머에 설 사람들, 자유로운 정신일 뿐만 아니라 "더 높고, 더 위대하고, 근본적으로 다른 그런 무엇인가가 될" 사람들이 그들이다. 현재의 자유로운 사람들이 그 선구자 역할을 하면서 미래에 탄생시킬 이들에 대해 설명하면서, 니체는 어떤 개인주의적 이상을 제시하고 이어 여러 장에서 이 이상을 충분히 발달시킨다.

종교적 신앙의 다양한 측면을 예리하게 분석하는 내용이 『선과 악을 넘어서』의 세 번째 장을 채우고 있다. 기독교의 다양한 영향을 건드리고 있음에도 불구하고, 이 장은 종교적 범위라는 측면에서 보면 『적그리스도』보다 더 일반적이다. 『적그리스도』의 내용을 암시하는 대목이 이 책 곳곳에서 발견된다. 이 장은 인간의 무수한 내면 경험에 관한 내용을 담고 있으며, 이 경험들은 직접적으로나 간접적으로 종교적 원리로 돌려질 수 있다. 신앙 본능 자체의 기원을 찾고 있으며, 이 신앙의 결과가 개인과 종족의 필요에 비춰 분석되고 있다.

종교적 무아경과 관능성의 관계, 의지의 부정(否定)을 끌어내려는 종교 관계자들의 시도, 종교적 감사의 마음이 두려움으로 바뀌는 과정, 성자 숭배의 밑바닥에서 작용하고 있는 심리 등, 니체는 종교적 감정을 탐구하면서 이런 문제들에 에너지를 쏟았다. 종교적 신앙의 성격과 치열성에 영향을 미치는 지리학적 요소도 그의 연구의 중요한 바탕을 이룬다. 또 콩트(Auguste Comte)의 사회학과 생트뵈브(Sainte-Beuve)의 반(反)예수회 발언은 민족적 영향이라는 관점에서 설명된다. 니체는 데카르트 이후 모든 철학을 대상으로 무신론의 여러 양상과 중요한 반(反)기독교 경향을 검토한다. 제물을 바치는 다양한 종교 의식의 바탕에 깔린 동기와 종교적 잔인성의 중요한 단계들에 대해서도 소상하게 설명한다. 여기서도 다시 영원 회귀의 원리를 만나지만, 다른 곳에서와 마찬가지로 영원 회귀는 니체의 철학 체계의 근본적인 요소가 아니라 그의 사고의 부산물로 여겨질 것이다. 니체는 모든 종교적 삶에서 무위(無爲)의 필요성을 강조하고 종교적인 분위기를 고수하는 것이 효율성을 높일 정신과 육체의 활동에 어떤 식으로 불리하게 작용하는지를 보여준다.

니체의 가르침의 매우 중요한 측면은 종교 생활에 대한 비판에 담겨 있다. 니체의 원리를 비판하는 사람들은 거의 예외 없이 판단의 근거를 그의 이론을 보편적으로 받아들일 경우에 사회적 혼돈을 낳게 된다는 가정에 두고 있다. 앞에서 이미 지적한 바와 같이, 니체는 자신의 신념을 모두가 받아들이는 것을 절대로 원하지 않았다. 그가 기독교에 대한 신랄한 비판에서 추구한 목적은 인류의 절대다수가 자신들의 우상에 품고 있는 믿음을 송두리째 흔드는 것이 아니었다. 그는 단지 강한 사람들이 사회의 약한 구성원들에게나 어울리는 종교의 제약에서 놓여나도록 하기를 원했다.

니체는 인류의 다수가 기독교나 다른 비슷한 종교를 통해 얻는 위안을 포기할 것이라고 기대하지도 않았으며 그렇게 하길 원하지도 않았다. 반대로, 그는 종교의 바탕을 약화시키려 드는 껍데기 무신론자들을 비판했다. 그는 그런 종교들의 필요성을 노예 도덕의 바탕으로 보았으며, 이 장에서 그는 지배자들에게 보다 높은 인간을 돕는 하층 계급의 종교적 신앙을 통치 수단으로, 훈련과 교육의 도구로 이용할 것을 권하고 있다. 이런 구절도 있다. "종교를 수단으로 삼아 훈련을 도모할 수 있는 길은 아주 다양하다. 종교의 마법에 걸려 보호를 받고 있는 사람들의 부류에 따라서 종교를 다각도로 활용할 수 있는 것이다." 이것은 종교적 신앙의 가치를 공리주의적 관점에서 표현한 것일 뿐만 아니라 그의 철학의 중요한 요소들 중 하나를 명확히 전하고 있다. 그의 전체 윤리 체계는 지배 계층과 지배자들을 따르는 계층의 엄격한 분리 위에 세워지고 있으며, "선과 악을 넘어서"라는 그의 원리는 탁월한 사람에게만 해당하는 것으로 여겨져야 한다. 그 원리를 모든 계층에 적용하면 니체의 윤리 체계는 실행 불가능하게 되고, 따라서 부조리한 것이 되어 버린다.

종교적 상황을 살핀 뒤, 니체는 윤리적 조사라는 보다 넓은 영역으로 들어가면서 도덕의 역사와 발달을 더듬는다. 니체는 철학자들이 그 동안에 도덕의 진정한 문제, 즉 도덕적 신념의 바탕에 자리잡고 있는 믿음과 동기를 검토하는 문제를 회피했다고 비난하고 있다. 이것이 그가 스스로 떠안은 과제이며, '도덕의 자연사'라는 장에서 그는 도덕의 기원을 파고든다. 이것이 나중에 『도덕의 계보』에 담길 논문으로 확대된다.

그러나 이 책에서 니체의 분석은 『인간적인, 너무나 인간적인』과 『여명』 같은 전작에서보다 훨씬 더 광범위한 영역에 걸쳐 이뤄지고 있다. 지금까지 그는 규범과 체계, 도덕적인 행위와 비도덕적인 행위, 행동에 대한 판단으로 논의를 국한시켰다. 『선과 악을 넘어서』에서 그는 도덕적 편견을 인간의 진보와 함께 나아가고 있는 힘으로 다루고 있다. 또 전작에 없던 건설적인 사고의 태도를 이 책에서 분명하게 드러내고 있다. 그는 미래의 인간들이 걸어야 할 코스를 대략적으로 그리고 또 현대 국가들의 도덕에서 생긴 결과들을 지적한다. 그는 낡은 "신앙 의지" 대신에 권력 의지를 제시하고 또 모든 도덕규범을 받아들이게 된 토대를 "허구"와 "설익은 가설"로 규정하고 있다. 그는 도덕의 영향으로 생겨난 종족의 이상들을 찾아내 현재의 필요에 비춰가며 분석하면서 그것들이 부적절하고 위험하다는 점을 지적한다. 그의 관찰과 분석이 내리는 결론은 종족의 지배자들이 선과 악의 전초 기지를 넘어서는 어떤 입장을 취하면서 모든 도덕적 영향으로부터 자유로운 편의(便宜)를 바탕으로 통치하지 않을 경우에 개인은 군집적인 양심의 수준으로 타락할 위험이 상존한다는 것이다.

'우리 학자들'이라는 장에서, 니체는 보다 높은 유형의 인간으로 여기는 철학자에 대한 정의를 계속 이어간다. 이 장은 이 "자유로운 정신"의 지적 특징들을 설명하는 외에 철학자인 척하는 그 현대인들의 단점을 폭로하고 있다. 이 새로운 사상가들의 길에서, 니체는 그들이 겪게 될 내적 어려움과 외적 어려움을 많이 예상하면서 이 장애들을 극복할 수 있는 방법을 제시한다. 또 과학적인 사람과 천재가 공동체에서 지니는 상대적 중요성도 평가하고 분석한다. 사실 바로 이 대목에서 니체가 진보의 짐을 지고 있다고 판단하는 개인들에 대한 정의가 가장 완전하고 분명하게 제기되고 있다.

지적 지도자들에 대한 이런 평가가 학생들에겐 중요하다. 왜냐하면 이런 평가를 내리는 이유들을 제대로 이해할 경우에 니체의 다음 책들을 이해하기가 한결 쉬워지기 때문이다. 이 평가를 통해서 니체는 주인의 도덕규범을 따라야 할 사람들의 자질들을 밝히고 있다. 또 인류를 뚜렷이 구분함으로써, 니체는 그와 동시에 기질과 성향 때문에 노예 도덕이 필요한 계층을 정의하고 있다. 더욱이, 그는 자신의 철학적 원칙에 따라 객관성과 의지력, 회의(懷疑), 적극성과 자제 같은 정신적 특성에 가치를 부여하고 있다.

니체 철학의 근본적인 사항들 중 많은 것을 건드리고 있는 중요한 자료는 '우리의 미덕'이라는 제목의 장에 제시되고 있다. 보다 광범위한 윤리 노선을 따라 행동을 조사하고 연구하던 것이 여기선 구체적인 도덕적 특성에 관한 탐구로 바뀐다. 현재의 미덕에 대해 의문을 제기하고 이 미덕들의 역사적 의미를 결정한다. 미덕들의 가치에 대한 평가는 인간의 유형에 따라 달라진다. 희생과 동정, 형제애, 봉사, 충성, 이타심, 그리고 이런 것들과 비슷한 품행의 이상들을 검토하고, 그런 미덕의 결과들은 현대의 사회적 교류가 요구하는 것과 양립할 수 없다는 점을 보여준다. 니체는 이런 미덕들과 보다 엄격한 형태의 품행을 대비시키면서 후자가 인간의 진보라는 현재의 요구를 충족시킬 수 있다고 강조한다. 이 장은 새로운 도덕을 확립하기 위한 준비임과 동시에 그의 철학적 구조를 떠받치는 중요한 기둥인 이중적인 윤리규범에 대한 설명이다. 이중적 도덕에 대한 개념을 제시하기 전에, 니체는 정치적 및 사회적 조직 안에서 여성의 위치를 결정하려고 노력하면서 개별적인 여성의 기능도 필요할 뿐만 아니라 성적 관계에서 명확한 구분을 지키는 것도 필요하다고 지적한다.

마지막 장에서 니체의 철학 사상들 중 많은 것이 뚜렷이 모습을 드러낸다. 앞의 여러 장에서 준비되고 부분적으로 정의되었던 노예 도덕과 주인 도덕의 원리가 여기서 직접적으로 제시되며, 주인 계급의 "고결"을 이루는 미덕과 태도들이 구체적으로 정의되고 있다. 니체는 자신이 주장하는 귀족계급의 의무를 정하고 인간의 속성을 개인의 등급에 따라 차별한다.『선과 악을 넘어서』뒤에 나오는 모든 책들의 바탕에 깔린 디오니소스적인 이상이 이 책에서 처음으로 직접 노출되고 적용되고 있다. 이기심과 잔인성, 오만, 보복과 횡령 같은 인간의 거친 특성들이 동정과 자비, 용서, 충성과 겸손 같은 부드러운 미덕보다 더 중요하게 여겨지고, 자연스런 귀족계급의 도덕규범에 반드시 필요한 요소로 선언되고 있다. 바로 이 지점에서 가치에 대한 재평가가 시작되며, 이 작업은『권력 의지』에서 완성된다. 학생들은 이 장을 주의 깊게 읽어야 한다. 그것이 이어서 나올 책들에 대한 설명일 뿐만 아니라 서문이나 마찬가지이기 때문이다.

너체는 이렇게 말했다

비(非)진리를 삶의 한 조건으로 인정하는 것. 그것은 틀림없이 인습적인 가치 개념들을 위험한 방식으로 공격하는 것이며, 그런 시도를 하는 철학은 그 같은 사실 하나만으로도 이미 선과 악 그 너머에 서게 된다.

심리학자들은 자기보존 본능을 유기체의 근본적인 본능으로 설정하기 전에 심사숙고해야 한다. 무엇보다, 살아 있는 존재는 자신의 힘을 방출하길 원한다. 생명 자체는 권력 의지이며, 자기보존은 권력 의지의 간접적인 결과로 자주 나타나는 것일 뿐이다.

독립적인 존재가 될 수 있는 사람은 극소수일 뿐이다. 독립은 강한 자의 특권이기 때문이다. 독립을 누릴 능력을 갖추고 있는 사람도 굳이 그렇게 할 필요는 없지만, 독립을 시도하는 사람은 누구나 자신이 강할 뿐만 아니라 더없이 과감하다는 점을 입증하게 된다.

평범한 독자들을 위한 책은 언제나 좋지 않은 냄새를 풍기며, 그 책엔 무가치한 사람들의 체취가 배어 있다. 대중이 먹고 마시는 곳에, 심지어 대중이 숭배하는 곳에서도 그들의 체취가 풍긴다. 순수한 공기를 마시길 원한다면, 교회에 가지 말아야 한다.

"의지"는 당연히 "의지"에만 작용할 수 있다. "물질"(예를 들면 "신경")에는 작용하지 않는다. 요약하면, "효과"가 확인되는 곳에선 의지가 의지에 작용하고 있는 것은 아닌지, 그리고 어떤 권력이 작용하는 곳에선 모든 기계적인 행위가 의지의 힘, 즉 의지의 효과가 아닌지를 놓고 고민해야 한다. 최종적으로, 우리가 본능적인 삶 전체를 의지의 한 근본적인 형태, 즉 나의 명제에 따라 권력 의지의 발달과 그 효과로 본다면, 그리고 유기체의 모든 기능이 이 권력 의지로까지 거슬러 올라가고 또 그 의지 안에서 한 가지 문제, 즉 생식과 영양 섭취 문제가 해결되는 것이 발견된다면, 그러면 모든 능동적인 힘을 권력 의지로 정의해도 아무런 문제가 없을 것이다. 내부에서 본 세계, 그 세계의 "이해 가능한 성격"에 따라 정의되고 명명된 세계, 그것은 오직 "권력 의지"일 뿐이며 그 외의 다른 것은 절대로 아니다.

행복과 미덕은 절대로 논거가 될 수 없다. 그러나 사려 깊은 정신의 소유자들조차도 불행하게 만들고 사악하게 만드는 것 또한 마찬가지로 논박의 증거가 되지 못한다는 점을 고의로 망각하고 있다. 어떤 것이 대단히 위험하고 큰 해를 끼치더라도 진리일 수 있다. 정말로, 존재의 근본적인 구성이 그런 진리로 가득하기 때문에 인간은 존재의 실상을 완벽하게 파악하는 것만으로도 죽어버릴 수 있다. 그렇다면 정신의 힘은 정신이 견뎌낼 수 있는 "진리"의 양으로 측정될 수 있다.

더욱 노골적으로 표현하면, 정신이 진리를 약화시키고, 가리고, 감미롭게 만들고, 거짓으로 꾸미는 정도에 따라서 정신의 힘이 결정된다고 할 수 있다.

심오한 모든 것은 가면을 사랑하며, 더없이 심오한 것들은 도형과 상징마저도 싫어한다. 그렇다면 대립이야말로 신의 수치심을 가리기에 가장 적합한 위장이 아닐까?

많은 사람과 의견일치를 이루기를 원하는 나쁜 취향을 버려야 한다. 어떤 사람의 이웃이 "선한" 것을 자신의 입 안으로 삼켜버리면, 그것은 더 이상 선한 것이 아니다. 그러니 "공동선"이 어떻게 있을 수 있겠는가. 공동선이라는 표현은 그 자체로 모순된다. 공통적인 것의 가치는 언제나 낮게 되어 있기 때문이다. 어쨌든 사물들은 있는 그대로의 가치를 지니게 되어 있다. 위대한 것들은 위대한 사람들을 위해 존재하고, 심연은 심오한 사람들을 위해 존재하고, 섬세함과 스릴은 세련된 사람을 위해 존재한다. 한마디로 요약하면, 모든 귀한 것은 귀한 사람을 위해 존재한다.

유럽의 모든 국가와 미국에 현재 매우 편협하고, 선입견에 사로 잡혀 있고, 속박된 정신을 가진 계급이 있다. … 유감스럽게도, 평등주의자들인 이들을 두고 엉뚱하게 "자유로운 정신"이라는 엉터리 이름으로 부르고 있다. 이들은 민주적 취향과 그 "현대적 사상들"을 말로 능숙하게 표현할 줄 아는 노예들일 뿐이다. 그들 모두는 고독을, 개인적 고독을 모르는 인간이며, 둔할 만큼 성실한 동료들이다. 그들이 용기를 갖추고 있고 명예로운 행동을 한다는 점은 부정하지 못하지만, 그들은 자유롭지 못하고 터무니없을 만큼 피상적이며, 거의 모든 인간의 비참과 실패의 원인을 지금까지 존재했던 사회 형태에서 찾으려드는 편파성을 갖고 있다.

가혹함과 폭력, 예속, 거리와 가슴의 위험, 비밀, 금욕, 유혹자의 기술, 온갖 종류의 악마성, 그리고 사람의 내면에 있는, 사악하고, 무시무시하고, 무도하고, 약탈적이고, 음흉한 모든 것은 인간 종을 타락시키기도 하고 인간 종을 고양시키기도 한다.

기독교 신앙은 처음부터 희생이다. 정신의 모든 자유와 모든 자긍심, 모든 자신감을 희생시킬 것을 요구한다. 기독교 신앙은 동시에 종속과 자기조롱, 자기절제이다.

가장 막강한 사람들은 지금까지 자기복종과 자발적 궁핍의 수수께끼 같은 존재인 성자 앞에서 언제나 경건하게 머리를 숙였다. 그들이 왜 그런 식으로 머리를 숙였을까? 그들이 그런 성자의 내면에서, 말하자면 성자의 허약하고 비참한 외모의 그 수상함의 뒤에서 그 같은 복종을 통해 시험하기를 원하는 어떤 탁월한 힘을, 즉 권력의 힘과 권력에 대한 사랑을 꿰뚫어보았고 또 그것에 경의를 표하는 방법을 알았기 때문이다. 그들은 성자를 숭배할 때 그들 자신의 내면에 있는 무엇인가를 숭배한 것이다. … 세계의 권력자들은 성자 앞에서 새로운 공포를 배웠으며, 그들은 새로운 권력을, 지금까지 정복되지 않은 낯선 어떤 적(敵)을 보았다. 그들이 성자 앞에서 걸음을 멈추게 한 것은 바로 "권력 의지"였다.

아주 심각한 투쟁과 고통을 야기한 "신"과 "죄"라는 경건한 개념은 언젠가 더 이상 중요하지 않아 보일 것이다. 아이의 장난감이나 아이의 고통이 노인에게 더 이상 중요하지 않아 보이는 것처럼.

아무쪼록 인류를 사랑하는 것, 그것이 인간이 지금까지 이룬 가장 고귀하고 가장 초연한 감정이었다.

강하고, 독립적이고, 명령할 운명을 타고났고 또 명령하는 훈련을 받은 사람들의 내면엔 지배적인 종족의 판단과 기술이 갖춰져 있는데, 이들에게 종교는 피지배자의 양심을, 기꺼이 복종을 회피하려 드는 피지배자의 깊은 가슴을 억누르고 배반하여 지배자에게 굴복하도록 만드는 추가적인 수단이다.

금욕주의와 청교도주의는 과거로부터 물려받은 천박함을 극복하고 미래의 탁월을 향해 나아가려고 노력하는 종족을 교육시키고 고상하게 다듬는 데 거의 반드시 필요한 수단이다. 그리고 마지막으로, 지금까지 지배 계급을 위한 봉사와 전반적인 유용을 위해 그저 존재하기만 했던 보통 사람들, 즉 절대다수의 사람들에게 종교는 운명과 처지, 마음의 평화, 고결한 복종, 사회적 행복과 공감 등에서 소중한 만족감을 안겨준다.

"지식 그 자체를 위한 지식", 이것이 도덕이 쳐놓은 마지막 함정이다.
이것으로 인해 사람은 한 번 더 도덕에 완전히 말려든다.

자신의 이상에 이른 사람은 그로 인해 그 이상을 넘어선다.

선한 이웃들이여, 모든 사람을 동정하는 것은 그대에게 가혹이 되고
포악이 될 것이다.

자신의 부도덕을 부끄러워하는 것은 맨 마지막에 자신의 도덕마저
부끄러워하게 되는 그런 과정의 첫 걸음이다.

식별력 있는 사람은 쉽게 현재의 자신을 신의 동물화로 여길 것이다.

오늘날의 기독교인들이 우리를 화형에 처하지 않도록 막고 있는 것
은 그들의 인류애가 아니라 사랑할 줄 모르는 무능력이다.

도덕적 현상 같은 것은 존재하지 않으며, 현상에 대한 도덕적 해석만
존재할 뿐이다.

범죄자는 자신의 행위를 감당할 수 있을 만큼 충분히 성숙하지 못한
사람이다. 범죄자는 자신의 행위를 실제보다 가벼운 것으로 여기고

낮춰본다.

우리 인생에서 위대한 시기는 우리가 나쁜 요소를 최고의 요소로 과감히 다시 명명할 용기를 얻는 순간들이다.

신이 작가가 되기를 원했을 때 그리스어를 배웠다는 것, 그리고 신이 그리스어를 더 잘 배우지 못했다는 것은 정말 신기한 일이다.

하나의 민족은 예닐곱 명의 위대한 사람을 끌어내기 위한 자연의 우회로이다. 그렇다. 그런 다음에 자연은 이들마저도 우회한다.

모든 신뢰와 선한 양심, 모든 진리를 뒷받침하는 증거는 감각에서 비롯된다.

우리는 자신이 가장 잘 하는 것이 자신에게 가장 어려운 일로 여겨지기를 바란다. 그런 것이 바로 우리의 허영심이다.

한 시대가 사악한 것으로 여기고 있는 것은 대체로 그 전에 선한 것으로 여겨졌던 것들의 메아리에 불과하다. 옛 이상의 격세유전이라고나 할까.

사랑에서 행해지는 모든 것은 언제나 선과 악 그 너머에서 일어난다.

반대와 회피, 유쾌한 불신, 그리고 풍자를 사랑하는 것은 건강의 신호이다. 절대적인 모든 것은 병에 속하기 때문이다.

유대인은, 타키투스(Tacitus)와 고대 세계의 사람들이 말하듯이, "노예로 태어난" 민족이고, 또 유대인은 그들 자신들이 믿고 있듯이 "민족들 중에서 선택된 민족"이다. 유대인은 가치 평가의 전도라는 기적을 이뤘으며, 이 전도에 의해 이 땅 위의 삶은 2천 년 동안 새롭고 위험한 매력을 얻었다. 유대인의 예언자들은 "부유한" "신 없는" "사악한" "폭력적인" "관능적인" 등의 표현을 하나로 융합해서 비난의 용어로 "세상"이라는 단어를 만들었다. 이런 가치 평가의 전도("가난한 자"라는 단어가 "성자"와 "친구"의 동의어로 쓰인 것까지 포함된다)에서, 유대 민족의 의미가 발견된다. 도덕에서 노예의 반란은 바로 유대인들로부터 시작되었다.

맹수(猛獸)와 맹수 같은 사람(예를 들면, 체사레 보르지아(Cesar Borgia))은 기본적으로 오해를 받고 있다. 사람이 열대의 온갖 기이한 괴물과 생물 중에서 이런 가장 건강한 요소에서 "병적인 구석"을 찾는 한, "자연"은 오해를 받게 되어 있다.

지금까지 인간들 사이에서 복종이 강력히 권장되고 실천되었다는 사실을 고려할 때, 복종에 대한 욕구가 일종의 형식적인 양심 같은 것으로서 모든 사람의 내면에 고유하다고 말해도 무방하다.

나폴레옹이 끼친 영향의 역사는 아주 소중한 개인들이 거의 한 세기에 걸쳐 보다 높은 행복을 추구한 역사이다.

도덕적 가치를 결정하는 효용이 오직 집단적 효용에 국한되는 한, 그리고 공동체의 보존이 유일한 목표라서 공동체의 보존에 위험해 보이는 것들이 비도덕적인 것으로 여겨지는 한, "이웃 사랑의 도덕" 같은 것은 존재할 수 없다.

"이웃 사랑"은 이웃에 대한 공포에 비하면 언제나 부차적인 문제이며, 부분적으로 인습적이고 변덕스럽다.

개인을 무리보다 위로 끌어올리고 또 이웃에게 공포의 원인이 되는 모든 것은 앞으로 '악'이라 불리게 된다. 반면, 관대하고, 겸손하고, 스스로 알아서 적응하고, 스스로 평등을 추구하는 성향, 즉 욕구의 평범함은 도덕적 우수성과 명예를 얻게 된다.

민주주의 운동은 기독교 운동의 유산이다.

우리는 민주주의 운동을 타락한 형태의 정치 조직으로 볼 뿐만 아니라 쇠퇴하고 있는 유형의 인간으로도 본다. 그렇다면 우리는 어디에 희망을 걸어야 하는가? 새로운 철학자들에게 희망을 걸어야 한다. 다른 대안이 없다. 가치를 지금까지와 정반대 방향으로 평가하고, "영원한 가치 기준"을 뒤집을 수 있을 만큼 독창적이고 강력한 정신의 소유자들에게, 그리고 지금 인간 사회가 새로운 경로로 움직이지 않을 수 없게 할 매듭을 만들고 있는 선구자들에게 희망을 걸어야 한다는 뜻이다. 인간들에게 인류의 미래를 자신의 의지에 따라, 바로 인간의 의지에 따라 다듬어 나가도록 가르치고, 인간들이 훈육과 교육에서 위대한 모험과 종합적인 시도를 할 수 있도록 준비시켜야 한다. 지금까지 "역사"라는 이름으로 불리었던 어리석음과 우연의 끔찍한 지배("최대 다수"라는 어리석음은 최근의 한 형태에 지나지 않는다)에 종지부를 찍기 위해서 그렇게 해야 한다. 그런 목적을 위해서 새로운 유형의 철학자들과 지도자들이 언젠가 필요할 것이다. 이런 사상 앞에서, 초자연적이고 무시무시하면서도 호의적이었던 존재들에게 유리하게 작용했던 모든 것은 빛을 잃고 왜소해 보일 것이다.

인류가 멍청하고 생각이 모자라는 사회주의자들이 이상으로 내세우는 그런 "미래의 인간"으로 전반적으로 퇴보하는 것, 말하자면 인간을 한 마리의 군집 동물(사회주의자들의 표현을 빌리면 "자유로운 사회"의 인간)로 타락시키고 약화시킴으로써 인간을 동등한 권리와 요구를 가진 소인(小人)으로 바꿔놓는 것은 틀림없이 가능하다. 이런 가능성을 깊이 생각한 사람들은 나머지 인간들이 모르는 또 다른 혐오스런 것을 알게 되고 아마 새로운 임무를 떠안게 될 것이다.

진정한 철학자들은 지휘관이며 입법자이다. 그들은 "이렇게 되어야 한다."는 식으로 말한다. 그들은 먼저 인류가 어디로 갈 것인지, 그 길로 가야 하는 이유를 결정하고, 그렇게 함으로써 이전에 있었던 철학적 근로자들과 지배자들의 노동을 무시하게 된다. 그들은 창조적인 손으로 미래를 다듬으려 하며, 현재 존재하고 있거나 과거에 존재했던 모든 것은 그들에게 하나의 수단이 되고 도구가 되고 망치가 된다. 이 철학자들의 "앎"은 곧 창조이며, 그들의 창조는 입법 행위이며, 진리를 추구하려는 그들의 의지는 권력 의지이다.

오늘날, 유럽 전역에 걸쳐서 군집 동물만이 명예를 얻고 명예를 분배하고 있으며, "권리의 평등"이 너무나 쉽게 옳지 않은 방향의 평등으로 타락하고 있다. 다시 말해, 희귀하고 낯설고 특권적인 모든 것을 상대로, 또 보다 높은 인간과 보다 높은 영혼, 보다 높은 의무, 보다 높은 책임, 창조적인 귀족 등을 상대로 전면전이 펼쳐지고 있는 것이다. 지금은 고귀하고, 외따로 떨어져 있기를 바라고, 다수와 다를 수 있고, 홀로 설 수 있고, 개인적으로 주도적인 삶을 사는 것이 "위대함"이라는 개념에 속한다. 그리고 철학자는 이런 주장을 펼 때 자신의 이상을 드러내고 있을 것이다. "가장 고독할 수 있고, 가장 깊이 숨어 지낼 수 있고, 대중의 의견으로부터 아주 멀리 벗어나 있는 사람, 선과 악 그 너머에 서 있는 사람, 자신의 미덕의 주인인 사람, 의지가 넘치는 사람이 가장 위대한 사람일 것이다. 전체적이면서도 다양하고, 충만하면서도 비어 있는 것, 바로 그런 것이 위대함이라 불린다."

태도로서의 도덕은 오늘날 우리의 취향과 상반된다. 어쨌든 이것도 진보이다. 우리 조상들에게 하나의 태도로서의 종교가 마침내 그들의 취향과 상반되게 된 것이 진보였듯이.

도덕적으로 판단하고 비난하는 관행은 지적으로 천박한 사람들이 지적으로 덜 천박한 사람에게 즐겨 쓰는 보복이다.

진정으로 제물을 바친 사람은 자신이 그것으로 무엇인가를 원했고 또 그것을 얻었다는 것을 알고 있다. 아마 그것은 그 사람 자신의 어떤 것을 바치는 대가로 그 사람 자신의 어떤 것을 얻는 것이나 마찬가지일 것이다. 그 사람은 저곳에서 더 많은 것을 갖거나 스스로 "더 큰 존재"로 느끼기 위해 이곳을 포기한 것이다.

오늘날 동정을 강조하는 설교가 있는 곳마다, 심리학자는 귀를 활짝 열어야 한다. 그러면 이런 설교자들에게서 아주 자연스럽게 나오는 온갖 허영과 큰소리에서 자기비하의 거친 소리가 들릴 것이다.

우리는 그 어떤 시대에도 없었던 카니발을, 웃음과 오만이 가득하면서도 더없이 영적인 페스티벌을, 월등히 높은 수준의 어리석음과 아리스토파네스(Aristophanes)의 조소(嘲笑) 같은 것을 받아들일 준비가 되어 있다. 아마 우리는 바로 여기서 '발명'의 영역을, 우리가 여전히 세계 역사를 풍자하거나 신의 어릿광대로서 독창적일 수 있는 그런 영역을 발견할 수 있을 것이다. 현재 그 외의 다른 어떤 것에도 미래가 없다 할지라도, 우리의 웃음 자체에는 미래가 있다.

고통의 훈련, 위대한 고통의 훈련. 그대들은 지금까지 인간의 모든 진보를 낳은 것이 오직 이런 훈련이었다는 사실을 모르는가?

도덕에 대해 숙고하는 사람이 적을수록 바람직하고, 그래서 미래의 언젠가는 도덕이 관심의 대상이 되지 않는 것이 아주 바람직하다.

느릿느릿 행동하면서 곧잘 양심의 가책에 시달리는 군집 동물들(이들은 이기심의 원인들을 공공복지를 옹호하는 구실로 이용한다)은 "공공복지"가 절대로 이해 가능한 개념도 아니고, 이상(理想)도 아니며, 목표도 아니라는 사실에 대해서는 조금도 알고 싶어 하지 않는다. 또 군집 동물들은 이 사람에게 공정한 것이 다른 사람에게는 전혀 공정하지 않을 수 있다는 점을, 모든 사람에게 한 가지 도덕을 요구하는 것이 보다 높은 인간에게 큰 피해를 입힌다는 점을, 요약하면, 사람과 사람 사이에, 도덕과 도덕 사이에 위계 구분이 있다는 점을 이해하려 하지도 않는다.

비극의 고통스런 기쁨을 느끼게 하는 것은 잔인성이다. 소위 비극적 공감에서 쾌감으로 작용하고 있는 그것, 그리고 형이상학의 더없이 고매하고 미묘한 전율에 이르기까지 고상한 모든 것들의 바탕에서 쾌감으로 작용하고 있는 그것은 그 감미로움을 오직 거기에 섞여 있는 잔인한 요소에서 끌어낸다.

"인간" 유형에 나타난 모든 향상은 지금까지 귀족적인 사회의 노력으로 이뤄졌으며, 앞으로도 언제나 그럴 것이다. 귀족적인 사회란 인간 존재들 사이에 가치의 차이와 서열이 존재한다는 점을 믿고 있고 어떤 형태로든 노예제도를 필요로 하는 사회이다.

훌륭하고 건강한 귀족사회에서 근본적으로 중요한 것은 그 사회가 스스로를 왕국이나 공화국의 한 기능으로 여기지 않고 왕국이나 공화국에 의미를 부여하고 정당화하는 것으로 여기는 것이다. 따라서 귀족사회는 일단의 개인들의 희생을 기꺼이 받아들여야 한다. 이 개인들은 귀족사회를 위해 억압되고 불완전한 사람으로, 즉 노예와 도구로 전락해야 한다. 귀족사회의 근본적인 믿음은 바로 사회는 사회 자체를 위해 존재하는 것이 아니라 선택된 어느 계층이 스스로 보다 높은 의무를 감당하고, 전반적으로 보다 높은 존재를 영위하는 데 도움을 주는 토대와 발판으로서만 존재한다는 것이다.

생명 자체는 기본적으로 전용(轉用)하고 침해하고, 낯설고 약한 것을 정복하고, 엄격하고, 기이한 방식으로 방해하고, 통합하는 것이며, 아무리 완곡하게 표현해도 착취이다.

사람들은 지금 곳곳에서, 과학으로까지 위장하며 "착취의 성격"이 없는 그런 사회 상태에 대해 극찬을 늘어놓고 있다. 나의 귀엔 마치 그 사람들이 모든 유기적인 기능을 포기한 그런 유형의 생명을 발명하겠다고 약속하는 것처럼 들린다. "착취"는 타락하거나 불완전하거나 원시적인 사회의 특성이 아니라 유기체의 한 중요한 기능으로, 살아 있는 존재의 본질에 속한다. 착취는 인간에게 고유한 권력 의지의 결과이며, 이 권력 의지가 곧 생명 의지이다.

지금까지 이 땅을 지배했거나 지금 지배하고 있는, 세련되었거나 조악한 도덕을 두루 돌아보면서, 나는 어떤 특징들이 서로 연결되며 거듭 다시 나타나면서 최종적으로 두 가지 유형으로 뚜렷이 나뉜다는 사실을 확인했다. 이를 바탕으로 나는 어떤 근본적인 구분을 할 수 있었다. 주인 도덕과 노예 도덕이 뚜렷이 나뉘는 것이다. 그러나 나는 여기에다가 보다 높고 혼합된 문명에서는 예외없이 두 가지 도덕을 화해시키려는 시도도 있다는 말을 덧붙일 것이다. 그럼에도 두 가지 도덕을 제대로 이해하지 못하고 오해하는 경우가 많다. 심지어 같은 사람의 영혼 안에서도 주인 도덕과 노예 도덕이 공존하기도 한다.

고결한 유형의 인간은 스스로를 가치의 결정자로 여기며 남의 인정을 받을 필요성을 느끼지 않는다. 고결한 유형의 인간은 판단을 내린다. "나에게 해로운 것은 그 자체로 해롭다." 그는 사물들을 명예롭게 하는 것은 바로 그 자신이라는 것을 잘 알고 있으며, 그는 가치의 창조자이다. 그는 자기 자신에게서 확인하는 것이면 무엇이든 소중하게 여긴다. 그런 도덕은 자부심이다. 그런 도덕의 맨 앞쪽에, 넘쳐흐르길 원하는 권력의 감정과 풍요의 감정, 팽팽한 행복감, 그리고 기꺼이 주려 하는 관용의 감정이 자리 잡고 있다. 고결한 유형의 사람도 불운한 사람을 도와주지만, 동정심에서가 아니라 권력에 의해 생긴 충동에서 그렇게 한다. 고결한 유형은 자신의 내면에 있는 어떤 강력한 존재를 존경한다. 이 강력한 존재가 그의 내면에서 그에게 권력을 행사하고, 말하는 방법과 침묵을 지키는 방법을 가르치고, 스스로를 엄격함이나 고난에 노출시키는 데서 기쁨을 느끼고, 엄격하고 힘든 모든 일에 존경을 표하고 있다.

지배 계급의 도덕은 특히 현재의 취향과 어울리지 않으며 낯설다. 이는 이 도덕의 원칙, 즉 자신과 동등한 사람들에게만 의무를 지며 자신보다 낮은 계급의 존재들과 모든 외국인에겐 자신에게 유리한 방향으로, 아니면 "마음 가는대로", 어쨌든 "선과 악을 넘어서" 행동할 수 있다는 원칙의 엄격성 때문이다. 동정과 그와 비슷한 감정이 어떤 자리를 차지할 수 있는 곳이 바로 여기이다. 동등한 사람들의 집단 안에서 오랫동안 감사하고 복수하는 능력과 의무, 보복의 기술, 우정에서 나누는 생각의 세련미, 적들을 둘 필요성(훌륭한 친구가 되기 위해서 시기와 성급함, 오만의 감정을 배출시키는 출구로서) 등. 이런 것들은 고귀한 도덕의 전형적인 특징들이다.

노예 도덕은 기본적으로 유용성의 도덕이다. "선"과 "악"이라는 그 유명한 대립물이 기원하는 곳이 바로 이곳이다. 권력과 위험성, 그리고 경멸을 허용하지 않는 지독함과 치열함은 악에 해당하는 것으로 여겨진다. 따라서 노예 도덕에 따르면 "악한" 사람은 공포를 불러일으키는 사람이고, 주인 도덕에 따르면 공포를 불러일으키고 있거나 공포를 불러일으키려고 애쓰는 사람이 바로 "선한" 사람이고 나쁜 사람은 경멸스런 존재이다. 노예 도덕의 논리적 결과에 따라, 선의에서 비롯된 경시(輕視)의 기미가 마침내 노예 도덕의 "선한" 사람들에게까지 나타나게 되면, 노예 도덕과 주인 도덕의 대조가 극에 달하게 된다. 왜냐하면 노예의 사고방식에 따르면 선한 사람은 어떤 경우든 안전한 사람이어야 하기 때문이다. 그런데 선한 사람은 본성이 선하고, 쉽게 속고, 약간 어리석고, 좋은 사람이다. 그래서 노예 도덕이 우세한 곳마다, "선"과 "어리석음"이라는 단어들의 의미가 비슷해지는 경향이 나타난다. 마지막 근본적인 차이는 이것이다. 자유를 향한 갈망과 행복을 추구하려는 본능, 해방감은 당연히 노예 도덕에 속한다. 숭배와 헌신에서 열정과 솜씨를 발휘하는 것이 귀족적인 사고방식과 가치 평가의 두드러진 특성이듯이 말이다.

기본적으로 지속적으로 불리한 조건과의 오랜 투쟁 과정에 하나의 종(種)이 기원하고 하나의 유형이 확고해지면서 강해진다. 그런 한편, 사육사들의 경험에 따르면 영양을 과다하게 공급 받고 전반적으로 안전과 보살핌을 많이 받은 종은 즉시 아주 놀라운 방향으로 변종을 보이면서 천재도 많아지고 기형도 많아지는 경향이 나타난다.

나는 이기심이 고귀한 영혼의 핵심을 이룬다는 점을 인정한다. 이것은 "우리" 같은 존재에게 당연히 다른 존재들이 종속되어야 하고 자신을 희생시켜야 한다는 확고한 믿음을 다시 강조하는 것에 지나지 않는다.

여자는 사랑이면 모든 것을 다 해낼 수 있다고 믿고 싶어 한다. 그것은 여자에게만 있는 미신일 뿐이다. 정말 안타깝게도, 인간의 가슴을 잘 아는 사람은 더없이 깊고 훌륭한 사랑도 너무나 빈약하고, 너무나 허약하며, 위선적이고 우물쭈물한다는 것을 잘 알고 있다. 사랑은 구원하기보다는 파괴하는 경향이 더 강하다는 것이 확인된다.

고귀함의 표시는 이런 것들이다. 우리의 의무를 모든 사람들의 의무와 같은 수준으로 낮추는 것에 대해선 결코 생각하지 않고, 우리의 책임을 부정하거나 나누려 하지 않으며, 우리의 특권을 행사하는 것을 의무로 여긴다.

위대한 것을 추구하는 사람은 자신이 인생의 길에서 조우하는 모든 사람을 전진의 수단으로 보거나, 지체와 방해로 보거나, 일시적 휴식처로 본다.

여하튼 칭찬하길 원한다면, 자신이 동의하지 않는 곳에서만 칭찬하는 것이 대단히 정교하면서도 고귀한 자기 통제의 한 방법이다.

모든 사회는 개인들을 간혹, 어딘가에서, 어떤 식으로든 "평범한" 존재로 만든다.

고귀한 영혼은 스스로를 숭배한다.

일을 제대로 처리하고, 결심을 실행에 옮기고, 의견에 충실하고, 한 여자를 지키고, 오만한 태도를 꾸짖고 버리는 사람. 또 분노도 하고 칼까지 갖고 있는데도 약한 자와 고통 받는 자, 억압당하는 자, 심지어 동물들까지도 기꺼이 복종하려 드는 사람. 한마디로 말해, 타고난 주인인 사람. 그런 사람이 동정심을 갖고 있을 때, 그 동정심은 가치를 지닌다.

나는 철학자들을 그들의 웃음의 특성에 따라 황금 웃음을 웃을 수 있는 철학자들까지, 순위를 매기고 싶다.

7장

—

도덕의 계보

『도덕의 계보』(독일어 제목: Zur Genealogie der Moral)는 주로 『선과 악을 넘어서』에 대략적으로 소개한 철학적 사항들을 다듬고 설명하기 위해 쓰였다. 『선과 악을 넘어서』는 약간의 성공을 거두었으며, 비평가들은 그 책에 담긴 원리들을 이해하지 못하고 거기서 정반대의 의미를 읽었다. 어느 비평가는 당장 니체를 아나키스트라고 불렀으며, 이 서평이 니체를 자극하여 『도덕의 계보』를 이룰 세 편의 에세이를 구상하도록 했다. 알고 있는 바와 같이, 니체의 가장 중요한 원리 몇 가지가 『선과 악을 넘어서』에서 언급되고 대략 윤곽이 잡혔다. 노예 도덕과 주인 도덕의 원리가 특히 더 강조되었다. 이제 니체는 노예 도덕과 주인 도덕의 원리를 발달시킬 임무를 떠안고 있다. 물론 『선과 악을 넘어서』에 잠정적으로 제기되었던 다른 주장에 대해서도 논한다.

이 새로운 논쟁은 전작들을 마무리함과 동시에 『권력 의지』를 준비하는 것으로 여겨질 수 있다. 비교적 얇은(4만 단어 분량) 이 책은 1887년 상반기에 2주 동안 쓰였다. 원고는 7월에 출판사에 보내졌다가 수정하고 부록을 추가하기 위해 다시 회수되었다. 그해 여름 대부분을 니체는 이 책을 수정하는 작업에 쏟았다. 책은 그해 말에 출판되었으며, 저자는 이 책을 통해서 우호적인 독자를 한 사람 확보할 수 있었다. 바로 게오르그 브란데스였다. 니체가 대중의 인정을 받기 시작하게 된 데는 다른 어느 비평가보다 브란데스의 공이 컸다.

『도덕의 계보』의 스타일은 바로 앞의 책이나 바로 뒤의 책에 비해 아포리즘의 냄새가 덜하다. 이 책에서 설명되는 새로운 원리는 거의 없다. 이 책이 대개 이전에 이미 제기한 것에 대해 분석적으로 논평을 하는 내용이기 때문에, 니체의 초기 스타일의 글쓰기가 설명이 주를 이루는 이 책의 성격에 더 잘 맞았다. 나는 이전에 니체가 자신의 철학을 제시해야 하는 상황에서도 일관성이 없고 산발적인 스타일의 글을 쓴다는 점에 대해 말한 바 있다. 이 새 작품만큼 그런 식의 작업 방식을 분명하게 보여주는 책도 없다.

그의 책들 거의 모두는 서로 겹친다. 이런 식이다. 그의 주장들은 에세이를 통해 대략적으로 소개된다. 그런 다음에 이 주장들은 미래의 책들에서 상세하게 설명된다. 『선과 악을 넘어서』는 『차라투스트라는 이렇게 말했다』에 대한 해설서였고, 『도덕의 계보』는 『선과 악을 넘어서』에서 새로 제시한 가설들에 대한 논평이자 일찍이 『인간적인, 너무나 인간적인』에서 제시한 사상을 다듬는 작업이었다. 『도덕의 계보』로부터 『적그리스도』가 생겨나는데, 이 책은 전작이 논했던 일반 도덕들의 신학적인 측면을 집중적으로 다루게된다. 그리고 이 모든 책들은 『권력 의지』를 위한 준비였다. 이런이유 때문에, 니체의 책을 차례대로 연대기 순으로 읽지 않을 경우에 그의 철학을 완벽하게 이해하기가 어려워진다.

지금 논하고 있는 책은 학술적인 관점에서 보면 아주 소중한 책이다. 새롭고 중요한 원리를 제시하지는 않아도 도덕 개념의 기원과 역사 속으로 깊이 들어가면서 니체의 도덕규범에 나오는 중요한 결론들에 대해 설명하기 때문이다. 이 책은 니체의 윤리 체계의주요 기둥들을 더욱더 두드러지게 만들고, 주인 도덕이라는 원리를 낳은 추리의 각 단계들을 길게 설명한다. 이 책은 죄라는 개념의기원을 찾아내고 기독교 이상들을 추구한 결과 나타나게 된 종족의 약화를 설명하고 있다.

이 책은 니체가 남긴 글 중에서 여러 모로 가장 심오하다. 니체는 신학적 편견과 도덕적 편견을 처음으로 분리하고 각 편견의 서로 다른 기원을 추적한다. 이 분리가 그가 취한 가장 중요한 조치중 하나였다. 그렇게 함으로써 니체는 완전히 새로운 분야의 탐험가가 되었다. 니체 이전의 도덕 역사학자와 심리학자들은 도덕 개념과 기독교 명령을 같은 원천에서 비롯된 것으로 여겼다. 그러나니체는 새로운 방법으로 신학과 도덕의 뿌리를 찾는 작업에 착수했다. 그는 모든 도덕적 가치에 문헌학적 테스트를 적용했다. 역사적인 의미 외에 자신이 "특별히 심리학적인 식별 기능"이라고 부른 방법을 그 과제에 적용한 것이다. 그는 다음과 같은 질문들을 던

지면서 역사적 상황의 미세한 양상까지 파고들었다. "어떤 상황에서 인간은 '선'과 '악'이라는 가치 판단을 발명했는가? 이 가치 판단은 그 자체로 어떤 고유의 가치를 지니는가? 그 판단은 지금까지 인류의 행복을 저지했는가 아니면 향상시켰는가? 그 판단은 인간 삶의 절망이나 빈곤, 타락의 징후인가? 아니면 거꾸로 그 판단은 삶의 충만이나 힘, 의지, 용기, 자신감, 미래를 나타내고 있는가?"

니체는 이 연구에서 가장 먼저 동정의 가치에 대해 의문을 제기했다. 그는 동정이 현대 문명의 한 증후라는 것을 알아냈다. 옛날의 철학자들, 심지어 플라톤과 스피노자, 라 로슈푸코, 칸트처럼 서로 성격이 많이 다른 정신의 소유자들이 공통적으로 경멸한 특성이 동정이었다. 그런데 현대의 사상가들은 이 동정에 높은 가치를 부여하고 있었다. 동정 도덕의 문제가 겉보기엔 별도의 문제인 것처럼 보여도, 실제로 파고들면 모든 도덕적 주장의 밑바닥에 그 문제가 깔려 있다는 것을 니체는 확인할 수 있었다. 그는 그 문제를 자신의 연구의 기본 원리로 이용하면서 "선한" 것으로 여겨지는 모든 가치들의 유용성에 의문을 품은 가운데, "선한 사람"의 자질들을 문명의 필요에 적용하고, "나쁜 사람"이 종족에 남긴 결과를 조사하기 시작했다.

"선과 악을 넘어서"라는 니체의 표현에 대한 오해가 너무나 컸고 또 이 표현이 줄기차게 좁은 의미로 해석되었기 때문에, 니체는 서로 정반대인 이 두 개념을 명확히 구분하고 각각의 기원을 따로 설명할 필요성을 느꼈다. 『도덕의 계보』에 실린 첫 번째 에세이는 바로 이 과제를 위한 것이었다. 처음부터 니체는 이전의 도덕 계보학자, 특히 이타주의가 한때 공리주의적 가치를 지녔다는 이유로 이타주의에 고유의 가치를 인정한 영국 심리학자들의 방법과 결론을 비판하는 데 상당한 지면을 할애하고 있다. "선"은 "목적에 부합하는 것"이라는 허버트 스펜서의 이론은 니체의 항의를 불렀다. 이유는 어떤 것이 한때 유익하다는 이유로 "선한" 것으로 여겨졌을지라도 그 같은 사실이 그것이 그 자체로 선하다는 점을 입증하는 것은 아니기 때문이다.

도덕의 서술적인 단어들의 어원을 파고들면서, 니체는 현대의 도덕적 속성들의 기원을 찾아 역사를 더듬으며 "귀족"과 "천한 사람들"의 본능까지 거슬러 올라간다. 그는 라틴어 '보누스'(bonus: 좋은 세련된, 고귀한 등을 의미한다/옮긴이)의 기원을 '두오누스'(duonus: bonus의 고어체로 전쟁을 의미하는 bellum과 연결된다/ 옮긴이)에서 찾음으로써 '보누스'와 '전사'의 관계를 보여준다. 그는 '벨룸'(bellum)이 '두엘룸'(duellum)과 같고, '두엘룸'은 '두오누스'를 포함하는 '두엔룸'(duen-lum)과 같다는 것을 보여준다. 마찬가지로, 그는 활력의 풍성함과 권력에 대한 자각에서 비롯되는 특성인 '행복'의 귀족적 기원을 강조한다.

니체에 따르면, "선과 악"은 노예 도덕의 한 표시인 반면, "선과 나쁨"은 주인 도덕의 특징을 나타낸다. "선과 악"은 종속적인 종족이 채택한 특징들을, "선과 나쁨"은 지배적인 종족의 자연적인 기능을 나타낸다. 이 두 가지 예에서, "선"의 기원은 절대로 똑같지 않다. 강한 사람의 내면에서 일어나는 "선"은 분노하는 약한 사람의 내면에서 일어나는 "선"과 완전히 다른 상태이며, 이 두 가지

"선"은 서로 다른 원인에서 생겨났다. 강한 사람의 선은 자발적이고 자연스러우며 강한 사람 본인에게 고유한 반면에, 약한 자의 선은 인위적으로 만들어진 조건이고 또 생존 조건을 부드럽게 만들고 개선시키기 위해 선택한 자질이었다.

마찬가지로, "악"과 "나쁨"도 서로 많이 다른 원천에서 기원하는 속성이었다. 약한 자의 "악"은 인위적으로 만들어낸 선한 이상(理想)에 불리하게 작용하는 모든 조건을, 불행을 낳는 조건을 뜻한다. 바로 이 약한 자의 "악"이 노예 도덕이라는 개념의 시작이었으며, 온갖 적들에게 두루 적용된 용어이다. 강한 자의 "나쁨"은 "선"을 좋아하는 강한 사람의 감정에서 직접 나온 개념이며, 따라서 이 개념은 다른 개인에게는 적용되지 않는다. 따라서 "선"과 "나쁨"이라는 개념은 귀족에게서 직접 내려온 것이며, 이 개념들은 그 안에 사회적 구분을 확립하려는 경향을 내포하고 있다.

'죄와 양심의 가책 등등'이라는 제목이 붙은, 두 번째 섹션은 또 다른 중요한 글이다. 니체의 철학적 결론을 낳은 사고 과정을 이해하길 원하는 학생이라면 반드시 읽어야 하는 부분이다. 이 에세이에서 니체는 죄의 기원을 부채에서 찾고 있으며, 이로써 그보다 앞섰던 모든 도덕 계보학자들과 정반대의 입장을 보인다. 니체는 인간의 기억의 탄생과 그에 따른 망각 의지로부터 논의를 시작한다. 그러면서 이 두 가지 정신적 특성에서 책임감이 나왔다는 점을 보여준다. 이 책임감에서 약속을 하고 약속을 받아들이는 기능이 발달했으며, 이 기능은 당장 개인들 사이에 "채무자"와 "채권자"의 관계가 형성되도록 만들었다.

이 관계가 확립되자마자, 어떤 사람이 다른 사람에게 권리를 행사하게 되었다. 채권자는 채무자에게 상환을 강요할 수 있었던 것이다. 이때 상환은 동등한 물질을 받든가 채무자에게 부상을 입히는 것이었다. 이 부상은 당연히 채권자가 만족감을 느끼기 위한 것이었다. 따라서 실제 상환이 불가능한 경우에 채권자는 채무자를 처벌할 권리를 가졌다. 처벌이라는 개념에서 계급 구분뿐만 아니라 원시적인 법까지 시작되었다. 훗날 처벌 권리가 공동체의 손으로 넘어갔을 때, 계약법이 존재하게 되었다. 바로 이 대목에서 "죄"와 "양심" "의무" 같은 관념들로 이뤄진 전체 도덕 세계의 요람이 발견된다고 니체는 말한다. "이 관념들의 시작은 세상의 모든 위대한 것들의 시작과 마찬가지로 철저히, 그리고 지속적으로 피에 젖었다."

채무자와 채권자 관계의 근본을 이루는 원리를 실천하면서 사람들은 공동체를 형성한다. 공동의 혜택과 보호를 받는 대가로, 개인들은 선한 행동을 하겠다고 약속했다. 개인이 공동체와 한 계약을 위반하면, 공동체는 속아서 돈을 잃게 된 채권자의 입장에 서면서 채무자에게, 즉 범죄자에게 복수를 하거나 상환을 강제한다. 그리고 초기의 역사에서 확인되듯이 공동체는 범죄자에게 미래의 혜택과 보호까지 박탈했다. 채무자는 모든 권리를, 심지어 하느님의 은총까지 빼앗겼다. 당시엔 범법 행위에 등급이 전혀 없었기 때문이다. 원시적인 법은 군법이었다. 니체는 이렇게 말한다. "이것이 전쟁 자체가 역사에 나타난 온갖 형태의 처벌을 만들어 내게 된 이유를 보여준다."

훗날 공동체가 힘을 결집함에 따라, 개인 채무자의 비행(非行)이 덜 심각한 것으로 여겨지게 되었다. 공동체가 안전해지면서, 범죄자를 관대하게 대하려는 태도가 생겨난 것이다. 따라서 형법이 약해지게 되었고, 오늘날 강대국에서 확인되는 것처럼 범죄자도 보호를 받기에 이르렀다. 공동체 안에 공동체가 약하다는 자각이 있을 때에만, 개인 위반자들의 행위가 과장되고, 그런 상황에서 법은 대단히 가혹했다. 그러므로 정의와 법적 형벌은 원시시대 개인들 사이의 채무 관계에서 비롯되었다고 할 수 있다. 바로 여기서 우리는 죄의 기원을 보고 있다.

니체는 처벌의 진정한 의미와 처벌과 죄의 관계, 처벌과 공동체의 관계, 처벌이 개인과 사회에 미치는 최종적 효과 등을 규명하기 위해 처벌의 역사를 정밀하게 분석한다. 니체가 이 연구에 워낙 촘촘하고 통합적인 방법으로 접근하기 때문에 그의 말을 통해 이 분석 과정을 전하는 것은 불가능하다. 그래서 나는 그가 처벌의 원인과 효과를 논하고 있는 11쪽 분량의 글을 요약할 생각이다.

우선, 니체는 처벌의 "기원"과 "목적"을 구분하고 그것들을 별도의 독립적인 문제로 다룬다. 그는 이런 주장을 편다. 처벌의 종국적 목적이 보복과 억제라는 점에서 본다면, 어떤 일의 종국적 목적은 반드시 그 일의 기원에 반하고, 모든 힘 또는 원리는 그보다 더 큰 힘들에 의해 새로운 목적에 끊임없이 강제적으로 동원되고 있으며, 따라서 어떤 것이 쓰이는 목적을 근거로 그것의 시작을 판단하는 것은 불가능하다. 그러므로 처벌 "기능"은 처벌을 목적으로 고안된 것이 아니라 온갖 목적에 이용하기 위해 고안되었을 것이다.

이는 권력 의지가 처벌 기능을 압도하면서 처벌을 이용하게 됨에 따라 나타나게 된 현상이다. 요약하면, 처벌도 다른 모든 조직이나 관습 혹은 "제도"처럼 일련의 새로운 해석과 조정, 의미를 거쳤으며, 어떤 목적을 향해 직접적으로 또 논리적으로 곧장 다가가는 것이 아니라는 뜻이다.

이런 기준을 확립한 뒤, 니체는 처벌의 의미를 파악하기 위해 처벌 관행이 이용되고 있는 곳을 분석한다. 그는 현대에도 처벌이 한 가지 목적이 아니라 여러 목적에 이용되고 있다는 사실을 발견한다. 고대의 경우에는 처벌의 용도가 너무나 다양했다. 용도를 다 밝히는 것이 불가능할 정도였다. 사실, 처벌의 명확한 이유를 규명하는 것은 불가능하다. 이 점을 강조하기 위해, 니체는 처벌의 의미를 긴 목록으로 제시한다. 현재 처벌의 효용으로 자주 거론되는 것을 예로 들면서, 니체는 처벌이 그 목적을 달성하는 데 실패하고 있다는 점을 보여준다.

오늘날 처벌의 효용으로 제기되고 있는 예를 한 가지 제시한다면, 비행을 저지른 사람의 내면에 죄의식을 불러일으켜 이 죄의식이 양심의 가책으로 발달하도록 한다는 것이 있다. 양심의 가책을 창조한다는 이 이론에 맞서, 니체는 심리학을 제시하면서 처벌은 정반대로 양심을 무디게 만든다는 점을 보여준다. 그는 또 비행을 저지른 사람이 자신의 죄에 고유한 사악함을 자각하도록 하려는 목적의 처벌은 그 사람을 정화시켜줄 바로 그 행위가 정의를 위해 행해지고 "선"이라 불리기 때문에 실패하게 되어 있다고 주장한다. 처벌의 효과로 추정되었던 것을 이런 식으로 지우면서, 니체는 처벌은 단지 경계심과 비밀만을 조장할 것이기 때문에 해롭다는 결론에 도달한다.

"양심의 가책"의 기원을 분석하면서, 니체는 인용 가능한 방식으로 글을 썼다. 따라서 나는 양심의 역사를 조사하는 니체의 작업 과정을 그의 말을 통해 직접 들려줄 수 있다. 그의 연구 중 이 특별한 부분은 "국가"의 형성으로 이어진다. 그에 따르면, 국가는 "금발의 야수들 무리"에서 나왔다. 옛날의 국가 이론, 즉 계약의 채택으로 국가가 조직되었다는 이론은 정복자들이나 주인들을 소유한 민족들을 다룰 때에는 적절하지 않은 것으로 여겨지며 무시된다. 이 주인들에겐 계약이 전혀 필요 없다고 니체는 주장한다. 연구의 바탕으로 "양심의 가책"을 이용함에 따라, 이타주의가 존재하게 한 원인들이 자유 본능에 이어 나온 자기 학대에 포함되는 것으로 확인된다. (자기 학대는 『도덕의 계보』 마지막 부분에서 금욕적 이상을 논하는 대목에서 충분히 설명된다.)

니체는 신의 탄생까지도 채권과 채무 관계로까지 거슬러 올라가며 더듬는다. 먼저 사람들 사이에 조상에 대한 두려움이 일어났다. 이어서 조상에 대한 의무가 생겨났다. 그러다 마침내 조상에게 제물을 바치던 것이 초자연적인 존재에게 의무(부채)를 진다는 인식으로 발전하기에 이르렀다. 막강한 국가의 조상들은 시간이 흐름에 따라 영웅이 되었다가 최종적으로 신으로 발전했다. 훗날 자연스레 일신교가 나타나게 되었고, 신이 창조주가 되었다. 예수 그리스도의 십자가형이 상징하는 바와 같이, 사람들은 속죄 행위에 채무자와 채권자의 이런 관계를 자기 고문의 길을 통해 더욱 복잡한 방식으로 끌어들였다.

『도덕의 계보』에서 가장 중요한 에세이는 '금욕적 이상들의 의미는 무엇인가?'라는 제목의 마지막 글이다. 니체는 이 질문에 대한 답을 예술가나 철학자, 성직자, 그리고 전반적인 종족과의 관련 속에서 찾으려고 노력한다. 예술가들과의 관계 속에서 이 문제를 검토하면서, 니체는 그 바탕으로 바그너를 이용하고 있다. 바그너 예술의 두 가지 양상을, 다시 말해 '파르지팔' 이전과 이후를 비교한다. 예술가들은 법률로 정한 당국의 지원을 필요로 한다고 니체는 단언한다. 예술가들은 홀로 서지 못하기 때문이다. 예술가들이 "홀로 서는 것은 그들의 깊은 본능에 반한다."고 한다. 그래서 예술가들은 자신의 작품에 권위를 부여할 하나의 성벽으로, 또는 하나의 건축 재료로 금욕주의를 이용한다는 것이다.

금욕적인 이상을 철학자들에게 적용하면서, 니체는 쇼펜하우어와 칸트를 예로 제시하며 이 경우에 금욕은 고문으로부터의 탈출로, 원기회복과 행복에 이르는 수단으로 이용되고 있다고 말한다. 철학자에게 금욕적 이상은 존재를 부정하는 것이 아니라 오히려 존재를 확언하는 것이다. 금욕은 철학자에게 지성의 자유를 허용한다. 금욕은 철학자에게 삶의 수많은 의무로부터 풀려날 기회를 준다. 게다가 철학적인 정신의 소유자는 자신의 입장을 굳건히 지키기 위해서 '이미 확립된 묵상 유형'의 사람으로, 성직자나 예언가로 위장할 필요가 있다는 것을 깨닫는다. 철학은 오직 그런 종교적 가면을 쓸 때에만 진지하게 받아들여지거나 존경을 받을 수 있었다.

성직자의 금욕의 역사는 직접 니체의 말을 통해 전달할 수 있다. 성직자는 병든 민중의 필요를 돌봐주는 병든 의사였다. 성직자의 임무는 고통을 약화시키고 온갖 종류의 위안을 베푸는 것이었다. 그런데 성직자가 그런 임무에 실패하고 있는 이유는 고통의 원인에 다가서려 하지 않고 단순히 고통의 징후만을 다루고 있기 때문이라고 니체는 말한다. 이 고통의 징후들은 사람들 사이에 이따금 나타나는 생리적인 우울의 결과였다. 이 우울은 장기간의 전쟁과 기후가 부적절한 지역으로의 이주, 잘못된 식단, 대규모의 인종 혼합, 질병 등과 같은 다양한 원인의 부산물이었다.

니체에 따르면, 이런 생리적인 현상에 대한 치료는 도덕 심리학의 영역에서만 발견될 수 있다. 왜냐하면 도덕 심리학만이 진정한 지식에 근거한 훈련 체계를 통해 그런 현상의 기원까지 고려하며 해결할 수 있기 때문이다. 그러나 성직자가 채택한 방법은 과학과 거리가 한참 멀었다. 성직자는 삶 자체에 대한 자각을 최대한 낮춤으로써, 다시 말해 금욕과 자기희생, 평정, 자기최면 등의 원리를 통해서 이런 우울증을 해결했다. 삶에 대한 자각을 최소화하면, 우울증이 정상적인 양상을 더 많이 띨 수 있었다. 그러나 이런 치료의 효과는 일시적이다. 왜냐하면 육체적 욕망을 채워주지 않고 육체적 충동 자체를 자제할 경우에 온갖 종류의 정신적 장애와 과잉, 광기가 일어날 터를 닦아 주게 되기 때문이다. 바로 여기에 종교적 무아경과 환상, 그리고 관능적 분출에 대한 설명이 담겨 있다.

금욕적인 성직자들이 우울한 사람들을 위해 고안한 또 다른 형식의 치료는 기독교 규범에서 일을 "축복"하는 결과를 낳았다. 이 성직자들은 기계적인 활동, 즉 노동과 일과(日課), 복종을 확립함으로써 우울한 사람들이 자신의 고통에 쏟던 관심을 다른 곳으로 돌려놓으려 했다. 병든 사람은 축성 받은 노동에 몰입하면서 자신을 망각했다. 성직자들은 또 기쁨의 창조를 통해 쾌락을 즐기도록 허용함으로써 우울증을 퇴치했다. 말하자면, 성직자들은 사람들 사이에 형제애라는 개념을 불어넣음으로써 그들이 서로를 돕고 위로하도록 만들었다. 그렇게 함으로써 공동체는 스스로를 강화함과 동시에 성직자가 축성한 봉사의 즐거움이라는 결실을 거둬들일 수 있었다. 이 마지막 방법에서 기독교 미덕들 중 많은 것이, 특히 자기 자신보다 타인을 이롭게 하는 미덕들이 나왔다.

무기력화와 노동, 형제애 같은 방법들은 니체에 의해 우울을 퇴치하는 싸움에 동원된 "순진무구한" 처방으로 불린다. "죄의식"을 건드리는 처방은 이와 아주 다르며, 한 가지 방법, 즉 정서적 과잉 상태를 조성하는 것으로 이뤄진다. 이것이 만성적 우울과 고통을 극복하는 데 가장 효과적인 방법이라고 성직자들은 이해했다. '어떤 수단으로 정서적 과잉 상태를 이룰 것인가?'라는 문제 앞에서, 성직자들은 "인간의 개집 안에서 사납게 날뛰고 있는 사냥개 무리", 즉 분노와 공포, 정욕, 복수, 희망, 절망, 잔혹 등을 이용했다. 이 정서적 과잉 상태가 확립되기만 하면, 성직자들은 "환자들"로부터 그들의 고통에 대한 "원인"이 무엇인가라는 질문을 받을 때마다 그 원인은 그들의 내면에 있다고, 인간의 원죄에 있다고 선언했다. 이리하여 병든 사람이 죄인으로 바뀌게 되었다. 바로 여기서 고통이 처벌의 한 상태라는 인식과 징벌에 대한 공포, 사악한 양심,

속죄에 대한 희망이 나왔다. 니체는 한 걸음 더 나아가며 이 같은 치료 방법에 이어 개인적 및 민족적 쇠퇴가 따랐다는 점을 보여준 다. 오스카 레비(Oscar Levy) 박사(프리드리히 니체를 연구한 독일의 의사이자 저술가(1867-1946)/옮긴이)는 성직자가 분노와 불행에 시 달리는 사람을 대하는 태도에 비춰볼 때 이 마지막 에세이가 "사람 들이 성직을 존중하는 심리의 배경을 밝히는 데 가장 큰 기여를 한 에세이 중 하나"라고 말한다.

니체는 이렇게 말했다

보다 높은 종족이 느끼는 고귀한 감정과 거리감(距離感), … 상습적 이고 전제적인 '단결심', 그리고 보다 높은 지배적 종족이 "하위 종 족", 즉 천한 종족과 연합하려는 근본적인 본능, 이것이 선과 나쁨이 라는 대립물의 기원이다.

기사 귀족의 "가치"들은 육체적인 것에 대한 숭배에, 생명을 유지하 는 데 필요한 그 이상으로 팔팔하고, 풍요하고, 넘치기까지 하는 건강 에, 전쟁과 모험과 사냥, 춤, 결투에, 요약하면 강인하고 자유롭고 즐거운 행위에 포함되는 모든 것에 근거하고 있다. 성직 귀족의 가치 평가는 이와 다른 전제에 근거하고 있다. 전쟁 문제가 제기될 때, 이 가치 평가의 기준은 성직 귀족에게 대단히 나쁘다. 그럼에도 성직자들은 잘 알려진 바와 같이 최악의 적이다. 왜? 그들이 가장 허약한 사람들이기 때문이다.

노예 도덕은 그 존립을 위한 조건으로 외부의 객관적인 어떤 세계를 필요로 한다. 생리학적인 용어를 빌리면, 노예 도덕이 작동하기 위해선 객관적인 자극이 필요하다는 뜻이다. 노예 도덕의 작동은 근본적으로 반응이다. 귀족의 가치 체계는 이와 정반대이다. 귀족의 가치 체계는 저절로 행동하고 성장한다. 귀족의 가치 체계는 단지 자기 자신에게 더욱 의기양양하게 "예스"라고 선언하기 위해 선과 나쁨이라는 대립물을 추구할 뿐이다.

귀족적인 인간은 "선"이라는 근본 개념을 스스로 자발적으로 생각해 내고, 그 선을 바탕으로 "나쁨"이라는 개념을 스스로 만들어낸다. 귀족적인 기원을 가진 이 "나쁨"과 불만스런 증오의 가마솥에서 나오는 "악"은 똑같이 "선"이라는 개념과 반대되는 성격을 갖고 있음에도 서로 성격이 많이 다르다. 전자는 일종의 모방이고 "추가적"이며 부가적인 미묘한 차이인 반면에, 후자는 노예 도덕 개념에서 처음 시작하고, 독창적이며, 근본적인 행위가 된다.

이런 귀족적인 종족들의 핵심에서, 먹잇감과 승리를 갈구하는 장엄한 금발의 야수를 알아차리지 못하는 일은 절대로 있을 수 없다. 이 숨겨진 핵심은 수시로 배출구를 필요로 했으며, 그러면 맹수는 다시 풀려나 광야로 돌아가야 한다. 로마와 아랍, 독일, 일본의 귀족, 호메로스의 영웅들, 스칸디나비아 바이킹은 똑같이 이런 필요를 느끼고 있다. 지나온 길에 '야만인'이라는 개념을 남긴 사람들이 바로 귀족적인 종족들이다. 그들이 남긴 가장 우수한 문명에도 이런 야만에 대한 자각과 심지어 그에 대한 긍지까지 드러나고 있다.

오늘날 무엇이 우리로 하여금 "인간"을 혐오하게 하는가? 틀림없이, 우리가 "인간"으로 인해 고통을 받고 있기 때문이다. 그것은 공포가 아니다. 우리가 인간을 더 무서워해야 할 이유는 없다. "인간" 벌레가 맨 앞에 나타나고 있기 때문이다. "길들여진 인간", 비참하리 만큼 평범하고 자신을 계발하려는 노력을 전혀 하지 않는 생명체가 자신을 하나의 목표로, 하나의 정점으로, 하나의 내적 의미로, 하나의 역사적 원리로, 하나의 "보다 높은 인간"으로 여기는 것을 배웠기 때문이다.

유럽인을 왜소화하고 평준화시키는 현상에 우리의 최대 위험이 도사리고 있다. 왜냐하면 우리를 지치게 만드는 것이 바로 이런 전망이기 때문이다. 오늘날엔 더욱 위대해지기를 원하는 것이 전혀 보이지 않는다. 언제나 그 과정이 거꾸로 향하고 있다. 말하자면 보다 약하고, 보다 무해하고, 보다 교활하고, 보다 안락하고, 보다 평범하고, 보다 무관심하고, 보다 중국인 같고, 보다 기독교적인 무엇인가를 추구하고 있는 것이다.

강한 것에게 스스로를 강하게 표현하지 말라고 요구하는 것은, 다시 말해 강한 것이 압도하려는 소망이나 전복하려는 소망, 주인이 되려는 소망, 적과 반목과 승리를 향한 갈망을 품어서는 안 된다고 말하는 것은 약한 것에게 스스로를 강한 것으로 표현하라고 요구하는 것만큼이나 터무니없다. 힘의 크기는 곧 운동과 의지, 행위의 크기이다.

보복하지 않는 무능력은 "선"으로 통하고, 비굴한 야비함은 온화함으로 통하고, 미워하는 사람들에게 복종하는 것은 순종으로 통한다. 약한 자의 비공격적인 성격, 약한 자의 소심, 문 앞에 서서 기다리는 태도 등은 여기서 "미덕"으로 불리는 "인내" 같은 멋진 이름을 얻는다. 직접적으로 보복하지 못하는 무능력은 보복하지 않으려 하는 마음으로, 아마 용서로 불릴 것이다.

구석에 처박혀 속삭이고 있는 사람들과 화폐 위조자들은 서로 가까이 웅크리고 앉아 체온을 따뜻하게 유지하려고 노력하면서 자신들의 비참은 신이 내린 은혜로 영예로운 일이라는 식으로 말하지만, 이를테면 사람이 대단히 귀여워하는 강아지를 때리는 것과 같다는 식으로 말하지만, 그들은 의문의 여지없이 비참하다. 그럼에도 그들에겐 그런 비참도 아마 하나의 준비이고, 시험이고, 훈련일 것이며, 미래의 언젠가 엄청난 이자와 함께 금으로, 아니 행복으로 보상받을 것으로 여겨질 것이다. 그것을 그들은 "축복"이라 부른다.

두 가지 대립적인 가치들, 즉 "선과 나쁨"과 "선과 악"은 세상 속에서 천년 동안 치열한 싸움을 벌였다. 두 번째 가치가 틀림없이 오랫동안 우위를 지켜왔음에도 불구하고, 투쟁의 승패가 아직 결정되지 않은 곳이 없지 않다. 그 사이에 투쟁은 점점 더 고조되고 치열해져 갔으며, 더욱더 심리학적인 방향으로 흘렀다. 그래서 오늘날엔 보다 고차원적이거나 심리학적인 본성을 보여주는 표시로 사람이 자기모순의 상태에 빠져 대립적인 가치들의 격전장이 되고 있는 사실보다 더 결정적인 것은 없다. 지금까지 역사를 내려오면서 읽을 가치가 있는 글로 꼽히는 어느 글에서 이 싸움은 상징적으로 "유대에 반대하는 로마, 로마에 반대하는 유대"로 불린다. 지금까지 그 문제를, 그 치명적인 대립을 부각시킨 이 싸움보다 더 중대한 사건은 없었다. 로마는 유대인들 사이에서 부자연스런 것의 화신을, 로마인들과 정반대인 어떤 괴물 같은 것을 보았다. 로마에서 유대인은 전 인류를 증오하는 죄를 지은 것으로 여겨졌는데, 인간 종의 행복과 미래를 귀족적인 가치들, 다시 말해 로마의 가치들의 무조건적 지배와 연결시키는 것이 옳다면 그런 시각은 정당했다. 거꾸로, 유대인들은 로마에 대해 어떤 반감을 품었을까? 수많은 징후들을 바탕으로 유대인의 감정을 짐작할 수 있지만, 복수심을 폭발시킨 글로서 불쾌하기 짝이 없는 '요한 묵시록'을 떠올리는 것만으로도 충분할 것이다.

선과 악을 넘어서, 그것은 어쨌든 "선과 나쁨을 넘어서"와 같지 않다.

책임이라는 탁월한 특권에 대해 자랑스럽게 생각하고, 귀한 자유를, 자기 자신과 운명을 지배할 줄 아는 능력을 높이 평가하던 의식은 그 사람의 내면 맨 아래 밑바닥으로 가라앉아 하나의 지배적인 본능이 되었다. 그 사람은 이 지배적인 본능에 대해 어떤 말이라도 할 경우에 거기에 어떤 이름을 붙일까? 의심의 여지없이, 주도적인 삶을 사는 그 사람은 그것을 양심이라 부를 것이다.

현재의 도덕 계보학자들은 예를 들어서 "해야 한다"(ought)라는 근본적인 도덕적 개념이 대단히 물질적인 개념인 "빚지다"(owe)에서 비롯되었다는 식으로 막연히 생각하지 않았는가? 혹은 처벌이 의지의 자유나 결정 같은 예비적인 전제와 아무런 관계없이 보복으로 발달했다고 막연히 생각하지 않았는가? 그 같은 인식이 아주 강했다. 그래서 동물적인 인간이 "고의" "과실" "우연" "책임" 등과 이런 것들과 반대되는 개념을 구분하면서 형량에 반영할 수 있기까지, 높은 수준의 문명이 필요했다. "나쁜 짓을 한 사람은 처벌을 받아 마땅하다. 왜냐하면 그가 다른 방식으로 행동할 수 있었기 때문이다."라는 식의 생각은 오늘날의 시각으로 보면 너무나 분명하고, 자연스럽고, 불가피하고, 정의의 감정이 세상에 나타난 길을 보여주는 것으로 여겨질 수 있지만, 이 사상은 실은 아주 늦게 나타났으며, 인간의 판단과 추론이 세련된 다음에야 나타나게 되었다. 그런 사상을 세상이 시작될 때 생겨난 것처럼 여기는 것은 원시 심리학의 원리들을 무시하는 처사가 될 것이다.

고통 받는 장면은 그것을 지켜보는 사람에게 도움이 되며, 고통을 당하는 것은 그보다 더 큰 도움이 된다. 이것은 가혹한 격언이지만, 그럼에도 불구하고 근본적인 격언으로서 역사가 깊고, 강력하고, "인간적이고, 너무나 인간적"이다. 아마 원숭이들도 이 격언에 수긍할 것이다. 왜냐하면 원숭이들이 기이한 잔혹성을 고안해내면서 장래 인간의 모습을 예측하게 하는 증거를 많이 제시하는 것으로 여겨지기 때문이다. 말하자면, 원숭이들이 인간의 서곡을 연주한다고 할 수 있다. 잔인성이 가미되지 않은 축제는 절대로 없다고, 또 처벌에도 축제적인 요소가 아주 많다고 인간의 오랜 역사는 가르치고 있다.

천국들이 인간 위를 덮고 있는 어둠은 인간이 자신에 대해 느끼는 수치심이 깊어지는 것과 비례해서 짙어졌다. 지친 듯한 염세적인 관점, 생명의 수수께끼에 대한 의심, 지긋지긋한 권태에 대한 부정(否定) 등. 이 모든 것은 인간 종족이 더없이 사악한 시대를 맞고 있다는 점을 보여주는 조짐들이 아니다. 그보다는 늪이 생겨날 때 늪에 사는 꽃이 자연스럽게 겉으로 드러나듯이, 이런 것들도 먼저 현재의 모습 그대로 낮의 빛에 스스로를 드러내고 있다고 보는 것이 타당하다. 이런 것들 덕분에 "동물적인 인간"은 마침내 자신의 모든 본능을 부끄러워하는 것을 배울 수 있었다.

인간이 고통을 느끼는 민감성을 나타내는 곡선은 사람이 최고로 문명화된 상층부의 사람 1만 명 혹은 1,000만 명을 넘어서기만 하면 갑자기 아래로 급격히 하강하는 것 같다. 나는 개인적으로 그 점에 대해 전혀 의문을 품지 않는다.

인간은 "모든 것은 가치를 지니며, 모든 것은 대가를 받을 수 있다."
는 식으로 일반화하는 중대한 시점에 이르렀다. 이것은 정의(正義)에
관한 도덕적 규범 중에서 가장 오래되고 가장 순진한 규범이며, 모든
"친절"과 모든 "평등", 모든 "선의", 모든 "객관성"이 거기서 시작되
었다.

정의의 자기파괴! 이것이 스스로를 부르는 멋진 이름을 우리는 알고
있다. 자비이다. 자비는 틀림없이 가장 강력한 자들의 특권이며 그들
의 슈퍼-법(法)이다.

능동적인 인간은 항상 보다 강하고, 보다 대담하고, 보다 귀족적이며,
보다 자유로운 견해를, 보다 선한 양심을 보여 왔다. 한편, 자신의 양
심 위에다가 "양심의 가책"을 덧입힌 사람은 원한을 품고 있는 사람
이다.

본질적으로 옳은 것과 본질적으로 잘못된 것에 대해 이야기하는 것
은 완전히 터무니없는 짓이다. 본질적으로, 침해와 억압, 착취, 전멸
도 전혀 잘못된 것이 아니다. 생명 자체가 기본적으로 피해를 입히고,
억압하고, 착취하고, 전멸시킴으로써 기능하는 그 무엇이기 때문이
다. 이런 성격에 비춰보면, 본질적으로 옳거나 잘못된 것 운운하는 것
은 말이 되지 않는다.

수천 년의 세월을 지나오는 동안에, 악행을 저지른 사람들은 형벌을

받게 될 때 자신의 "범행"에 대해 꼭 스피노자가 말한 것처럼 느꼈다. "나의 예상과 정반대로 일이 잘못되었구나 하는 느낌이 들지, 내가 이 행위를 하지 말았어야 하는데 하는 느낌은 들지 않는다." 악행을 저지른 사람들은 마치 어떤 질병에 걸리거나 불운이나 죽음에 복종하듯이 체념의 운명론을 받아들이면서 처벌을 따랐다. 이런 운명론은 오늘날까지도 예를 들어 러시아인들이 서양인들보다 삶을 더 잘 다루도록 이끌고 있다. 만약 그 당시에 행위에 대한 비판이 있었다면, 그 기준은 신중이었다. 처벌의 실제 효과는 틀림없이 주로 신중을 더 예리하게 다듬고, 기억력을 높이고, 주의와 의심과 비밀의 방침을 더 많이 채택하려는 의지를 키우는 쪽으로 나타날 것이다. 또 각자의 능력 밖에 있는 것들이 아주 많다는 점을 인정하고 자기비판 능력을 향상시키는 쪽으로도 나타날 것이다. 인간과 짐승을 처벌함으로써 거둘 수 있는 광범한 효과들은 공포의 증대, 교활함의 강화, 욕망에 대한 통제 등이다. 그래서 처벌은 인간을 길들일 수는 있어도 인간을 "보다 훌륭한" 존재로 만들지는 못한다.

밖으로 발산할 기회를 발견하지 못한 모든 본능은 안으로 향한다. 이것이 내가 점증하는 인간의 "내면화"라고 부르는 것이 의미하는 바이다. 그리하여 인간의 내면에서 최초의 성장이 일어나며, 이것은 훗날 영혼이라 불린다. 처음에 두 개의 피부 층 사이에 퍼져 있는 것처럼 얇았던 전체 내면세계는 폭발하듯 팽창하면서, 외부로 향하는 배출구가 방해를 받게 될 때 그 깊이와 폭과 높이를 더하게 되었다. 이런 무시무시한 방호물들(처벌도 당연히 이 방호물에 속한다)을 갖고,

사회 조직은 옛날의 자유 본능으로부터 스스로를 보호했는데, 이 방호물들 때문에 거칠고, 자유롭고, 배회하는 인간의 온갖 본능들이 인간 자신을 표적으로 삼게 되었다. 적의(敵意), 잔인성, 그리고 박해나 기습, 변화, 파괴에서 얻는 희열 등은 이 본능들이 본능의 소유자에게 해롭게 작용한 결과 나타나게 된 것들이다. 바로 이것이 "양심의 가책"의 기원이다.

금발 야수들의 무리, 다시 말해 정복자와 주인 종족이 온갖 호전적인 조직과 조직력을 바탕으로 어떤 인구 집단에 무서운 발톱을 세우며 덤벼든다. 이 인구 집단은 숫자는 월등히 더 많지만 형태가 없고 아직 유목민의 상태이다. 그런 것이 "국가"의 기원이다. 국가가 어떤 계약을 맺음으로써 시작되었다는 그런 공상적인 이론은 폐기되어야 한다. 지휘할 수 있는 사람, "천성적으로" 주인인 사람, 설득력 있는 행동이나 몸짓으로 돌연 두드러지는 사람, 그런 사람이 계약과 무슨 관계가 있단 말인가? 그런 존재들은 신중한 계획 같은 것을 무시하고, 명분도 이유도 변명도 통보도 없이 운명처럼 나타난다. 그들은 개인적으로 미운 감정을 불러일으키기에는 너무나 무섭고, 너무나 돌발적이고, 너무나 설득력 있고, 너무나 "다른" 존재이다. 그들의 일은 본능적으로 형식을 창조해내는 것이며, 그들은 대단히 본능적이고 무의식적인 예술가들이다.

이타심이 하나의 가치로 존재하는 데 필요한 조건을 제공하는 것은 오직 양심의 가책이며, 자기를 학대하려는 의지이다.

신에게 빚을 지고 있다는 감정은 몇 세기 동안 지속적으로 커져만 왔다. 그 속도는 신이라는 관념과 신에 대한 자각이 인류 사이에 퍼지는 것과 비례했다. … 지금까지 소개된 신들 중에서 최고의 신인 기독교 신의 등장은 바로 그런 이유로 세상에 가장 많은 양의 죄의식을 불러 일으켰다.

이것이야말로 심리적 잔인성이라는 영역에서 벌어지고 있는 일종의 의지의 광기인데, 이런 일은 지금까지 유례가 없었다. 인간이 영원히 처벌을 받아야 할 만큼 스스로 죄를 지었다는 점을 인정하려 드는 의지, 인간이 처벌이 없었는데도 스스로 벌을 받았다고 생각하려는 의지, 인간이 "고착된 사상들"의 미로에서 빠져나올 길을 영원히 잘라 버리기 위해 처벌과 죄의 문제로 우주의 근본적인 바탕을 훼손시키려 드는 의지, 인간이 자신의 무가치함을 뒷받침할 어떤 이상을, "성스러운 신"이라는 이상을 세우려 드는 의지. 아, 어쩌나 미쳐버린 이 짐승 같은 인간을!

금욕주의적 이상은 무엇을 의미하는가? 예술가들에겐 아무런 의미를 지니지 않거나 매우 많은 의미를 지닐 수 있으며, 철학자와 학자들에겐 지적 추구에 가장 호의적인 조건을 찾아내는 일종의 "직감"과 본능을 의미한다. 여자들에게 금욕적 이상은 기껏 유혹의 힘을 발휘할 추가적인 매력이며, 아름다운 육체에 곁들여지는 약간의 부드러움이고, 포동포동한 동물의 천사 같은 귀여움이다. 생리적으로 실패한 사람들과 투덜대는 사람들(대다수의 인간이 여기에 속한다)에게 금욕적 이상은 이 세상에 "대단히 선한" 존재로 비치려는 시도이며, 고통과 권태와 맞서 싸우는 싸움에서 그들의 중요한 무기가 되는, 성스러운 형식의 방종이다. 성직자들에게 금욕주의적 이상은 그들의 실제 신앙이고, 권력의 최고 원동력이며, 권력을 뒷받침하는 최고의 권위이다. 마지막으로, 성자들에게 금욕주의적 이상은 동면(冬眠)을 위한 구실이며, 무(無) 안에서의 평화이고, 그들 나름의 광기이다.

모든 선한 것은 한때 나쁜 것이었다. 모든 원죄로부터 원래의 미덕이 생겨났기 때문이다. 예를 들어, 결혼은 오랫동안 공동체의 권리를 해치는 죄로 여겨졌으며, 남자는 자신이 어느 한 여자를 오롯이 요구하는 오만에 대해 벌금을 물었다.

부드럽고 자비로운 양보, 동정적인 감정은 결국엔 아주 높이 평가받으면서 거의 "본질적으로 가치를 지니는 것"으로 여겨지게 되었지만, 이런 특성을 가진 사람들도 아주 오랫동안 경멸의 대상이 되었다. 그 시절엔 관대한 것도 수치의 대상이었다. 냉담이 오늘날 수치의 대상이 되고 있는 것처럼 말이다.

금욕주의적 이상은 쇠퇴하는 삶의 특징인, 예방적이고 자기보호적인 본능에서 비롯된다. 쇠퇴하는 삶은 동원 가능한 온갖 수단을 다 써서 현재의 위치를 지키고 존속하기 위해 싸운다. 그런 삶은 부분적으로 생리적 장애와 피로가 일어나고 있다는 점을 암시하며, 이 생리적 장애와 피로에 맞서, 그때까지 건드려지지 않은 상태에 있던 깊은 본능까지 나서서 새로운 무기를 들고 끊임없이 싸우고 있다. 금욕적인 이상은 바로 그런 새로운 무기이며, 따라서 이 이상의 위치는 그것을 숭배하는 사람들이 상상하는 것과 정반대이다. 생명이 이 이상 안에서, 그리고 이 이상을 통해서 죽음과 맞서 싸우고 있는 것이다. 그렇듯, 금욕적 이상은 생명 보존을 위한 한 교묘한 방법이다.

금욕적인 성직자는 다른 종류의 존재, 다른 차원의 존재에 대한 소망을 구체화하고 있다. 금욕적인 성직자는 사실 이 소망의 정점에 서 있으며, 이 소망의 공개적인 황홀경이고 열정이지만, 금욕적 성직자를 이곳에 묶어두고 있는 것은 바로 족쇄인 이 소망의 힘이다. 이 소망의 힘이 그를 하나의 도구가 되어 세속적인 존재를 위해, 인간 차원의 존재를 위해 보다 나은 조건을 창조하도록 이끌고 있다. 그는 또 이 소망의 힘을 바탕으로, 실패하거나 뒤틀렸거나 좌절하거나 불행하거나 온갖 문제로 고통을 받는 사람들 모두가 생존에 집착하도록 만드는데, 이때 금욕적 성직자는 본능적으로 목자로서 앞으로 나선다.

병든 사람이 인간의 가장 심각한 위험이다. 사악한 사람이나 "맹수"가 아니다. 처음부터 망가지고, 억압당하고, 불완전한 사람들은 병든 사람들이며, 그들이 가장 약한 존재이다. 인간을 떠받치고 있는 생명의 토대를 허물고, 그 대신에 생명과 인간과 우리 자신에 대한 믿음 속으로 위험하기 짝이 없는 독과 회의(懷疑)를 주입하는 사람들이 바로 그들이다.

병든 사람이 건강한 사람을 병자로 만들지 못하도록 막는 것, 그것이 이 세상에서 가장 중요한 목표가 되어야 한다. 그러나 이를 위해선 무엇보다 건강한 사람들이 병든 사람들과 반드시 분리되어야 한다. 그렇게 함으로써 건강한 사람들이 병든 사람들의 시선으로부터 스스로를 지키고 병든 사람들과는 결합조차 하지 않을 수 있어야 한다. 아니면 간호사나 의사가 되는 것이 그들의 임무가 되어야 하는 것일까? 그러나 그들은 자신들의 임무를 오해하거나 부정하지 못할 것이다. 보다 높은 사람들은 낮은 사람들의 도구로 스스로를 전락시켜서는 안 되며, 거리감이 그들의 임무를 영원히 분리시킬 수 있어야 한다. 행복한 것이 존재할 권리, 다시 말해 거의 완벽한 소리를 내는 종(鐘)들이 누릴 수 있는 권리는 불협화음을 내는 종들보다 정말이지 천 배는 더 크다. 완벽한 종들만이 미래를 확실히 보장하며, 그들만이 인간의 미래를 짊어질 수 있다.

금욕적인 성직자는 병든 무리들의 구원자와 목자, 대변자로 받아들여져야 한다. 그러면 우리는 먼저 금욕적인 성직자의 역사적 사명을 이해할 수 있게 된다.

"내가 힘들어하는 것은 다른 누군가의 잘못 때문이야." 병든 양은 모두 이런 식으로 생각한다. 그러나 그의 목동인 금욕적 성직자는 그에게 이렇게 말한다. "어린 양이여, 그게 사실이라네. 누군가의 잘못인 것이 틀림없지. 그런데 그 누군가가 바로 그대 자신이라네. 그것은 그대 한 사람만의 잘못이라네. 그것은 그대 자신이 그대에게 저지른 잘못이라네." 이것은 대단히 뻔뻔하고 대단히 잘못되었지만, 그로 인해 적어도 한 가지는 성취되었다. 내가 말한 바와 같이, 분노가 나아갈 경로가 바뀐 것이다.

병에 걸렸거나 약한 모든 사람들은 억눌리는 듯한 불편과 약한 느낌을 털어내기 위해 본능적으로 군집 조직을 추구하고, 금욕적 성직자는 이런 본능을 꿰뚫어보며 촉진시킨다. 그래서 무리가 있는 곳마다, 허약한 사람들의 본능이 무리를 원하고 성직자들의 영리함이 무리를 조직한다. 똑같이 자연스런 필요에 의해, 강한 사람들은 약한 사람이 결합을 추구하는 것만큼 강하게 고립을 추구한다. 강한 사람들이 서로 결합하는 경우는 공동 행동을 공격적으로 펴거나 권력 의지를 충족시키려 할 때 뿐이다. 이런 경우에는 권력 의지가 그들의 개인적인 양심의 소망보다 더 크다. 이와 반대로, 약한 사람들은 그런 집합에 긍정적인 기쁨을 느끼며 함께 움직인다. 약한 사람들의 본능은 그런 집단적인 움직임에 크게 만족한다. "타고난 주인"의 본능들이 조직에 의해 금방 방해를 받고 상처를 입는 것과 정반대로.

금욕적 성직자가 인간 영혼의 섬세한 조직에 온갖 종류의 괴롭거나 황홀한 음악을 연주할 때 그 바탕으로 삼는 으뜸음은 모두가 잘 알고 있는 바와 같이 "죄책감"이었다.

금욕적 이상과 그런 이상에 대한 최상의 도덕적 숭배. 그러니까 정서적 과잉 상태를 일으키는 온갖 방법 중에서 가장 독창적이고 무모하고 위험한 이런 식의 조직화는 대부분 인간의 전체 역사에 무시무시하게, 절대로 망각되지 않을 만큼 깊이 새겨져 있다. 그런데 불행하게도 역사에만 그런 조직화가 있었던 것이 아니다. 나는 유럽인들의 건강과 종족의 효율성에 이 이상보다 더 파괴적인 힘을 발휘한 요소를 제시할 수 없었다. 금욕적인 이상은 유럽인의 건강의 역사에 하나도 과장하지 않고 '진정한 재난'이라 불릴 만하다.

금욕적 이상은 건강과 취미만 망쳐놓은 것이 아니다. 금욕적 이상이 망쳐놓은 것은 이 외에도 세 번째, 네 번째, 다섯 번째, 여섯 번째 등 무수히 많다. 그래도 목록을 제시하지는 않을 것이다(그런데 과연 목록의 끝은 있을까?).

한 국가에서 학식이 높은 사람들이 출중해 보이는 시기가 있다. 그때는 종종 소진의 시기이고, 일몰의 시기이고, 쇠퇴의 시기이다. 활력넘치는 힘과 생명의 자신감, 미래에 대한 확신이 더 이상 없는 시기이다. 관료들의 우위도 아무런 도움이 되지 않는다. 민주주의의 도래, 전쟁 대신 중재, 여성 평등권, 동정의 종교, 쇠락하는 생명의 다른 징후들이 아무런 도움을 주지 않는 것이나 마찬가지이다.

금욕적인 이상은 간단히 이런 의미이다. 무엇인가가 결여되어 있었고 어마어마한 허공이 인간을 둘러싸고 있었지만, 인간은 자신을 정당화하는 방법을, 자신을 설명하는 방법을, 자신을 긍정하는 방법을 모른 채 자기 자신의 의미 문제 때문에 고통을 겪었다는 뜻이다. 인간은 또 다른 길로도 고통을 겪었다. 인간은 대체로 병든 동물이었지만, 인간의 문제는 고통 자체가 아니라 "어떤 목적으로 고통을 겪는가?" 라는 결정적인 질문에 대한 대답을 갖고 있지 못한 데에 있었다. 대단히 용감하기도 하고 고통에도 아주 익숙한 동물인 인간은 고통 자체를 거부하지 않는다. 인간은 고통을 기꺼이 감내하려 한다. 아니, 의미 있는 고통으로 여겨지면, 고통을 찾아 나서기도 한다. 그때까지 고통의 목적이라는 문제가 저주처럼 인간을 짓누르고 있었다. 그런데 금욕적 이상이 고통에 어떤 의미를 부여하고 나섰다. 그때까지 금욕적 이상이 부여한 의미가 고통의 유일한 의미였지만, 어떤 의미든 무의미보다는 나은 법이다. 그런 상황에서 금욕적 이상은 어쩔 수 없는 선택이었다. 그 이상에 고통에 대한 어떤 설명이 있었으며, 이로써 어마어마한 간극이 매워진 것처럼 보였으며 자살적인 허무주의로 이어지던 문이 닫히게 되었다. 틀림없이, 이 설명은 새로운 고통을, 보다 깊고, 보다 통렬하고, 보다 해롭고, 보다 잔인하게 생명을 갉아먹는 고통을 수반했다. 이 설명은 모든 고통을 죄를 바탕으로 했으나, 그런 모든 것에도 불구하고 인간은 그것에 의해 구조되었으며 어떤 의미를 갖게 되었다. 그 이후로 인간은 더 이상 바람 앞에 흔들리는 나뭇잎 같은 존재도 아니었고, 깃털공처럼 이리저리 휘둘리는 존재도 아니었고, 운이나 터무니없는 일에 휩쓸리는 존재도 아니었다. 인간은 이제 자신이 원한 수단을 갖고, 목적이나 지향과는 아무런 관계가 없는 무엇인가를 "의도할" 수 있었다. 의지 자체가 구조되었던 것이다. 금욕적 이상에서 뻗어 나온 모든 의지가 분명하게 드러내고 있는 모든 것을 가리고 덮는 것은 절대로 불가능하다. 인간적인 것에 대한 증오, 동물적인 것에 대한 더욱 깊은 증오, 물질적인 것에 대한 더더욱 깊은 증오, 감각들에 대한 공포, 이성 자체에 대한 공포, 행복과 아름다움에 대한 두려움, 그리고 망상과 변화, 성장, 죽음, 소망, 심지어 욕망으로부터도 즉각 벗어나기를 바라는 이 갈망. 감히 이해하려 든다면, 이 모든 것들은 무(無)를 향한 의지이고, 생명에 반하는 의지이고, 생명의 가장 근본적인 조건을 부정하는 것이지만, 그것은 의지이고 하나의 의지로 남아 있다. 마지막 부분에서 처음 시작하면서 한 말을 다시 한다면, 인간은 아무것도 원하지 않는 것이 아니라 무(無)를 원할 것이다.

8장

—

우상의 황혼

『도덕의 계보』에 이어, 니체는 '파르지팔'의 창조자를 혹평한 그 유명한 팸플릿 '바그너의 경우'를 썼다. 공격적인 이 글을 발표한 직후, 그는『권력 의지』를 위한 또 다른 예비적인 책을 쓰기 시작했다. 그 타이틀로 그는 처음에 '어느 심리학자의 게으른 시간들'로 정했다. 얇은 이 책이 이미 인쇄에 들어간 상태에서 그는 제목을 '우상의 황혼'(Götzendämmerung)으로 바꾸었다. 바그너의 '신들의 황혼'(Götterdämmerung)을 패러디한 것이었다. 부제로 그는 자신과 아주 잘 어울리는 문구, '망치로 철학하는 방법'을 넣었다. 이 책의 글은 아주 빨리 쓰였다. 1888년 8월에 단 며칠 만에 완성되었다. 9월에 원고가 출판사에 넘겨졌지만, 인쇄하는 동안에 니체는 '독일인들이 결여하고 있는 것'이라는 제목의 장을 더하고 '시대와의 전쟁에서 벌인 전투들'이라 불리는 장에 몇 개의 아포리즘을 더했다. 1889년 1월에 책이 나왔다.

당시에 니체는 심각한 병에 걸려 있었으며, 이 책이 그의 생전에 출간된 마지막 작품이었다. 『우상의 황혼』을 쓴 직후인 1888년 가을에 쓴 『적그리스도』도 이미 마무리된 상태였다. 그의 자서전인 『이 사람을 보라』도 1888년 10월에 쓰였다. 12월에 니체는 다시 바그너에게 관심을 주면서 자신의 전작들에서 발췌한 글을 묶은 팸플릿 '니체 대(對) 바그너'를 다듬었다. '바그너의 경우'를 보완할 뜻이었던 이 작품은 저자가 최종적으로 정신적 붕괴를 겪기 전에 인쇄되고 수정되었지만 1895년까지 출판되지 않았다. 『적그리스도』는 이 두 번째 바그너 관련 책자와 함께 발표되었지만, 『이 사람을 보라』는 1908년까지 출판이 보류되었다. 『우상의 황혼』은 9,000부가 팔렸으나, 니체의 정신이 이미 너무 흐려져 있었기 때문에 그가 마침내 자신이 진가를 발휘하게 되었다는 사실을 알지도 못했고 또 그런 일에는 신경도 쓰지 않았다. 그렇게 오랫동안 그를 거부했던 대중이 마침내 그의 위대함에 눈을 뜨기 시작했는데도, 그건 그와 상관없는 일이 되어 버렸다.

『우상의 황혼』은 여러 모로 니체의 가장 탁월한 책 중 하나이다. 문장이 아주 탄탄하기 때문에, 이 책은 다른 분석적인 글에 비해 대단히 간결하고 명쾌하다. 그렇다고 해서 상당한 준비를 갖추지 않고 읽을 수 있는 그런 논문은 아니다. 『차라투스트라는 이렇게 말했다』를 제외한다면, 이 책은 니체의 다른 어떤 책보다 독자들에게 많은 것을 요구한다.

『우상의 황혼』은 대부분 그의 전작들에서 벌인 힘든 도덕적 연구에서 직접적으로 나오는 결론과 논평으로 이뤄져 있으며, 학생들에게 엄청난 양의 독서를 요구한다. 니체의 글뿐만 아니라 다른 일반적인 철학서를 읽은 학생이라야만 이 책을 무난하게 읽어 낼 수 있다. 그러나 이런 준비를 갖추기만 하면 누구에게나 이 책은 『선과 악을 넘어서』와 『도덕의 계보』같이 촘촘하게 조직된 책들보다 더 흥미롭게 다가올 것이다. 니체의 철학 중에서 중요한 내용치고 이 책에서 발견되지 않는 것은 거의 없다. 니체의 전체 가르침을 간결하게 표현하기 위해서라면, 나는 이 책보다 더 훌륭한 책이 없다고 생각한다. 그의 자서전 『이 사람을 보라』의 한 단락을 근거로 판단한다면, 니체 본인은 이 책을 그의 전체 도덕 체계에 대한 진술로 계획했던 것 같다. 그는 아마 '권력 의지'라는 엄청난 원리에 착수하기 전에 독자들이 자신의 철학의 모든 단계들과 친숙해지도록 하기 위해 앞서 했던 연구들의 중요한 자료를 모두 제시할 뜻을 품었던 것 같다. 논쟁적이기보다 해설적이기 때문에, 이 책은 오해와 엉터리 해석에 노출되어 있다. 이 책엔 얼핏 모순되어 보이는 내용들이 있다. 니체가 그런 결론에 이르면서 거치게 된 단계들을 추적하지 않았거나 인간 행동을 설명하는 일부 단어들의 정확한 의미를 모르는 학생들에겐 충분히 혼란을 안겨줄 만한 부분이다.

오해를 부를 수 있는 성격의 다른 특징도 이 책에서 만나게 될 것이다. 실제로 보면 심오한 개념들을 나타내고 있음에도 단순히 교묘하게 재주를 부린다는 인상을 주는 구절도 많다. 니체의 내적 진지함을 모르는 독자는 이런 구절을 오직 표면적 가치로만 받아들일 것이다. 첫 장을 구성하는 44개의 경구적 표현 중에서, 나는 독자들에게 피상적인 특징들로만 판단될 수 있을 것 같다는 우려 때문에 3개만을 골랐다. 이 책의 다른 경구들 중에도 그런 식의 편협한 판단을 부를 것들이 아주 많다.

이 책의 두 번째 장인 '소크라테스의 문제들'도 그 난해함 때문에 준비되지 않은 학생에게 많은 어려움을 안긴다. 이 부분은 소크라테스의 이상들에 대한 비판이며, 따라서 이 부분을 지적으로 파악하기 위해선 폭넓은 일반 지식뿐만 아니라 편견을 뿌리 뽑고 인습적인 도덕 개념들을 뿌리 뽑는 훈련을 특별히 받을 필요가 있다. 이 훈련은 파괴적인 내용을 담은 니체의 책들을 면밀히 읽음으로써만 가능하다. 소크라테스의 권력에 대한 설명, 이 고대 철학자가 교묘하게 민중을 영광스럽게 하는 행위에 대한 비판, 소크라테스가 은밀한 매력을 발휘하는 이유, 소크라테스의 죽음으로 절정에 이르는 그의 정신적 발전에 대한 해석 등등. 이 모든 것은 니체 철학의 근본적인 요소들에 뿌리를 두고 있는 심오한 비판이다. 그러나 이 책은 그 뿌리가 아주 깊은 만큼 그의 철학을 뿌리부터 넓게 펼친 모습으로 보여준다. 더욱이, 소크라테스에 대한 비판은 니체의 전체 사고를 관통하고 있는 원리들에 의지해야만 대답할 수 있는 어떤 특별한 문제를 제기한다. 마찬가지로, '철학에서의 이성'이라는 장은 『선과 악을 넘어서』에서 다룬 조사의 측면에서 봐야만 이해가 가능하다.

'4가지 위대한 오류'라는 제목의 장에서, 니체는 수 세기 동안 내려오면서 엄청난 영향력을 행사한, 일련의 믿음들을 뿌리 뽑는다. (1)원인과 결과를 혼동하는 오류 (2)엉터리 인과관계의 오류 (3)

가상의 원인들의 오류 (4)자유 의지의 오류가 그것들이다. 니체의 철학을 완전히 받아들이기 위해선 이 오류들을 뿌리 뽑는 것이 필요하다. 그러나 이 오류를 논의하는 현 단계까지 오기 전에 있었던 엄청난 양의 비판을 모르는 사람이라면 그 오류들에 반대하며 제기하는 섬세한 논거와 유추를 따라가기가 극히 어려울 것이다.

첫 번째 오류, 즉 원인과 결과를 혼동하는 오류를 어떤 식으로 타파하는지를 간단히 보여주고자 한다면, 나는 그 대목에 나오는 유추를 하나 제시할 수 있다. 기독교 도덕은 사람이 악과 사치 때문에 죽는다고 가르친다. 말하자면 이 두 가지 조건이 인종의 쇠퇴를 낳는 원인이라는 것이다. 이에 대한 니체의 항변은 어느 민족이 생리적으로 쇠퇴하는 쪽으로 향하고 있을 때 나타나는 악과 사치는 기진맥진한 천성들이 채택한 자극을 가장하고 있는 것에 지나지 않는다는 것이다. 이로써 기독교인의 양심이 원인들에 대한 오해에서 발달한다는 것이 드러나며, 이 오류가 도덕이 서 있는 바로 그 토대에 어떤 식으로 영향을 미칠 수 있는지도 드러난다. 여기서 나는 결론만 언급할 것이다. 이 결론으로 이끄는 이유들을 알기 위해선 책을 직접 읽어야 한다.

니체는 어떤 행동의 동기를, 심리학자들과 자연과학자들이 가르치는 대로 행동에 대한 책임을 포함하고 있는 "의식의 내적 사실들"에서 찾기를 거부한다. 의지 자체는 동기를 일으키는 힘이 아니며, 의지는 보다 깊은 다른 원인들의 결과라고 니체는 주장한다. 두 번째 오류인 엉터리 인과관계를 다루는 대목에서 그가 논하는 것이 바로 이런 내용이다. 가공의 원인들에 관한 세 번째 오류를 비판하면서, 니체는 우리가 설명되지 않은 어떤 사실을 익숙한 원인으로 돌림으로써, 말하자면 그 사실을 아주 흔한 어떤 원인으로 돌림으로써 얻는 위안을 지적한다. 그래서 일상적인 병이나 고통, 또는 도덕 영역으로 넘어갈 경우에 불행이나 설명 불가능한 운명 등이 그럴 듯한 원인들로 설명된다. 그 결과, 원인들을 명백히 드러나는 것으로 돌리려는 습관이 정신의 습관으로 굳어지게 된다. 원인들을 찾아내는 작업이 연구자의 정신적 특징에 좌우된다는 점에서 보면, 특히 도덕과 종교의 영역에서 원인들의 절대다수는 거짓이다. 자유 의지의 오류를 니체는 신학자들이 인간에게 행동에 대한 책임을 지도록 하고, 그래서 인간을 처벌하려고 노력한 탓으로 돌린다. 나는 이 오류에 대한 설명으로 니체의 말을 그대로 제시할 수 있다. 이 장의 끝부분에 나올 것이다.

이 책에서 가장 긴 장인 '시대와의 전쟁에서 벌인 전투들'에서, 니체는 인간과 예술, 인간의 속성에 대한 놀라운 비판을 아주 간결하게 제시하고 있다. 니체는 이 대목에서 정신의 명징과 표현 방식에서 최고의 면모를 보인다. 니체의 펜에서 나온 마지막 글 중 하나인 이 장은 그의 본성이 성숙했음을 보여주고 있으며, 누구도 간과해서는 안 되는 중요한 부분이다. 니체 철학 전체를 자기 시대의 상황에 적용하는 내용도 있다. 니체의 책에 담긴 구절 중에서 가장 널리 읽히고 있는 구절이 여기에 많이 포함되어 있다.

그러나 이 책도 마찬가지로 『차라투스트라는 이렇게 말했다』의 경우처럼 문체의 표면적 현란함 때문에 일반 독자들의 손에 다른 책들보다 먼저 집힌다는 점이 유감이라면 유감이다. 니체의 도덕의 바탕에서 작용하는 원리들을 잘 모르는 일반 독자는 졸라(Emile Zola)를 "냄새 풍기는 일에 대한 사랑"이라고 규정하거나, 조르주 상드(George Sand)를 "아름다운 우유를 풍부하게 가진 젖소"라고 특징짓거나, "차(茶) 상인이나 기독교 신자, 젖소, 여자들, 영국인과 다른 민주주의 옹호자들"을 같은 부류로 묶는 것을 보면서 단지 대담하면서도 사악한 경솔함만을 볼 것이다. 그럼에도 니체가 필생의 역작을 남길 때까지 이런 발언을 감히 하지 않았다는 사실은 중요하다.

이 장에서, 르낭(Ernest Renan)과 생트뵈브, 조지 엘리엇(George Eliot), 조르주 상드, 에머슨, 칼라일, 다윈, 쇼펜하우어, 괴테를 비롯한 다른 유명한 남녀들에 대해 논한 내용이 들어 있다. 그러나 이 저자들에게 할애한 짧은 에세이들에서 우리는 단순히 객관적인 평가 그 이상을 볼 수 있다. 그 모든 비평 아래로 명확한 철학적 원리에 바탕을 둔 판단의 논리적 근거가 보인다. 예술과 예술가들에 대해 논하는 데에도 많은 지면이 할애되고 있는데, 여기서도 똑같은 판단의 근거가 확인된다. 사실 『우상의 황혼』은 니체가 제시하는 예술 이론과 미학 원리의 대부분을 포함하고 있다. 그는 예술가의 심리를 규정하고, 예술에 적용되는 두 가지 개념을, 말하자면 아폴론적인 개념과 디오니소스적인 개념을 구분한다. 그는 아름다움과 추함의 의미를 분석하고 이 특징들의 개념이 민족의 본능과 어떤 식으로 연결되는지를 보여준다. 그는 또한 "예술을 위한 예술"이라는 원칙을 조사하며, 이 원칙에서 예술이 그 목적을 이루지 못한다는 점을 지적한다. "천재성"에 대한 소중한 설명도 제시된다. 세대들의 축적된 힘이 한 국가의 위대한 사람들을 통해 밖으로 터져 나오고, 이 위대한 인물들이 르네상스의 예처럼 한 시대에 종지부를 찍는다는 이론을 설명하는 대목에 나온다.

'시대와의 전쟁에서 벌인 전투들'이라는 장에서 가장 의미 있는 에세이는 어느 비평가가 『선과 악을 넘어서』에 대해 서평을 쓰면서 현 세대가 오래된 문명보다 더 탁월하다고 주장한 데 대해 답장 형식으로 쓴 것이다. 니체는 이 에세이를 '우리가 도덕적인가?'라고 부르며 당시의 미덕과 고대의 미덕을 비교한다. 그는 오늘날 낡아빠진 인도주의와 허약함의 원리가 없다면 우리가 르네상스를 지배했던 그 조건을 정신적으로나 육체적으로 더 잘 버틸 수 있었을 것이라는 점을 부정한다. 그는 우리의 도덕이 노쇠의 도덕이라는 점을 지적하면서 허약하고 빈곤한 사람들의 필요를 충족시키도록 발명된 도덕규범을 준수한 결과 우리가 정신적으로나 육체적으로 약해졌다고 주장한다. 우리의 미덕은 우리의 약함에 의해 결정되고 자극받는다고 그는 말한다. 그래서 우리가 노예 도덕을 존경하게 되었으며, 이 도덕 중에서 가장 두드러진 것이 바로 평등 원리라는 것이다.

생명의 모든 긍정적인 힘이 쇠퇴하는 것에서 니체는 오직 종족의 쇠퇴를 본다. 이 점에서, 이 쇠퇴와 관련 있는 단락 중 하나에 주목할 필요가 있다. 말하자면 그가 아나키스트를 "쇠퇴하는 사회 계층의 대변자"로 보는 대목이다. "아나키스트"라는 명칭이 니체에게 자주 적용되었다. 니체를 그런 존재로 보는 사람들은 그의 글을 피상적으로 읽었거나 왜곡된 소문으로만 그를 알고 있는 사람들이다. 나는 이 대목에 나오는 니체의 글보다 아나키스트의 동기나 아나키스트의 약점을 더 예리하게 분석한 글을 아직 모른다. 또 나는 니체를 아나키스트라고 비판하는 사람들에 대한 대답으로 이 구절에 포함된 비판보다 더 훌륭한 것을 보지 못했다.

'내가 고대인들에게 빚지고 있는 것들'이라는 제목의 마지막 장에서, 니체는 자신의 원리와 문학적 경향을 고무한 원천에 대해 대략적으로 소개하고 있다. 이 장은 니체의 글에 영향을 미치고 있는 요소들을 파악하기를 원하는 학생들에게만 중요하다. 그런 이유로 나는 그 장을 인용의 대상에서 제외시켰다.

니체는 이렇게 말했다

남자는 여자가 심오하다고 생각한다. 왜 그럴까? 남자가 여자의 속 깊은 곳에 닿지 못하기 때문이다. 여자는 얕지조차 않다.

밟힌 벌레는 움츠린다. 이것은 벌레의 신중함을 증명한다. 그렇게 함으로써 벌레는 다시 밟힐 확률을 낮춘다. 도덕의 언어로 말하면, 그걸 겸손이라고 부른다.

교회는 온갖 종류의 파문(破門)을 통해 열정을 물리친다. 교회의 관행과 교회의 "치료"는 거세(去勢)다. 교회는 "어떻게 하면 욕망을 고상하게 다듬고, 미화하고, 신성시할 수 있을까?"라는 질문은 절대로 제기하지 않는다. 교회는 그 많은 시대를 거치는 동안에 훈련의 중심을 근절(관능성과 긍지, 지배욕, 물욕과 복수 등의 근절)에 두어 왔다. 그러나 열정을 그 뿌리부터 공격하는 것은 생명 자체를 그 원천부터 공격하는 것이나 마찬가지이다. 교회의 방식은 생명에 해롭다.

오직 쇠퇴한 사람만이 근본적인 방법이 불가피하다고 깨닫는다. 의지의 약함, 더 엄밀히 말해 어떤 자극에 반응하지 못하는 무능력은 그 자체로 또 다른 형태의 쇠퇴일 뿐이다. 관능성에 근본적으로 적대적인 것은 의심스런 징후이다. 관능성에 적대적인 태도는 그런 식으로 극단적인 방향으로 흐르고 있는 그 사람의 전반적인 상태를 의심하도록 만든다.

사람은 대립적인 본능들을 풍부하게 갖고 있는 한에서만 생산적일 수 있다. 사람은 영혼이 일들에 무신경해지지 않거나 평화를 갈망하지 않는 상태에서만 젊음을 유지할 수 있다.

모든 자연주의는 도덕이다. 말하자면 모든 건전한 도덕은 생명 본능의 지배를 받는다는 뜻이다. 생명의 법칙은 어느 하나 예외 없이 "해야 한다"거나 "해서는 안 된다"는 식의 명확한 규범에 의해 성취되며, 따라서 생명의 길에 놓인 온갖 종류의 장애나 적대적인 요소들은 깨끗이 치워져야 한다. 거꾸로, 자연에 반하는 도덕, 즉 지금까지 가르쳐졌고, 중요하게 여겨졌고, 설파되었던 거의 모든 도덕은 생명 본능과 정면으로 맞서고 있다.

지금까지 이해된 그대로라면, 도덕이란 쇠퇴 본능 그 자체이며, 쇠퇴 본능은 저절로 하나의 명령으로 바뀐다. 쇠퇴 본능은 "소멸하라!"라고 명령한다. 그것은 가뜩이나 가망 없는 사람들에게 내려진 사형 선고나 다름없다.

도덕은 원래 생명의 목표나 배려나 동기에서 나온 것이 아니라 처벌하기 위해 생겨났다. 그렇기 때문에 도덕은 형용할 수 없을 만큼 많은 피해를 끼친 특별한 오류이고, 또 쇠퇴한 자들의 한 특성이다. 따라서 도덕에 대해 누구도 동정심을 느껴서는 안 된다.

어떤 의미에서든 실수는 예외 없이 의지가 붕괴할 정도로 본능이 쇠퇴한 결과이다. 바로 이것이 악의 정의라 해도 무방하다.

도덕과 종교는 각각 오류의 심리학의 일부를 이루고 있다. 이 분야의 개별적인 모든 사례에서, 원인과 결과가 혼동되고 있다.

오늘날 우리는 "자유의지"라는 개념에 더 이상 자비를 베풀지 않는다. 우리는 자유의지에 대해 너무나 잘 알고 있다. 그것은 인간이 신학적인 방향으로 "책임"을 지도록 할 목적으로 나온 신학적 계략 중에서 가장 악명 높은 계략이다. 말하자면, "자유의지" 개념이 인간을 신학자들에게 의지하도록 만든 최악의 계략이었다는 뜻이다.

의지의 원리는 주로 처벌할 목적으로, 즉 죄를 추적할 목적으로 고안되었다. 고대 심리학 또는 의지의 심리학은 예외 없이 그 창시자, 다시 말해 고대 공동체의 우두머리이던 성직자가 자신을 위해서 처벌할 권리를, 아니면 신이 그렇게 할 권리를 창조하길 원했다는 사실에서 나온 결과물이다. 인간에게 죄를 덮어씌우기 위해선 인간들이 "자유로운" 존재로 여겨져야 했다.

어느 누구도 더 이상 책임을 지지 않고, 존재의 본질이 '제1원인'으로 거슬러 올라가지도 않으며, 세상이 하나의 감각중추로서도 단일체가 아니고 하나의 정신으로서도 단일체가 아니라는 사실, 바로 이거야 말로 위대한 해방이며, 이 한 가지로 인해 생성(Becoming)의 순수함이 회복된다. … "신"이라는 개념은 지금까지 인간 존재에게 가장 큰 장애로 작용해 왔다. … 우리는 신을 부정하고, 우리는 신 앞에서의 책임을 부정한다. 그럼으로써 우리는 세상을 구원한다.

도덕적 판단과 종교적 판단은 이런 공통점을 갖고 있다. 두 가지 판단이 똑같이 실재하지도 않는 실체를 믿고 있다는 점이다. 도덕은 단지 어떤 현상에 대한 해석에 지나지 않는다. 보다 엄밀히 말하면, 현상에 대한 엉터리 해석이 도덕이다. 도덕적 판단은 종교적 판단과 마찬가지로 무지의 단계에 있다. 실재하는 것과 상상 속의 것을 구분하는 현실 개념조차도 아직 확립되어 있지 않으니 ….

교회가 가장 두드러져 보였고 특히 동물원과도 같았던 중세 초기에, "금발 야수"의 가장 아름다운 예들은 온 사방으로부터 사냥을 당했다. 예를 들면, 고귀한 게르만인은 "향상"되었다. 하지만 유혹에 끌려 수도원으로 들어간 게르만인은 "향상"된 후 어떤 모습이 되었는가? 수도원에 들어간 게르만인은 인간을 희화한 존재 같았고 실패자처럼 보였다. 그는 "죄인"이 되었고, 새장 같은 곳에 갇혔으며, 일단의 무시무시한 개념들에 묶여 버렸다. 그는 거기에 드러누워 있었으며, 병에 걸렸고, 비참했고, 심지어 자기 자신에게조차도 악의를 품고 있었다. 그런 상태에서 그는 생명의 본능에 대해 혐오감을 잔뜩 품고, 강하고 행복한 모든 것들에게 의심을 눈길을 보내고 있었다. 한 마디로, "기독교 교도"가 되었던 것이다. 생리학적 용어로 표현한다면, 동물과 싸울 때 그 동물을 약화시키는 유일한 방법은 병들게 하는 것이다. 이 점을 교회는 잘 이해하고 있었다. 그리하여 교회는 인간을 망가뜨리고, 인간을 허약하게 만들었다. 그렇게 해놓고는 교회는 인간을 "향상시켰다"고 주장했다.

지금까지 인간을 도덕적인 존재로 만든다는 목표에 동원된 수단은 모두 철저히 비도덕적이었다.

내가 도저히 용납하지 못하는 자들. 미덕의 투우사, 세네카(Seneca). 불순한 상태로의 자연 회귀, 루소. 재킹엔의 도덕 나팔수, 실러

(Friedrich Schiller). 무덤에서 시를 짓는 하이에나, 단테(Dante Alighieri). 난해한 등장인물, 칸트. 난센스라는 바다의 등대, 위고 (Victor Hugo). 여자들을 뒤쫓는 학교, 리스트(Franz Liszt). 아름다운 우유를 풍부하게 가진 젖소, 상드. 셔츠 바람의 격식 차리지 않는 열 정, 미슐레(Jules Michelet). 식사 후 소화불량 상태의 페시미즘, 칼라 일. 불쾌한 명쾌함, 존 스튜어트 밀. 호메로스와 싸우는 두 명의 아이 아스(Ajax: 그리스 신화 속의 영웅/옮긴이) 공쿠르(Goncourt) 형제. 오펜바흐(Jacques Offenbach)의 음악. 악취 풍기는 일에 대한 사랑, 졸라.

예술이 가능하려면, 즉 심미적인 유형의 행동과 지각이 존재하려면, 예비적인 어떤 생리적 상태가 반드시 필요하다. 바로 황홀경이다. 이 황홀 상태가 먼저 기계 전체의 감수성을 강화할 수 있어야 한다. 그렇 지 않으면 어떠한 예술도 가능하지 않다. 모든 종류의 황홀경은 그것 이 생겨난 방식과 상관없이 예술을 창조하는 힘을 지니고 있으며, 가 장 거룩하고 가장 원시적인 형태의 황홀경인 성적 흥분에 따른 상태 는 그런 힘을 특히 많이 발휘한다. 모든 강력한 욕망과 모든 강력한 열정의 산물로 나타나는 황홀경도 마찬가지이다. 그런 예를 든다면, 축제의 황홀경과 경기장의 황홀경, 용감한 행동에 따른 황홀경, 승리 의 황홀경, 모든 극단적인 행위에 따른 황홀경, 잔인성의 황홀경, 파 괴의 황홀경, 어떤 기상의 영향에 따른 황홀경, 예를 들면 봄철의 황 홀경, 마약 복용에 따른 황홀경, 마지막으로 의지의 황홀경, 즉 축적 된 의지력의 홍수로 인해 일어나는 황홀경이 있다.

내가 두 가지 명백한 유형의 황홀경을 나타내는 용어로 미학에 소개한 대립적 개념인 아폴론적인 요소와 디오니소스적인 요소는 무엇을 의미하는가? 아폴론적인 황홀경은 무엇보다 눈을 자극하는 힘이 되며, 그래서 이 황홀경은 시각의 힘을 얻는다. 화가와 조각가, 서사 시인은 기본적으로 공상적이다. 한편 디오니소스적인 상태에서는 열정 체계 전체가 자극을 받고 강화되며, 그래서 이 상태는 온갖 표현 수단을 다 동원해서 한꺼번에 스스로를 방출시킨다. 표현과 모방, 변형 등의 능력을 연기력과 함께 분출시키는 것이다.

그 유명한 "생존 투쟁"에 대해 말하자면, 내가 볼 때 현재로선 그것이 하나의 사실이기보다는 가정인 것 같다. 생존 투쟁이 일어나긴 하지만 예외적으로 일어날 뿐이다. 생명의 일반적인 조건은 결핍이나 기근의 조건이 아니라 부(富)의 조건이고, 풍요의 조건이며, 심지어 불합리한 낭비의 조건이다. 투쟁이 있는 곳엔 권력을 노린 투쟁이 있다.

가장 지적인 사람들이 가장 용기 있는 사람이기까지 하다면, 그들은 몹시 고통스런 비극을 경험하게 된다. 그러나 그들은 바로 그런 사실 때문에 삶을 영광스럽게 생각한다. 왜냐하면 삶이 그들로 하여금 삶의 보다 무서운 측면을 직시하게 하기 때문이다.

아나키스트가 쇠퇴하는 사회 계층의 대변자로서 분개하면서 "권리"와 "정의", "평등권"을 위해 목소리를 높일 때, 그는 단지 자신의 무지 때문에 투덜거리고 있는 것에 지나지 않는다. 그는 무지한 탓에 자신이 고통을 겪는 진짜 이유를 제대로 이해하지 못하고 있다. 그의 빈곤이 왜 생겨났는지를, 그리고 그의 빈곤이 곧 생명의 빈곤이라는 것을 알지 못하고 있는 것이다.

자신의 운명을 탓하는 것은 언제나 경멸스런 짓이다. 그런 탓은 언제나 약함의 결과이다. 자신의 불행을 다른 사람의 탓으로 돌리든 자신의 탓으로 돌리든, 두 가지 행태는 다를 게 하나도 없다. 사회주의자는 자신의 처지를 남의 탓으로 돌리고, 기독교인들은 자신의 탓으로 돌린다. 두 가지 태도에 공통적인 것은, 혹은 두 가지 태도에서 똑같이 비열한 것은 어떤 사람이 고통을 당하면 다른 누군가가 반드시 비난을 받아야 한다는 생각이다. 요약하면, 고통을 받는 자가 자신의 고통을 누그러뜨리기 위해 복수라는 꿀로 스스로를 달래는 것이 비열한 짓인 것이다.

내세가 "현세"에 흙탕물을 튀길 수단이 아니라면 꼭 이 세상 너머에 있어야 하는 이유가 무엇이겠는가?

"이타적"인 도덕, 말하자면 이기심을 시들게 만드는 도덕은 어떤 상황에서도 나쁜 신호이다. 이것은 개인들, 특히 민족들에게도 그대로 통하는 말이다. 이기심이 결여되기 시작할 때, 최선의 것도 결여된다. 본능적으로 자신에게 해로운 것을 선택하는 것, "무관심한" 동기에 유혹 당하는 것, 이런 것들이 바로 쇠퇴의 공식이다. "자신의 이익을 진정으로 생각하지 않는 것", 이것은 단지 매우 다른 어떤 생리적 사실을 숨기고 있는 도덕적인 무화과 잎일 뿐이다. 그 생리적 사실이란 "나는 나의 관심을 끌 만한 것을 찾는 방법을 더 이상 모른다."는 것이다. … 본능의 붕괴! 인간은 이타적인 존재가 되면 끝장이다.

사람은 더 이상 당당하게 살지 못하게 될 때 당당하게 죽어야 한다. 죽음은 자유롭게 선택되어야 한다. 적절한 때의 죽음은 자식들과 다른 목격자들에게 둘러싸인 가운데 의식이 명료한 상태에서 즐겁게 죽는 것이다. 적절히 작별을 고할 수 있고, 떠날 사람이 아직 정신이 또렷하고, 자신이 삶에서 성취했고 또 의도했던 것을 평가할 수 있을 뿐만 아니라 삶 자체의 가치를 종합적으로 정리할 수 있는 때에 죽음이 이뤄져야 한다. 이 모든 것은 기독교가 죽음의 시간을 묘사한 무시무시한 코미디와는 정반대이다. 기독교가 죽어가는 사람의 양심을 훼손할 정도로 그 사람의 약함을 악용한 점을 우리는 절대로 용서해서는 안 된다. 또는 기독교가 사람이 죽어가는 방식을 그 사람과 그의 과거를 평가하는 수단으로 이용한 점을 우리는 절대로 용서해서는 안 된다. 온갖 비겁한 편견에도 불구하고, 무엇보다 이 측면에서 소위 자연적인 죽음의 생리학적 측면을 복원시키는 것이 우리의 의무이다. 현재는 자연사조차도 완전히 "부자연스런" 것으로 여겨지며 자살과 다름없는 것으로 받아들여지고 있다. 사람은 자신의 책임이 아닌 다른 존재의 책임에 의해서 죽어서는 안 된다. 확실한 것은 대단히 경멸스런 상황에서 일어나는 죽음, 자유롭지 않은 죽음, 그릇된 시기에 일어나는 죽음은 겁쟁이의 죽음이라는 점이다. 사람은 자신이 생명에 품었던 바로 그 사랑에서 겁쟁이의 죽음과 다른 죽음을 원해야 한다. 말하자면, 자유롭고, 신중한 죽음이 되어야 하며 우연적인 죽음이거나 돌발적인 죽음이 되어서는 안 된다. 마지막으로, 우리의 친구들 염세주의자들과 쇠퇴하는 자들에게 조언을 한 마디만 하고 싶다. 우리에겐 자신이 태어나지 못하도록 막을 힘은 없다. 그러나 태어난 것 자체가 실수일 때가 간혹 있는데 우리가 마음만 먹으면 이 실수는 바로잡을 수 있다. 스스로를 제거하는 자는 아주 높이 평가받을 만한 행동을 하고 있는 것이다. 그 사람은 그렇게 함으로써 살 자격을 거의 갖추게 된다.

적대감을 일으키는 본능들과 의심을 일으키는 본능들의 쇠퇴는 생명력의 전반적인 쇠퇴에 따른 결과 중 하나일 뿐이다. 그런데도 이런 본능의 쇠퇴를 우리는 진보라고 부른다. 그런 식으로 의존적이고 노쇠한 존재를 영위하기 위해선 백배나 더 많은 노고와 신중함이 필요하다. 그런 상황에서는 모두가 나머지 모든 사람들에게 도움의 손길을 내밀어야 하고, 모두가 어느 정도는 병자이거나 병자를 돌보는 입장이 된다. 이것이 "미덕"이라 불리고 있다. 이와 다른 삶을, 말하자면 보다 충만하고 보다 대범하고 보다 풍성한 종류의 삶을 아는 사람들 사이에서 그것은 다른 이름으로 불릴 수 있다. 아마 "비겁"이나 "비열", "늙은 여인의 도덕"으로 불릴 것이다.

시대들은 각각의 긍정적인 힘들에 따라 평가되어야 한다. 이 기준을 바탕으로 평가하면, 천재가 많고 중요했던 르네상스 시대는 최후의 위대한 시대처럼 보이는 반면, 자기 자신을 불안한 마음으로 돌보고 이웃을 사랑해야 하는 현대인은 근면과 평등, 과학적 방법 등 삼가는 태도를 미덕으로 여기면서 집단과 경제, 체계에 대한 욕망을 보이면서 나약한 시대를 대표하고 있다.

자유주의, 그것은 노골적으로 말하면 인간을 동물의 무리로 만드는 것이다.

자유란 자신에 대해 책임을 지려는 의지이다. 자유란 우리를 다른 사람들로부터 떼어놓을 거리를 두는 것이다. 고난과 가혹, 박탈, 심지어 삶 자체에 더욱 무디어지는 것이 자유이다. 자신의 대의를 위해서 자신은 물론이고 다른 사람들을 희생시킬 준비가 되어 있는 것이 자유이다. 자유는 전쟁과 승리에서 기쁨을 느끼는 박력 있는 본능이 다른 본능들을, 예를 들면 "행복" 본능을 지배하는 것을 의미한다. 자신의 자유를 쟁취한 사람은, 따라서 자신의 자유를 쟁취한 정신은 차(茶) 상인이나 기독교 신자, 젖소, 여자들, 영국인들과 다른 민주주의 옹호자들이 꿈 속에서 숭배하는 그런 경멸할 만한 안락을 무자비하게 짓밟는다. 자유로운 사람은 한 사람의 전사이다.

연애결혼에 더욱 관대해짐에 따라, 결혼을 하나의 제도로 만들고 있는 결혼의 토대 자체가 훼손되었다. 지금까지 어떠한 제도도 특이한 성격 위에 확립되지 않았으며 앞으로도 마찬가지일 것이다. 내가 말한 바와 같이, 결혼은 "사랑"을 바탕으로 하지 못한다.

위대한 인간들은 위대한 시대처럼 거대한 힘이 축적되어 있는 폭발물과 비슷하다. 위대한 인간들이 존재하는 첫 번째 조건은 언제나 역사적이고 생리적이다. 위대한 인간들은 언제나 오랜 시대에 걸쳐 폭발하지 않고 축적되어 있던 에너지를 이용한 결과물이다. 긴장이 충분히 과도해지면, 아주 우발적인 자극도 "천재성"과 "위대한 행위"와 중대한 운명을 세상 속으로 끌어낼 수 있다.

범죄자 유형은 강한 사람과 불우한 조건이 결합한 유형이고, 병든 강한 사람이다. 범죄자 유형은 보다 자유롭고 보다 위험스런 존재와 천성의 한 형태인 야생적이고 야만적인 상태를 결여하고 있다. 말하자면 강한 사람의 본능에서 방패와 칼의 역할을 하는 모든 것이 결여되어 있는 것이다. 사회는 강한 자의 미덕들을 금지시키고, 그러면 강한 사람에게 고유한 활기찬 본능들이 즉시 억압적인 열정과 의심, 두려움, 불명예와 결합하게 된다. 이것은 거의 생리적 쇠퇴를 부르는 비결이나 다를 바가 없다. 어떤 사람이 자신에게 가장 적절한 무엇인가를, 가장 하고 싶어 하는 무엇인가를 은밀히, 그리고 불안 속에서 조심스럽게 해야 할 때, 그 사람은 빈혈증을 보이게 된다. 그리고 그 사람이 자신의 본능에 대해 위험이나 박해, 불행 등으로 보상해야 하는 한, 그의 감정까지도 이 본능에 반하는 쪽으로 움직이기 시작한다. 그러면 그 사람은 자신의 본능을 치명적인 것으로 여기게 된다. 길들여지고 평범하고 거세된 우리 사회에서, 산이나 바다에서 모험을 하다가 우리에게로 오는 길들여지지 않은 자연의 아들은 필연적으로 범죄자로 전락하게 되어 있다. 혹은 거의 필연적으로 그렇게 된다. '거의'라는 단어를 굳이 넣은 것은 그런 사람이 사회보다 더 강력한 모습을 보이는 예가 더러 있기 때문이다. 그런 예로는 코르시카 섬의 나폴레옹이 가장 유명하다.

성직자가 최고 유형의 인간으로 통했던 한, 모든 가치 있는 종류의 인간은 낮게 평가되었다. … 성직자가 가장 낮은 유형으로, 우리의 찬달라(Chandala: 시신을 다루는 사람을 일컫는 산스크리트어 단어/옮긴이)로, 가장 불명예스런 부류의 인간으로 여겨져야 하는 때가 다가오고 있다. 이를 나는 자신 있게 말할 수 있다.

선한 모든 것은 상속된 것이다. 상속되지 않은 것은 불완전하며, 그것은 단지 하나의 시작일 뿐이다.

육체를 경멸하는 경향이 있는 기독교는 지금까지 인류에게 닥친 가장 큰 불행이었다.

나도 "자연으로의 회귀"에 대해 이야기한다. 그러나 내가 말하는 자연으로의 회귀는 돌아가는 것이 아니고, 고상하고 자유롭고 심지어 무섭기까지 한 자연과 자연성으로 더 높이 올라가는 것이다. 위대한 과업들을 갖고 놀 수 있고 또 갖고 노는 그런 자연으로 말이다.

평등 원리라고! … 그러나 이 원리보다 더 치명적인 독은 없다. 왜냐하면 이 원리가 정의의 입술에서 나오는 것처럼 보이지만 실은 커

튼으로 모든 정의를 가려버리기 때문이다. … "동등한 자에게는 동등을, 동등하지 않은 자에게는 불평등을!" 이것이 정의의 진정한 외침이다. 여기서 당연히 "동등하지 않은 것을 절대로 동등하게 만들지 마라."라는 가르침이 나온다. 이 평등 원리와 관련해서 그렇게 무서운 공포가 조성되고 그렇게 많은 피가 뿌려졌다는 사실이 특히 이 "현대적인 사상"에 불과 영예의 후광을 안겨주었으며, 그 결과 하나의 드라마로서 혁명이 아주 고귀한 정신의 소유자들까지도 속일 수 있었다.

9장

—

적그리스도

『적그리스도』(독일어 제목: Der Antichrist)는 1888년 9월에 쓰였
다. 틀림없이, 집필이 『우상의 황혼』을 출판사로 보낸 직후에 시작
되었을 것이기 때문이다. 『적그리스도』의 창작에는 길어야 몇 주일
밖에 걸리지 않았다. 그 전의 책이 9월 7일까지 마무리되지 않았는
데 이 책이 10월 이전에 완성되었으니 말이다.

　이 시기에 니체는 글쓰기에 속도를 높이고 있었다. 그가 시간이
조금이라도 날 때마다 글쓰기에 전념한 것으로 보아서 신경쇠약이
곧 닥칠 것 같다는 예감이 들었던 것 같다. 1888년 가을은 그의 삶
에서 글쓰기를 가장 왕성하게 한 때였다. 『우상의 황혼』과 『적그리
스도』『니체 대 바그너』『이 사람을 보라』가 1888년 늦여름과 이듬
해 초 사이에 완성되었다. 이 외에도 니체는 미래의 책들을 위해 노
트를 많이 남기고 상당한 양의 교정쇄를 읽었다. 그러나 『적그리스

도』는 1888년에 완성되었음에도 니체가 글쓰기를 영원히 그만두고 6년이 지난 1894년 말까지도 출간되지 않았다. 이때 니체의 정신이 아주 흐릿해져 있었기 때문에, 그는 이 책의 출간에 대해 알지도 못했고 신경도 쓰지 않았다. 이 책은 '니체 전집' 13권으로 나왔으며, 니체의 전집은 1894년 말에 출간되었음에도 날짜는 이듬해로 했다.

『선과 악을 넘어서』와 『도덕의 계보』 『우상의 황혼』처럼 니체의 최종적 철학 체계의 일부를 이루는 『적그리스도』는 그의 노트에 담긴 자료를 근거로 판단할 때 '모든 가치들에 대한 재평가'라는 제목으로 낼 책의 첫 부분으로 쓰인 것 같다. 실제로 니체는 '모든 가치들에 대한 재평가'를 완료한 뒤에 쓸 생각이었던 자신의 '대표작'의 제목을 놓고 '모든 가치들에 대한 재평가'로 할 것인지 '권력 의지'로 할 것인지 고민했다. 그는 최종적으로 자신의 대작의 제목을 '권력 의지'로 정했으며, '모든 가치들에 대한 재평가'를 부제로 썼다. '모든 가치들에 대한 재평가'로 불리고 또 그의 최종적인 계획에 포함될 책들의 전체 윤곽은 다음과 같다.

1. 적그리스도. 기독교에 대한 비판 시도.

2. 자유로운 정신. 하나의 니힐리즘(허무주의) 운동으로서의 철학에 대한 비판.

3. 부도덕가. 가장 치명적인 무지의 종류인 도덕에 대한 비판.

4. 디오니소스. 영원 회귀의 철학.

그러나 니체는『적그리스도』를 그런 형태로 출간할 목적으로 집필했지만 이 과제를 마무리하지 못했다. 그럼에도 불구하고, 이 책은 이보다 훨씬 더 큰 계획의 일부로 여겨져야 한다.

니체는 기독교에 맞서 전쟁을 벌인 첫 번째 인물은 절대로 아니지만 가장 효과적으로 전쟁을 벌인 인물이었다. 이는 그가 완전히 다른 각도에서 파괴적인 작업을 벌였기 때문이다. 그가 기독교를 비판하기 이전에도 기독교에 반대한 유명 작가와 과학자들이 많았다. 그의 시대에도 수많은 무신론자들이 예수 그리스도의 도덕의 토대를 무너뜨리려는 노력을 벌이고 있었다. 그러나 그의 방식은 선임자나 동시대인들의 방식과 공통점이 전혀 없었다. 과학 쪽에서 기독교의 기적을 부정하고 생물학 쪽에서 기독교의 역사 인식에 반대했음에도 불구하고, 신학자는 기독교 진리에 반대하는 이런 운동 앞에서 기독교의 실용성을 내세울 수 있었다. 니체는 바로 이런 사실에 주목했다. 예를 들면, 다윈과 헉슬리, 스펜서 같은 인물들의 추론은 기독교의 과학적인 측면에 한해서 유효했지만 기독교의 효과를 고려하지 않았다. 교회는 "보다 강력해진 비판"의 맹공격 앞에서 복음을 글자 그대로 믿어야 할 필요성을 부정하면서 기독교에 반대하는 모든 비판자들이 과학적 및 논리적 결론을 정확히 내리고 있을지라도 하나의 유용한 규범으로서 기독교 자체는 세상이 지금까지 알았던 가장 완벽한 행동 규범보다도 더 효과적이라고 주장했다.

그래서 니체는 볼테르(Voltaire)와 흄, 헉슬리, 스펜서, 페인(Thomas Paine)과 이들보다 지명도가 다소 떨어지는 "자유사상가들"이 이미 일궈놓은 들판으로 들어가지 않았다. 기독교를 상대로 한 중대한 전쟁에서 벌어진 예비적 전투들은 이미 "자유사상가들"의 승리로 드러났으며, 그런 상황에서 그는 역사적 및 과학적 노선을 추구해봐야 아무 소용이 없을 것이라는 점을 알았다. 따라서 그는 기독교 도덕이 종족에 끼치는 효과를 고려하고, 동정 도덕의 원인들을 탐구하고, 도덕규범들을 인간의 필요라는 측면에서 비교하는 쪽으로 관심을 돌렸다. 물론 니체도 과학적 연구의 결론을 자신의 가설로 받아들였지만, 기독교의 기원이 생물학적 법칙과 부합하는지 여부는 그의 관심사가 아니었다. 기독교 규범의 장점과 단점을 결정하는 유일한 길은 그것을 적용했을 때 실제로 나타나는 결과를 규명하고 이 결과와 그보다 더 강하고 건강한 규범을 적용했을 때 나타나는 결과를 비교하는 것이라고 그는 주장했다. 이 조사에 니체는 『적그리스도』의 거의 전부를 바친다. 물론 유대교 윤리의 초기 전파에 관한 분석적인 구절이 일부 있긴 하지만 말이다. 그러나 학생들은 이런 구절을 진지하게 파고들 필요가 없다. 이 구절들은 이론적이며, 근본적으로 중요한 부분이 아니다.

그러나 기독교 미덕들의 효과에 대한 니체의 비판이 『적그리스도』로 시작된 것은 아니다. 이 책은 그런 반기독교적인 사상이 최종적으로 꽃을 활짝 피운 것일 뿐이다. 그의 책 전반에 걸쳐서 반기독교적인 사상은 끊임없이 제기되었다. 이 같은 종교적 반감은 초기의 학구적인 에세이에도 나타난다. 『인간적인, 너무나 인간적인』은 니체가 반기독교 운동을 성공적으로 시작했음을 보여준다. 니체의 책 중에서 미완으로 남긴 팸플릿 '영원 회귀'를 제외하고는 이 같은 비판이 보이지 않는 책이 없다. 그러나 그가 초기에 제기했던 결론들과 주장들이 종합적으로 다뤄지며 전체적인 모습을 완벽하게 드러내는 곳은 바로 『적그리스도』이다.

니체가 기독교에 반대하며 내세우는 주장을 몇 마디로 요약한다면, 기독교가 개인이 더 높이 발달하는 것을 방해하고, 기독교가 허약의 종교이기 때문에 현대인의 필요를 충족시키지 못한다는 것이다. 한마디로 줄이면, 기독교는 위험하다는 것이다. 이 같은 결론은 생물학적 일원론의 원리에 근거하고 있다. 니체는 생존 투쟁이라는 다윈의 법칙을 전제하며 기독교 미덕들은 이 법칙뿐만 아니라 자연선택의 법칙에도 반한다고 주장한다. 자연에 반하는 이런 태도로 인해 인간이 약해졌다. 왜냐하면 기독교 도덕의 바탕인 자기희생이 개인의 힘을 약화시키고 따라서 개인의 생존 확률을 떨어뜨리기 때문이다. 더욱이, 기독교 이상은 그 자체로 진보에 반대하고 또 진보가 부르는 모든 것, 말하자면 과학과 연구 같은 것에 반대한다.

지식은 어떤 것이든 인간을 보다 독립적인 존재로 만들며, 그렇게 되면 인간이 신학적 감시를 받을 필요성도 줄어든다. 기독교의 도덕에 따라서 권력을 강한 자로부터 약한 자에게로 넘긴 결과, 종족의 힘은 전체적으로 격감되었다. 게다가, 그런 과정은 자연의 법칙에 정면으로 위배되며, 인간이 자연적인 환경 속에 사는 한 진보를 이루는 유일한 길은 환경의 조건에 부응하는 것이다. 따라서 니체는 기독교 기준이 아닌 다른 기준을, 다시 말하면 생존 법칙과 양립할 수 있는 다른 기준을 채택하자고 호소한다. 그는 인간이 반자연적인 원칙들을 고수함으로써 이미 돌이킬 수 없을 만큼 약해졌다고, 기독교 활동이 이어지는 하루하루는 인간의 완전한 쇠퇴로 향하는 걸음이라고 지적한다. 또 그는 인간이 지금까지 힘을 유지해온 유일한 이유는 사회의 보다 강한 구성원들이 공개적인 신념에도 불구하고 기독교 규범에 맞춰 살지 않고 기독교 규범과 지속적으로 타협을 벌여왔기 때문이라고 단언한다.

기독교의 기원이라는 문제가 니체의 관심을 끄는 이유는 거기서 기독교가 성취하길 원하는 결과에 대한 설명을 확인할 수 있기 때문이다. 기독교는 그것이 나온 토양과의 관계에서만 이해될 수 있다고 그는 말한다. 종속적이고 노예의 지위에 있던 유대 민족이 그들보다 강한 민족의 손에 전멸될 위험에 처했을 때, 유대인들은 자신들의 생존을 보장해 줄 행동체계를 발명했다. 그들은 보복과 공격, 진취 정신, 잔인, 오만 등의 미덕이 곧 죽음을 의미할 수 있다는 것을 깨달았다. 강한 민족들이 허약한 민족에게 그런 특징들을 허용하지 않았을 것이기 때문이다. 그래서 유대인들은 보복을 "오랜 고통"으로, 공격성을 평화를 사랑하는 마음으로, 잔인성을 친절로, 오만을 겸손으로 바꿨다. 이 '부정적인' 미덕들이 긍정적인 미덕을 대신하면서 "지복"(至福)으로 바뀌었다. 이런 식으로, 박해에 분개하면서 잘못된 행위에 대해 보복하지 않고 오히려 "다른 쪽 뺨까지 대고" "적을 용서하는" 태도를 채택함으로써 유대인들은 생명을 연장할 수 있었다. 이 같은 행동 규범은 모든 자연적 조건을 왜곡하는 것이고, 모든 건강한 본능을 왜곡하는 것이다. 이런 행동 규범은 빈곤하고 종속적인 민족의 도덕이었으며 유대인들이 권력을 박탈당한 상태에서 채택된 것이었다.

니체는 자연적인 가치들이 부자연스럽게 되는 과정의 한 예로 유대인의 심리학적 역사를 제시한다. 유대인의 신은 여호와였다. 여호와는 권력과 기쁨과 희망에 대한 유대인의 표현이었다. 유대인은 여호와에게 승리와 구원을 기대했다. 여호와가 정의의 신이었기 때문이다. 아시리아인과 내부 혼란이 이스라엘의 조건을 바꿔 놓았다. 여호와는 자신의 민족에게 승리를 더 이상 안겨줄 수 없게 되었으며, 따라서 이 신의 본질이 변하게 되었다. 성직자의 손에서 여호와는 하나의 무기가 되었으며, 불행은 "죄"에 대한 처벌로 해석되었다. 여호와는 도덕적 독재자가 되었으며, 따라서 이스라엘 사람들 사이에 도덕은 더 이상 생명의 상태를 표현한 것이 아니라 생명에 반대하는 추상적인 이론이 되어 버렸다.

유대인 성직자들은 여기서 그치지 않았다. 그들은 역사 전체를, 여호와에게 저지른 온갖 죄는 처벌을 낳고 여호와에 대한 숭배는 보상을 낳는다는 점을 강조하는 방향으로 해석했다. 그리하여 우주의 도덕적 질서가 자연적 질서를 대체하기에 이르렀다. 이 이론을 뒷받침하기 위해 어떤 "계시"가 필요하게 되었다. 따라서 "방대한 문학적 사기"가 영속화되었고, "성서"가 "발견"되어 사람들에게 억지로 떠안겨졌다. 권력에 눈이 어두웠던 성직자들은 자신들이 사람들에게 바라는 모든 행동을 신의 의지로 돌림으로써 스스로를 절대로 없어서는 안 되는 존재로 만들었다. 참회, 즉 성직자들에 대한 복종이 시작되었다. 이리하여 모든 현실과 능력에 적대적인 기독교가 그 발판을 확립하게 되었다.

『적그리스도』에 제시되고 있는 바와 같이, 그리스도의 심리와 그리스도를 직접 따랐던 사람들이 그의 원리들을 이용한 것이 기독교 도덕에 반대하는 니체의 논거 중 중요한 부분을 차지한다. 니체에 따르면, 그리스도의 원리는 직접성의 원리였다. 그리스도의 원리는 어떤 행동 유형이었으며, 현재의 기독교가 생각하는 것처럼 미래 세계를 위한 준비가 아니었다. 그리스도는 기존의 정치 질서에 반항했던 한 사람의 이단자였다. 그는 반동적인 유형의 존재를 대표했다. 말하자면, 생명에 '노'라고 말한 그런 행동 체계를, 무위(無爲)와 불간섭의 어떤 규범을 대표했다는 뜻이다. 그리스도가 십자가에서 죽음을 맞는 것은 이 원리를 뒷받침하는 가장 확실한 예이자 증거가 되었다. 거기에 다른 의미들을 부여하는 것은 그의 사도들의 몫이었다.

평소의 모습 그대로, 그리스도를 향한 사랑이 지극했고, 또 그 사랑으로 인해 맹목적이게 된 사도들은 국가가 그리스도를 처형한 것을 용서하지 못했다. 그때 사도들은 그리스도의 예를 따르면서 그리스도의 가르침이라는 대의를 위해 목숨을 바칠 준비가 되어 있지 않았다. 그들 사이에 복수의 감정이 터져 나왔으며, 그들은 그리스도의 죽음에 대한 변명을 찾으려고 노력했다. 그리스도의 죽음을 무엇으로 돌릴 수 있었을까? 그들이 발견한 해답이 "지배적인 유대교, 그리고 유대교를 지배하는 계층"이었다고 니체는 말한다. 그 당시에 사도들은 그리스도가 설교한 "신의 왕국"이 세속적인 것이었고 각 개인의 내면에 있는 그 무엇이라는 것을 깨닫지 못했다. 그리고 그리스도가 십자가에 처형당한 뒤, 사도들에게 그리스도의 예를 따르든가 아니면 예수의 죽음을, 의지가 작용한 죽음을 미래의 행복에 대한 약속으로 해석하든가, 말하자면 그리스도의 '실질적인' 원리를 상징적인 용어로 옮겨놓든가 선택이 요구되었다. 그들은 조금도 망설이지 않고 후자를 택했다.

어떻게 신이 자신의 "아들"이 처형당하도록 내버려둘 수 있는가 하는 문제에 대한 설명을 찾으면서, 그들은 예수의 죽음이 바로 그들의 죄에 대한 희생이고 속죄라는 이론을 생각해냈다. 이때부터 "구세주의 유형에 점진적으로 최후의 심판과 재림(再臨), 희생 제물로서의 죽음, 부활의 교리가 더해졌으며, 이 부활의 교리로 인해 복음의 유일하게 완전한 현실인 '축복'이라는 개념이, 사후의 어떤 상태를 호의적으로 보는 개념이 생겨나게 되었다."고 니체는 말한다. 성 바오로는 그리스도가 죽음에서 일어나 하늘로 올라가게 하는 방법으로 개인의 불멸이라는 교리를 도입함으로써 그 같은 개념을 합리화하고, 이 같은 불멸은 미덕에 대한 보상이라는 식으로 설교했다. 따라서 불교의 평화 운동 같은 것이, "단순히 약속만 아니라 진정한 행복을 이 땅에 이루는 것"을 추구하던 그리스도의 노력이 그의 후예들에게 부정당했다고 니체는 단언한다.

날조자 바오로가 그리스도의 원래 원리를 자신의 목적에 맞게 왜곡하기 시작하자마자, 그리스도의 원래 이론은 하나도 남지 않게 되었다. 바오로는 한 걸음 더 나아가 그리스도의 가르침을 바꾸고 왜곡함으로써 유대인의 역사 전체를 자신의 가르침을 예언한 것으로 바꿔놓았다. 이리하여 그리스도의 전체 원리와 그리스도의 죽음의 진정한 의미, 그리스도가 가르쳤던 실체들은 왜곡되고 훼손되었다. 요약하면, 그리스도의 목숨이 기독교라는 이름을 붙인 바오로의 종교를 확장하는 수단으로 이용되었다.

『적그리스도』에서 아주 중요한 부분은 니체가 계급 등급에 대해 정의한 대목이다. 모든 건강한 사회는 자연히 명백히 구분되는 3가지 유형의 인간으로 나뉜다고 그는 말한다. 이 계급들은 서로를 규정하며 "심리학적 의미에서 달리 끌린다". 각 유형은 고유의 일과 의무, 감정, 보상과 통제를 갖는다.

지배자들로 이뤄진 첫 번째 계급은 지적 탁월성에 의해 구분된다. "이 땅 위에서 행복과 아름다움, 선"을 구현하는 것은 바로 이 계급에 맡겨진다. 이 탁월한 계급의 구성원들은 소수이지만, 그럼에도 불구하고 이들이 가치의 창조자들이다. "그들의 기쁨은 자제이며, 그들에겐 금욕이 제2의 천성이 되고 필요가 되고 본능이 된다. 그들은 힘든 과제를 자신의 특권으로 여기며 동료들이 짊어질 경우에 압사할 수도 있는 그런 짐을 갖고 노는 것이 그들에겐 하나의 레크리에이션이다." 그들은 모든 인간들 중에서 가장 존경받을 만하고, 유쾌하고, 유익하다.

두 번째 계급은 첫 번째 계급이 의무들에서 벗어나게 하고 그 지배자들의 의지를 실행하는 사람들로 구성되어 있다. 그들은 법의 수호자들과 상인, 전문직 종사자, 전사, 판사들이다. 요약하면, 그들은 종족의 집행자들이다.

세 번째 계급은 노동자들과 최하 등급의 사람들로 이뤄져 있다. 이들은 비천하고 불쾌한 일을 하게 되어 있다. 니체는 이렇게 말한다. "사람이 공적으로 유익하고 하나의 바퀴이고 기능이라는 사실은 자연스런 어떤 운명을 전제한다. 사람들을 하나의 지적인 기계로 만드는 것은 사회가 아니라, 대다수가 누릴 수 있는 그런 행복이다. 평범한 사람에겐 평범하게 사는 것이 기쁨이고, 그런 사람들의 경우에는 한 가지 일을 통달하는 것이 자연스런 본능이다." 계급들에 대한 이런 인식 속에 니체의 원리의 핵심이 들어 있다. 니체의 계급 인식은 현재 유럽의 가짜 귀족사회와 반대인 자연적인 귀족사회라는 사상을 구체화하고 있다. 지금의 가짜 귀족사회에서 지배자들은 실제로 보면 두 번째 계급의 구성원에 지나지 않는다.

이런 니체를 두고 교회의 변증가들은 기독교에 대한 비판에 니힐리즘이 넘친다는 식으로 지속적으로 비난했다. 니체가 그렇게 유창한 언어로 반대해 온 그 니힐리즘이 그의 글에 담겨 있다는 지적이다. 만약에 그의 이전 책에 나타난, 유대인 도덕에 반대하는 그의 발언만을 기준으로 한다면, 그 같은 지적도 전혀 터무니없는 것이 아닐 수 있다. 그러나 『적그리스도』에서는 그 같은 지적이 전혀 통하지 않는다. 니체는 자신이 부정하는 모든 기독교 미덕들을 행동 유형으로 끊임없이 대체하고 있었다. 그는 파괴적일 뿐만 아니라 건설적이기도 하다. 『적그리스도』는 모든 기독교 도덕을 전면적으로 부정할 뿐만 아니라 자신의 모든 저작물들을 바탕으로 일관성 있는 윤리 체계에 대한 의견도 제시한다.

니체는 이렇게 말했다

무엇이 선인가? 권력 감정을, 권력 의지를, 그리고 인간 내면의 힘 자체를 높이는 모든 것이 선이다.

무엇이 나쁜 것인가? 약함에서 나오는 모든 것이 나쁜 것이다. 무엇이 행복인가? 권력이 증가하고 있다는 감정, 저항이 극복되고 있다는 감정이 행복이다.

만족이 아니라 더 큰 권력, 어떤 값을 치러서라도 얻는 평화가 아니라 전쟁, 미덕이 아니라 능력(르네상스의 의미로 보면, 이것은 모든 도덕적 견해로부터 자유로운 미덕에 해당한다). 그런 것이 행복이다. 약한 자와 실패한 자는 사라져야 한다. 그것이 우리 인간의 제일 원리이다. 그리고 약한 자와 실패한 자는 사라지기 위해 심지어 타인의 도움까지 받아야 한다.

어떠한 악덕보다 더 해로운 것은 무엇인가? 모든 약한 자와 실패한 자에게 동정하는 것이다. 바로 기독교인 것이다.

기독교를 찬미하거나 숭배해서는 안 된다. 기독교는 보다 높은 유형의 인간을 상대로 결정적인 전쟁을 치렀다. 기독교는 이 유형의 근본적인 본능들을 모두 금지시켰으며, 이 본능들을 갖고 악과 악마를 만들어냈다. 강한 인간을 전형적인 부랑자로, 악한으로 바꿔놓은 것이다. 기독교는 약하고, 저급하고, 실패한 것들의 편에 섰으며, 기독교는 강력한 생명의 자기보존적인 본능과 반대되는 본능들을 바탕으로 어떤 이상을 만들어냈다. 기독교는 지성의 최고 가치들이 사악하고, 사람들을 오도하고, 유혹으로 가득하다는 식으로 가르침으로써 가장 탁월한 지식인들의 이성까지 타락시켰다.

동물이나 종(種), 개인이 본능을 상실하고 자신에게 해로운 것을 선택하고 선호할 때, 나는 그런 동물이나 종, 개인에 대해 쇠락했다고 평가한다.

내가 보기에 생명 자체는 성장 본능, 영원 본능, 힘을 축적하려는 본능, 권력 본능에 지나지 않는다. 권력 의지가 결여된 곳에서, 쇠퇴가 시작된다.

동정은 삶의 에너지를 증대시키는 강장제 같은 열정과 정반대이다. 동정 행위는 우울하게 만든다. 사람은 동정심을 발휘할 때 권력을 잃는다. 고통 자체가 세상에 야기한 힘의 소모가 동정 때문에 천 배 더 커진다.

대체로, 동정은 선택의 법칙인 발달의 법칙을 가로막는다. 동정은 죽게 되어 있는 것을 보존하며 상속받지 못한 사람과 저주 받은 사람들을 위해 싸운다.

의기소침하게 만들고 전염성 강한 이 본능은 생명의 가치를 높이고 생명을 보존할 본능들을 가로막는다. 이 병적인 본능은 비참한 온갖 것들을 간직할 뿐만 아니라 불행을 증식시킴으로써 쇠퇴를 촉진하는 제일의 요인이다.

어떤 신학자가 진리라고 고려하는 것은 당연히 거짓이어야 한다. 이것이 진리의 기준이나 다름없다. 현실이 어떤 식으로든 명예를 얻지 못하게 금지시키거나 현실이 목소리를 높이지 못하게 하는 것은 신학자의 너무나도 깊은 자기 보존 본능이다. 이 신학자의 영향력이 미치는 한, 가치 평가는 거꾸로 뒤집어지고, "진실"과 "거짓"이라는 개념은 당연히 위치를 바꾸게 된다. 그래서 생명에 가장 해로운 것이 "진실"이라 불리고, 생명을 고양시키고 상승시키는 것, 생명을 정당화하고 의기양양하게 하는 것은 "거짓"이라 불린다.

내적 자극도 없이, 심오한 개인적 기호(嗜好)도 없이, 즐거움도 없이, "의무"를 수행하는 하나의 자동장치로서 일하고, 생각하고, 느끼는 것만큼 인간을 빨리 파괴할 수 있는 것이 있을까? 이것이야말로 쇠퇴를, 심지어 백치까지 낳는 비결이다.

기독교에서, 도덕도 종교도 현실과 전혀 접촉하지 않고 있다. 상상의 원인(신, 영혼, 자아, 정신, 자유 의지 또는 비(非)자유의지)과 상상의 결과(죄, 구원, 은총, 처벌, 용서)만 있을 뿐이다. 상상의 존재들(신, 정령, 영혼)은 서로 교류하는 것으로 여겨진다. 그리고 상상의 '자연사'(인간의 척도로 판단하려는 태도, "자연적 원인들"이라는 개념의 철저한 부재), 상상의 심리학(자기 자신에 대한 오해, 유쾌하거나 불쾌한 일반적인 감정, 예를 들면 교감 신경의 상태를 종교 및 도덕적 특이성을 가진 몸짓 언어, 즉 참회, 양심의 가책, 악마의 유혹, 신의 현존 등의 도움으로 해석하는 것), 그리고 상상의 목적(신의 왕국, 최후의 만찬, 영생)이 있다.

자부심 강한 민족도 신을 필요로 하며, 그 신에게 제물을 바칠 수 있다. … 이런 원리로 한정할 때, 종교는 감사의 한 형식이 된다. 어떤 사람은 자신의 존재에 대해 감사한다. 이를 위해 그 사람은 신을 가져야 한다. 그런 신은 그를 이롭게 하거나 해롭게 할 수 있어야 한다. 그런 신은 친구 역할도 하고 적의 역할도 할 수 있어야 한다. 신은 선한 특성뿐만 아니라 악한 특성으로도 존경받아야 한다.

어느 한 민족이 파멸의 길을 걷고 있을 때, 그 민족이 미래에 대한 믿음과 자유에 대한 희망이 영원히 사라지고 있다는 느낌을 받을 때, 그 민족이 복종을 가장 유익한 자질이라고 자각하고 종속의 미덕을 자기 보존을 위한 수단으로 자각할 때, 그때 그 민족의 신은 스스로 변신해야 한다. 그 민족의 신은 이제 자신감을 잃고 벌벌 떠는 비열한 모습을 보여야 한다. 신은 "영혼의 평화"를, 모든 증오의 중단을, 친구와 적에게도 자비와 "사랑"을 베풀라고 조언해야 한다. 이 신은 영원히 도덕적으로 설교하고 있다. 그렇게 함으로써, 신은 모든 개인의 가슴 속으로 기어들어가 모두의 신이 된다.

기독교에서 말하는 신의 개념, 다시 말해 병든 자의 신으로서의 신, 거미 같은 존재로서의 신, 하나의 정신으로서의 신은 지금까지 이 땅에 존재했던 신의 개념 중에서 가장 타락한 개념에 속한다. 기독교의 신 개념은 아마 신 같은 유형의 존재들 중에서 그 수준을 따지자면 맨 아래쪽에 해당할 것이다. 신은 생명을 긍정하지 않고 생명에 반하는 것으로 전락하고 말았다. 신의 등장으로 인해 생명과 자연, 생에 대한 의지를 상대로 전쟁이 선포되었으니! 신이 현세에 대한 온갖 비방과 내세에 대한 온갖 거짓말을 낳는 공식이 되어 버렸으니!

기독교는 맹수들을 지배하는 것을 목표로 잡고 있다. 기독교의 수단은 맹수들을 아프게 만드는 것이다. 그런 식으로 약화시키는 것이 기독교가 길들이기 위해, "문명"을 위해 추구하는 비결이다.

신앙이 무엇보다도 더 필요하다면, 이성과 지식, 과학적 연구는 사악하다는 평판을 들을 수밖에 없다. 진리로 향하는 길은 통행이 금지된다. 간절한 소망이 현실로 실현된 그 어떤 즐거움보다도 더 강하게 삶을 자극하게 된다. 고통을 받는 사람들은 그 어떤 현실로도 반박하지 못하는 소망에 의해, 절대로 실현될 수 없는 그런 소망에 의해, 내세에 대한 희망에 의해 떠받쳐져야 한다. (희망이 불행한 사람들을 머뭇거리게 하고 서성거리게 만드는 바로 이런 힘 때문에, 고대 그리스인들은 희망을 악 중의 악으로, 가장 유해한 악으로 여겼을 것이다. 희망이 판도라의 상자 안에 남아 있었으니 말이다.) 사랑이 가능하기 위해선 신이 하나의 인격체가 되어야 한다. 가장 저급한 본능의 목소리까지 들리게 하려면, 신은 젊어야 한다. 여자들의 열정을 위해서는 아름다운 성자가, 남자들의 열정을 위해서는 동정녀 마리아 같은 존재가 전면에 나서야 한다. 가령 기독교가 아프로디테나 아도니스에 대한 숭배가 이미 숭배의 개념을 결정한 영역을 지배하길 원한다면, 앞에 말한 방식으로 접근해야 한다. 오직 순결만을 요구하는 것은 종교적 본능의 격렬성과 깊이만을 강화할 뿐이다. 순결만을 요구하는 식의 접근은 숭배를 더욱 뜨겁게 만들고, 더욱 열정적으로 만들고, 더욱 영적으로 만든다. 사랑은 인간이 사물을 실제의 모습과 영 다르게 보는 상태를 말한다. 미화하고 이상화하는 힘과 마찬가지로, 여기서 착각의 힘이 절정에 이른다. 어떤 남자가 사랑을 하고 있다면, 그 사람은 다른 때보다 더 많은 것을 견뎌내고, 모든 것을 받아들인다. 중요한 것은 그 안에서 사랑이 가능한 그런 종교를 발견하는 것이었다. 그런 종교를 통해서 삶에서 가장 어려운 것이 극복된다. 그런 종교는 이미 더 이상 보이지 않는다. 기독교의 3가지 미덕, 즉 믿음과 소망, 사랑에 대해선 이 정도에서 끝내도록 하자. 나는 이 미덕들을 기독교의 예방책이라고 부른다.

무엇이 유대인의 도덕이고, 무엇이 기독교 도덕인가? 이 도덕에선 우연이 순수함을 박탈당하고, 불행이 "죄"의 개념에 의해 더럽혀지고, 행복이 위험으로, "유혹"으로 해석되고, 생리적 병이 양심이라는 벌레의 독에 중독된 것으로 여겨진다.

"우주의 도덕적 질서"란 무엇을 의미하는가? 한마디로 요약하면, 인간이 해야 하는 것과 인간이 건드려서는 안 되는 것을 결정하는 신의 의지 같은 것이 있고, 어느 민족 혹은 개인의 가치는 신의 의지에 얼마나 복종하느냐에 따라 결정되고, 어느 민족 혹은 개인의 운명에서 신의 의지가 절대적이라는 점을, 다시 말해 신이 어느 민족이나 개인을 신에게 복종하는 정도에 따라서 처벌하거나 보상한다고 믿는 것이다. 이건 터무니없는 거짓말이다. 진실은 이렇게 속삭이고 있다. 생명의 건강한 모든 요소를 죽여야만 살아갈 수 있는 기생충 같은 유형의 인간인 성직자가 신의 이름을 남용하고 있고, 성직자가 자신이 사물들의 가치를 결정하는 상태를 "신의 왕국"이라고 부르고 있고, 성직자가 그런 상태를 성취하고 유지하는 수단을 "신의 의지"라고 부르고 있다고 말이다. 성직자는 냉혹한 냉소주의에 젖은 상태에서 민족이나 시대, 개인을 성직의 권위를 높이는 데 찬성하느냐 반대하느냐에 따라 평가한다.

예수가 촉진한 것으로 제대로, 또는 엉터리로 이해되고 있는 그 반란이 유대교 교회에 대항한 것이 아니라면 무엇에 대항한 것인지, 나는 알지 못한다.

이 신앙심 깊은 아나키스트는 하층민들과 버림받은 자, "죄인", 유대인 찬달라에게 기존의 질서에 맞서 봉기하라고 (복음서들을 믿을 수 있다면 오늘날에도 시베리아 유형감인 그런 언어로) 촉구했다. 터무니없을 만큼 비정치적인 공동체에서도 정치범이 가능하다면, 이 사람은 정치범이었다. 이 일이 그를 십자가로 몰았다. 이를 뒷받침하는 증거는 십자가 위에서 발견되는 글귀이다. 그는 자신의 죄 때문에 죽었다. 이와 반대되는 주장이 제아무리 자주 제기되더라도, 그가 타인들의 죄 때문에 죽었다는 것을 뒷받침할 증거는 전혀 없다.

현실을 본능적으로 증오하는 것은 감수성이 고통과 자극에 극도로 민감한 결과이다. 이 감수성은 너무나 예민한 나머지 "건드려지는" 것을 더 이상 참아내지 못한다. 모든 감각이 너무나 깊이 각인되기 때문이다.

감정에서 모든 혐오와 모든 적대감, 모든 경계와 모든 거리를 본능적으로 배제하는 것은 감수성이 고통과 자극에 극도로 민감한 결과이다. 지극히 예민한 감수성은 모든 저항을, 모든 충동적인 저항을 견딜 수 없는 비통으로 여긴다(말하자면, 자기보존적인 본능에 의해 고통스럽고, 바람직하지 않은 것으로 평가된다는 뜻이다). 예민한 감수성은 또 축복(행복)을 사악하거나 유해한 존재에게 저항할 필요가 더 이상 없는 상태로 여기고, 사랑을 생명의 유일한 궁극적 가능성으로 여긴다.

이것들이 구원의 교리가 나오고 또 구원의 교리를 떠받치고 있는 두 가지 생리적 사실이다.

용어를 조금 덜 엄격하게 사용한다면, 예수는 "자유로운 정신"으로 불릴 수 있다. 예수는 기존에 확립된 것이면 어떤 것이든 좋아하지 않았다. 말(言)도 죽여야 했고, 고정된 모든 것을 죽여야 했다. 그에 따르면, 그만이 알고 있는 바로서의 "생명"이라는 개념과 생명의 경험은 모든 종류의 말과 공식, 법, 신앙과 교리와 반대이다. 그는 내면 가장 깊은 곳에 있는 것에 대해서만 말한다. 그가 그것을 표현하는 단어가 바로 "생명"이나 "진리", "빛"이다. 그 밖의 모든 것, 전체 현실, 전체 자연, 언어까지도 그에겐 오직 하나의 기호로서만, 하나의 비유로서만 가치를 지닐 뿐이다.

"복음"의 심리학엔 죄와 처벌의 개념이 없다. 보상 개념도 마찬가지로 없다. 신과 인간 사이의 거리를 의미하는 "죄"가 제거되는 것, 이것이 바로 "기쁜 소식"이다. 영원한 지복(至福)은 약속되지도 않고 어떤 조건과 연결되지도 않는다. 영원한 지복이 유일한 실제이기 때문이다. 나머지는 영원한 지복에 대해 말해주는 표시들이다. …
그런 상태의 결과가 삶의 새로운 실천으로, 복음의 실천으로 투영되고 있다. 독특한 행동 유형으로 기독교인을 구별 짓게 하는 것은 "신앙"이 아니라 행동인 것이다.

구세주의 삶은 이런 실천에 지나지 않았다. 그의 죽음도 마찬가지였다. 그는 신과 연결되는 데 더 이상 어떤 공식이나 의식(儀式)을 필요로 하지 않았다. 기도조차도 필요하지 않았다. 그는 참회와 속죄에 관한 유대교의 모든 가르침을 배제시켰다. 그는 사람이 스스로 "신성하고" "구원받고" "복음서의 가르침을 따르고 있고" 언제나 신의 아들이라는 느낌을 받게 하는 삶의 유형을 잘 알고 있다. "참회"나 "기도와 용서"는 신에게 닿는 길이 아니며, 복음적인 유형의 삶만이 신에게 이르는 길이다. 그런 유형의 삶이 곧 "신"인 것이다. 복음이 폐지한 것은 "죄"와 "죄의 용서", "신앙", "신앙을 통한 구원" 같은 개념의 유대교였다. 유대교 교회의 전체 교리가 "기쁜 소식"에 의해 부정된 것이다.

사람이 "천국"에 있다는 느낌을 전혀 받지 않으면서도 "천국에 있는" 느낌을 받고 "영원"을 느끼려면 어떻게 살아야 하는가, 하는 문제에 대한 깊은 본능적 깨달음. 바로 이것이 "구원"의 심리학적 실체이다. 구원은 하나의 새로운 삶이지, 새로운 신앙이 아니다.

"기쁜 소식을 전한 이 사자(使者)"는 자신이 살며 가르쳐온 대로 죽었다. "인류를 구원하기" 위해서가 아니라 사람이 어떻게 살아야 하는지를 보여주기 위해서 죽은 것이다. 그가 인류에게 물려준 것은 삶의 한 유형이었다. 재판관 앞에서 보인 행동과 박해자나 고발자, 그리고 온갖 종류의 비방과 조소 앞에서 보인 태도, 십자가에서 보여주었던 표정이 그런 유산이다.

기독교의 역사, 즉 십자가에서 죽음이 있었던 때로부터 그 이후의 역사는 원래의 상징체계를 점진적으로 더욱 거칠게 오해한 역사이다.

기독교에서 말하는 "세상"은 어떤 사람이 군인이고 판사이고 애국자라는 것을, 그 사람이 자신을 옹호한다는 것을, 그 사람이 자신의 명예를 소중히 여긴다는 것을, 그 사람이 자신의 이익을 추구한다는 것을, 그 사람이 당당하다는 것을 의미한다. … 매 순간의 행동, 모든 본능, 행동을 낳는 모든 가치 평가는 현재 기독교에 반한다. 그럼에도 현대인들이 기독교인으로 자처하면서도 얼굴이 빨개지지 않으니, 도대체 그런 그들은 어떤 부류의 허위의 인간이란 말인가.

"기독교"라는 단어 자체가 하나의 오해이다. 진실을 말하자면, 기독교 교도는 한 사람 이상은 절대로 아니었으며, 그 기독교 교도는 십자가에서 죽었다. "복음"도 십자가에서 죽었다. 그 이후로 "복음"이라 불린 것은 그리스도가 살았던 그 "복음"과 정반대이다. 그것은 "나쁜 소식"이었다. "신앙"에서, 그리스도를 통한 구원에 대한 믿음에서 기독교인의 두드러진 특징을 보는 것은 터무니없을 만큼 틀렸다. 유일하게 기독교적인 것은 그리스도적인 유형의 존재이다. 십자가에서 죽은 그리스도가 산 것과 같은 삶의 방식이 유일하게 그리스도적인 것이다. …

오늘날까지도 이런 종류의 삶은 여전히 가능하며, 일부 사람에겐 이런 삶이 필요하다. 순수하고, 원시적인 기독교는 어느 시대에나 가능하다. … 신앙이 아니라 행동의 한 방향으로서 말이다.

구세주가 지속적으로 존재하고 있다는 점을 환상을 빌려서 증명하려 들 때의 성 바오로 같은 인물을 정직한 사람(금욕적인 계몽와 본부를 자신의 집으로 생각하는 사람)으로 여기는 것, 혹은 바오로가 그런 환상을 보았다고 선언할 때의 그를 믿는 것은 심리학자가 보면 정말

어리석은 짓이다. 성 바오로는 그런 목적을 원했고 따라서 그것을 이룰 수단이 간절히 필요했다. … 심지어 바오로 자신이 믿지 않은 것들까지도 그가 자신의 교리를 전파한 일부 바보 같은 사람들에 의해 믿어졌다. 성 바오로가 원한 것은 권력이었으며, 성 바오로를 통해서 성직자도 권력을 갈망했다.

삶의 중심을 삶이 아니라 그 너머에, 말하자면 어떤 비(非)실재에 두게 될 때, 삶은 균형을 완전히 잃게 된다. 개인의 불멸이라는 터무니없는 거짓말은 모든 이성을, 모든 본능의 본질을 파괴해 버렸다. 개인의 불멸이라는 개념이 소개된 이후로, 본능 중에서 유익한 모든 것, 생명을 촉진하는 모든 것, 미래를 보장하는 모든 것이 의심의 대상이 되었다. 이제 삶의 의미는 삶의 지향점을 갖지 않은 채 살려는 노력으로 해석된다. … 왜 공공심을 발휘해야 하지? 자신의 태생과 조상에게 감사해야 하는 이유가 뭐지? 동료와 협동하고 동료를 신뢰해야 하는 이유는 뭐지? 공공복지에 신경 쓰거나 공공복지를 추구해야 하는 이유가 뭐지? … 이런 "유혹"이 아주 많고, "옳은 길"에서 벗어난 일탈이 너무나 많다. "한 가지만 필요할 뿐이다." … 모든 사람이 "불멸의 영혼"으로서 동등한 위치를 차지하는 것, 모든 사람이 인생에서 개인의 "구원"을 가장 중요하게 여기는 것, 비천한 고집쟁이들과 4분의 3쯤 미친 광인들이 자신을 위해서 자연의 법칙들이 지속적으로 깨어질 것이라고 짐작하는 것, 이런 식으로 온갖 종류의 이기심을 무례하게 무한히 확장하는 것, 이런 것들에는 경멸의 낙인을 아무리 많이 찍어도 모자란다. 그런데도 기독교가 승리를 거둘 수 있었던 것은 개인들의 허영심에 그런 식으로 비참하게 아첨한 덕분이다. 이런 방법으로 기독교는 실패한 자들과 망가진 자들, 온갖 인간쓰레기들을 자기편으로 끌어들였다.

기독교에서, 유대교 전체를 이루고 있는 신성한 거짓말을 느끼는 기술이 절정의 경지에 다다른다. 이는 유대인들이 수 세기에 걸쳐 철저히 훈련하고 실천한 덕분이었다.

복음서들을 도덕을 이용해 사람들을 유혹하기 위해 쓴 책으로 읽도록 하라. 도덕이 그런 옹졸한 사람들에 의해 이용되고 있다. 이 사람들은 도덕을 갖고 할 수 있는 일이 무엇인지를 잘 알고 있다. 인류를 이리저리 맘대로 끌고 다닐 수 있는 최고의 방법이 도덕을 이용하는 것이라는 점을! 사실은 이렇다. 자신을 선민으로 믿고 있는 민족의 더없이 의식적인 자만이 겸허를 가장하고 있다. 이런 식으로 기독교 공동체는, 즉 "선하고 정의로운" 공동체는 자신들을 영원히 어느 한 편에, "진리"의 편에 놓고, 인류의 나머지, 즉 "세상"을 그 반대편에 놓는다. … 이것이 이 땅에 존재한 것 중에서 가장 치명적인 과대망상증이다. 이리하여 편협한 고집쟁이들과 거짓말쟁이들이 자신들을 "세상"으로부터 보호하기 위해 "신"과 "진리" "빛" "정신" "사랑" "지혜" "생명" 같은 개념을 독점적으로 주장하기 시작했다. 마치 이런 개념들이 자신들과 동의어인 것처럼. 정신병원에나 가야 할 극단적인 소수의 유대인들이 자신들에게 적합하도록 가치들을 왜곡한 것이다. 마치 기독교 교도만이 의미이고, 소금이고, 기준이고, 심지어 나머지 모든 인류의 "최고 법정"이라는 듯이.

'신약성경'을 읽을 때엔 장갑을 끼는 것이 좋다. 지저분한 내용이 읽는 사람을 더럽힐 정도로 많다. 우리는 폴란드계 유대인을 대할 때와 마찬가지로 "최초의 기독교인들"과도 마음을 터놓고 싶지 않다. 이 대목에서 나는 이 같은 반대에 대해 설명할 필요성을 느끼지 않는다. … 최초의 기독교인들은 그냥 나쁜 냄새를 풍긴다. '신약성경'에서 공감이 가는 특징을 하나라도 찾으려 했으나 허사였다. 거기엔 자유와 친절, 열린 마음, 정직은 흔적조차 보이지 않는다. '신약성경'에선 인간미가 아직 시작조차 하지 않은 반면, 품위 있는 본능은 철저히 배제되어 있다. … '신약성경'에선 오직 사악한 본능만 발견된다. 용기의 흔적도 전혀 나타나지 않는다. '신약성경' 속의 인물들은 이런 사악한 본능의 용기마저도 결여하고 있다. 모든 것이 소심하고, 모든 것이 눈을 감는 것이고 자기기만이다. '신약성경'을 읽고 나면, 모든 책이 순결해 보인다.

'신약성경' 전체에서 우리가 존경하지 않을 수 없을 것 같은 인물은 단 한 사람뿐이다. 로마 총독 빌라도이다. 유대인의 다툼을 진지하게 받아들이는 것은 그가 할 수 없는 일이었다. 유대인이 한 명 더 있거나 덜 있는 것이 뭐가 그리 대단하단 말인가? … 자기 앞에서 "진리"라는 단어가 뻔뻔스럽게 남용되는 것을 본 로마인의 고결한 경멸이 유일하게 가치 있는 말로 '신약성경'을 풍성하게 만들었다. 그리고 그의 말은 비판만이 아니라 성경을 파괴하는 것이기도 했다. "뭣이 진리란 말인가!"

적그리스도가 안 되고는 문헌학자나 의사가 될 수 없다. 예를 들어, 문헌학자는 "성스러운 책들"의 이면을 보고, 의사는 전형적인 기독교인의 생리적 쇠퇴 그 뒤를 본다. 의사는 "치료 불가능"이라고 진단하고, 문헌학자는 "위조"라고 판단한다.

성직자는 오직 한 가지 중대한 위험만을 알고 있으며, 그 위험은 과학, 즉 원인과 결과라는 건전한 개념이다. 그러나 대체로 보면 과학은 오직 행복한 조건에서만 번창한다. 사람이 "지식을 추구하기" 위해서는 시간을 낼 수 있어야 하고 여분의 정신적 에너지를 갖춰야만 한다. … "그래서 사람은 불행하게 만들어져야 한다." 이것이 모든 시대의 성직자들의 주장이었다. 그런 식의 주장이 세상에 가장 먼저 끌어들일 것이 무엇인지, 당신은 이미 잘 알고 있다. 바로 "죄"이다. … 죄와 처벌이라는 개념, 즉 "우주의 도덕적 질서" 전체는 과학에 반대해 발명되었다.

"은총"과 "구원", "용서"의 원리를 포함하는 죄와 처벌의 개념은 인간이 가진 인과관계의 감각을 파괴하기 위해 발명되었다. 그런데 은총이나 구원, 용서 같은 것은 심리적 실체가 전혀 없는 거짓말에 불과하다. 그럼에도 죄와 처벌 개념은 주먹이나 칼을 휘두르는 공격이나 마찬가지이다. 그러나 그 공격은 대단히 비겁하고, 대단히 교활하고, 대단히 비열한 본능에 의해 일어났다. 성직자의 공격! 기생충의 공격!

지하 세계의 창백한 거머리들의 악질적인 착취!

"믿으면 구원받는다. 그러므로 믿음은 진리이다." 여기서 구원이 입증되지 않고 단지 약속만 되고 있다는 식으로 반박이 가능하다. 구원이 "믿음"과 연결되어 있기 때문이다. 사람이 "믿음"을 갖고 있으면 구원을 받게 된다는 것이다. … 그러나 성직자가 신자들에게 약속하는 것이 실제로 이뤄진다는 점을 어떤 식으로 증명할 수 있는가? 즉, 겉으로 표현되기를 완강히 거부하는 "내세"를 어떻게 입증한단 말인가? 여기서도 신앙이 약속하는 효과는 반드시 일어나게 되어 있다는 믿음을 뜻하는 "권능 증명"이 다시 작용하고 있다. 그것을 요약하면 이렇게 된다. "나는 믿으면 구원받는다는 것을 믿고 있다. 따라서 믿음은 진리이다." 그러나 이것으로 우리는 우리의 한계의 *끄트머리*에 닿는다.

신성 자체는 단순히 피폐하고, 쇠잔하고, 치료 불가능할 만큼 퇴락한 육체의 한 증후에 지나지 않는다.

기독교는 병든 자들의 증오 위에 세워지고 있으며, 기독교의 본능은 건전한 것에 반하고 건강에 반한다. 제대로 잘 갖춰져 있고, 당당하고, 고결하고, 아름다운 모든 것은 기독교의 귀와 눈에 거슬린다.

"신앙"은 단순히 진실한 것을 알기를 거부하는 것을 의미한다.

모든 얼간이들과 여자들, 평범한 사람들이 내리는 결론은 누군가가 생명을 버려서 지키려고 한(혹은 초기 기독교의 경우처럼 희생의 전염을 촉발한) 대의(大義)에는 뭔가가 있음에 틀림없다는 것이다. 이같은 결론은 모든 조사에, 조사하려고 드는 모든 정신에 엄청난 견제의 역할을 했다. 순교자들은 진리라는 대의를 손상시킨 존재들이다.

확신은 감옥이다. 확신은 절대로 충분히 멀리 보지 않는다. 확신은 충분한 높이에서 내려다보지 않는다. 그러나 사람은 가치와 비(非)가치의 문제에서 어떤 말이든 하기 위해서 자기 밑으로, 또 자기 뒤로 500개의 확신을 볼 수 있어야 한다. … 위대한 것들을 갈망하는 정신, 그리고 위대한 것에 이를 수단을 갈망하는 정신의 소유자는 반드시 회의론자가 되어야 한다. 모든 종류의 확신으로부터의 자유는 힘에 해당하고 또 자신의 눈을 자유롭게 뜨는 능력에 해당한다.

어중이떠중이 중에서 내가 가장 증오하는 존재는 노동하는 사람의 본능을 훼손하는 찬달라 같은 사도들이다. 이 사도들은 노동하는 사람의 행복과 자신의 변변찮은 존재에 만족하는 감정을 깨뜨리고 있다. 사도들은 노동하는 사람에게 시기와 복수를 가르치고 있다. … 잘못된 것은 결코 불평등한 권리가 아니다. 잘못된 것은 동등한 권리를 주장하는 데에 있다.

기독교 교도와 아나키스트는 둘 다 쇠퇴하고 있다. 기독교 교도와 아나키스트는 똑같이 흡혈귀처럼 해롭거나 파괴적인 방법 외에 다른 방법으로는 행동하지 못한다. 그들은 또 똑바로 서 있는 모든 것과 위대한 모든 것, 오래 지속되는 모든 것, 미래를 보장해 주는 모든 것을 지독히 증오하는 본능의 자극을 받고 있다.

기독교는 우리가 고대의 문화로부터 거둘 수 있었던 수확물을 파괴해 버렸다. 이어 기독교는 이슬람 문화의 수확물도 파괴해 버렸다. 스페인 문화의 멋진 무어인의 세계도 그 본질을 보면 우리와 더욱 밀접히 연결되고 로마와 그리스보다 우리의 감각과 취향에 더 맞는데, 이것도 짓밟혀 죽음을 맞았다(나는 여기서 짓밟은 것이 어떤 종류의 발인지에 대해서는 말하지 않는다). 왜 그렇게 짓밟혔을까? 그것의 기원이 고귀하고 남자다운 본능에 있었기 때문이며, 그것이 생명에 '예스'라고 대답했기 때문이다.

나는 기독교의 유죄를 입증하면서 가장 혹독한 말로 비난한다. 내가 볼 때, 기독교는 최악의 부패이고, 상상 가능한 최악의 부패 행위까지 저지를 의지를 갖고 있다. 기독교 교회는 그 어떤 것도 그 부패로부터 달아나는 것을 허용하지 않았다. 기독교 교회는 모든 가치를 반대의 것으로, 모든 진리를 거짓말로, 모든 정직한 충동을 영혼의 불명예로 바꿔놓았다. 그런데도 사람들이 교회가 인도주의적 축복을 내린다는 식으로 말하고 있으니! 어떤 고통이라도 없애는 것은 교회의 깊은 이익에 반했다. 교회의 존립 자체가 절망의 상태에 의존했다. 교회는 교회 자체를 불멸로 만들기 위해서 절망 상태를 창조해냈다. … 예를 들면, 죄라는 암적인 세균이 있다. 교회는 인류에 이런 비참을 풍성하게 안긴 최초의 조직이었다. "신 앞에서 영혼은 평등하다."라는 거짓말. 이 거짓말은 비천한 정신을 가진 사람들 모두가 원한을 품게 하는 구실이 되었다. 또 이 거짓말은, 최종적으로 혁명이 되고 현대적 사상이 되고 사회질서 전체의 쇠퇴의 원리가 된 어떤 개념의 아나키스트 폭탄이 되었다. 이것은 기독교의 다이너마이트이다. … 그런데 기독교의 "인도주의적" 축복이라니! 자기모순을, 자기 모독의 기술을, 어떤 대가를 치르더라도 거짓말을 하려 드는 의지를, 혐오를, 인간애에서 나오는 선하고 정직한 모든 본능에 대한 경멸을 키우는 것, 이것이 당신이 기독교의 축복이라고 부르는 것이란 말인가? 교회의 유일한 방법으로서의 기생(寄生), 무기력하고 거룩한 이상들을 가진 인간으로부터 모든 피와 사랑, 생명의 희망을 빨아먹는 것이 기독교의 축복이란 말인가? 모든 현실을 부정하려는 의지로서의 "내세", 그리고 건강과 아름다움, 용기, 지성, 영혼의 친절, 한마디로 생명 자체에 반대하는 음모 중에서 가장 음흉한 음모의 트레이드마크로서의 십자가. …
기독교에 대한 이 영원한 비난을 나는 벽이 있는 곳마다 기꺼이 적을 것이다. 나에겐 눈 먼 자도 볼 수 있는 글자가 있다. … 나는 기독교를 엄청난 저주라고, 더없이 깊고 심각한 타락이라고, 대단한 보복 본능이라고 부른다. 기독교 앞에서는 어떤 수단도 지나치게 해롭거나, 정당하지 못거나, 은밀하거나, 사소할 수 없다. 나는 기독교를 인류에게 내려오는 단 하나의 불멸의 오점이라고 부른다.

10장

권력 의지(Ⅰ)

니체가 4권으로 구성될 최종적인 철학 작업에 담으려 한 모든 내용
은 산만하고 간혹 대단히 압축적인 두 권의 노트에 기록되어 있다.
이 노트가『권력 의지』(독일어 제목: Die Wille zur Macht)라는 제
목으로 묶어졌다. 정점에 해당하는 이 작업에, 니체는 1883년부터
최종적으로 신경쇠약을 일으킬 때까지 매달렸다.

　그는『권력 의지』를 위한 계획을 두 차례 마련했다. 1886년에 계
획을 한 번 세운 다음에 1887년에 또 한 차례 계획을 세웠다. 1887
년의 계획을 그가 최종적으로 따랐기 때문에, 이 계획을 정확한 것
으로 받아들이는 것이 타당하다.

　이 최종 작업을 이루는 책 4권의 제목은 '유럽의 니힐리즘'과 '지
금까지 지배해 온 최고 가치들에 대한 비판' '새로운 평가의 원칙
들' '훈련과 훈육'이었다. 이 제목들은 1887년에 니스에서 마련한

계획을 따르고 있으며, 앞 장에서 언급한 바와 같이, 이것들을 아우르는 제목으로 '권력 의지'와 '모든 가치들에 대한 재평가'를 놓고 망설이긴 했어도 후자의 제목에 해당하는『적그리스도』는『권력 의지』의 한 부분을 이루는 것으로 여겨질 수 없다. 그러나『적그리스도』와『선과 악을 넘어서』『도덕의 계보』『우상의 황혼』은 사고의 측면에서『권력 의지』와 밀접히 연결되어 있다. 이 같은 사실은 이 책들이 서로 중복된다는 내적 증거뿐만 아니라 니체를 가까이서 지켜본 사람들의 증언에 의해서도 확인된다. 이 책들은 니체의 사고의 마지막 단계의 통일성을 증명한다.

니체는『권력 의지』로 묶일 4권의 책에 자신의 철학적 가르침을 모두 쏟아낼 뜻을 품고 있었다. 이 작품은 진술 면에서뿐만 아니라 분석 면에서도 그의 도덕 체계를 요약하는 것이었다. 이보다 앞선 책들은 반복되는 것이 많았으며 구성과 연결성을 결여하고 있었다. 그는 오직 간헐적으로만, 그것도 짧은 시간 동안만 집필할 수 있을 정도로, 건강이 크게 나빠졌다. 그 결과, 그는 엄청나게 많은 양의 자료를 좁은 공간에 쑤셔 넣으려고 끊임없이 노력했다.

그는 한 번에 한 가지 주제만 다룰 수밖에 없었다. 집필 가능한 시간의 길이가 너무나 짧다 보니 주제를 자신이 원하는 만큼 충실히 다룰 수 없었다. 그가 끊임없이 옛날의 문제로 돌아가 삼단논법을 바꾸고 내용을 추가하고, 비유를 끼워넣는 등 이전에 썼던 글을 다양한 방법으로 다듬는 것으로 비치는 이유도 거기에 있다. 그렇다면『권력 의지』는 그의 모든 글을 방대하게 조직화하는 작업이 될 터였다. 말하자면, 그의 모든 결론에 적절한 자리를 찾아주는 작업이 되게 되어 있었다. 4권의 책 전반에 걸쳐서, 단순한 생존 투쟁이라는 다윈의 이론과 반대되는 이론인 권력 의지에 방점을 둘 생각이었다. 그러나 두 권의 방대한 분량의 노트가 있음에도 불구하고, 이 메모들은 니체가 자신의 계획을 그대로 실행했을 경우에 기대되는 그런 조화를 결여하고 있다.

이 두 권의 책을 이루는 메모들은 여러 해에 걸쳐 이뤄진 작업이며, 출판을 위해 메모를 취합하는 과정에도 원래의 텍스트를 바꾸려는 시도는 전혀 없었다. 니체가 남긴 내용 그대로이다. 일부 메모의 경우에는 완벽한 구절인 반면에 일부 메모는 그야말로 메모에 지나지 않고 생략이 심하고 거칠다. 그러나 이 최종 작품의 내용이 어느 방향을 취했을 것인지를 파악하는 것은 불가능하지 않다. 자료가 워낙 풍부한 덕분이다.

『차라투스트라는 이렇게 말했다』를 완성한 때부터 1889년까지 니체는 이 대작을 위해 끊임없이 노트를 만들고 있었다. 그의 사고의 양상 중에서 현재 남아 있는 이 두 권 안에서 건드려지지 않는 것은 전혀 없다. 그가 이전에 남긴 작품에 비춰가면서 이 책의 페이지를 꼼꼼하게 따른다면, 그의 사상들이 종합적으로 취합되고 있다는 인상이 강하게 다가온다. 이는 『권력 의지』 2권에 특히 더 맞는 말이다. 왜냐하면 그의 중요한 원리가 가장 강력하게, 또 일관되게 강조되고 있는 곳이 바로 이곳이고 그 원리와 모든 인간 관계들의 관계가 명료하게 요약되고 있는 곳도 이곳이기 때문이다.

이 같은 사실 때문에 나는 두 권의 책을 따로 고려하기로 결정했다. 첫 권은 니체의 전작을 세심하게 읽은 독자들에게 다소 익숙한 내용으로 가득하다. 메모들은 대부분『차라투스트라는 이렇게 말했다』이후에 나온 책들에 담긴 원리들을 다듬고 설명하는 내용이다. 그런 까닭에 이 메모들이 중요하다. 첫 권은 2개의 섹션, 즉 '유럽의 니힐리즘'과 '지금까지 지배해 온 최고 가치들에 대한 비판'으로 나뉘어져 있다. 첫 번째 섹션은 다시 '니힐리즘'과 '유럽 니힐리즘의 역사에 관하여'로 나뉜다. 첫 번째 장에서 니체는 니힐리즘을 정의하고 그 기원을 더듬는다. 니힐리즘은 이전까지 지배적이었던 존재에 대한 가치 평가와 해석의 산물이라고, 말하자면 기독교 원리들의 결과가 니힐리즘이라고 니체는 주장한다. 기독교 도덕에 집착하기 위해 사람들은 대가를 상당히 치러야만 한다고 니체는 말한다. 이 같은 집착 때문에 사람들이 균형을 잃고 있으며 그 결과 정반대의 가치 판단을, 허무주의적인 요소들로 이뤄진 가치 판단을 이제 막 채택하려 한다는 것이 니체의 판단이다. 그는 니힐리즘 운동을 쇠퇴를 표현하는 것이라고 정의하고, 이 쇠퇴가 현대의 모든 제도 전반에 걸쳐 퍼지고 있다고 선언한다.

두 번째 장에서 그는 현대의 음울함에 대해 "중간층과 그 아래 계층의 더딘 향상과 부상(浮上)"의 결과라고 설명하고 이 음울함에 도덕적 위선, 공감과 동정의 퇴폐적인 미덕들이 수반되고 있다고 단언한다. 이 연결 속에서, 그는 19세기가 16세기에 비해 향상을 보여준다는 점을 부정한다. 니체의 글 중에서 기독교 도덕이 현대인에게 미치는 영향에 대한 분석으로는 니힐리즘에 관한 이 논문이 가장 훌륭하다. 이 분석을 깊이 공부하면, 권력 의지라는 원리의 의미를 파악하는 데 큰 도움이 될 것이다. 이 책의 메모들이 잠정적이고 완성되지 않아서『권력 의지』중에서 가장 덜 만족스러울지라도, 나는 니힐리즘과 관련한 니체의 이론과 결론을 적절히 보여줄 수 있는 진술을 충분히 고를 수 있었다.

1권의 두 번째 섹션인 '지금까지 지배해 온 최고 가치들에 대한 비판'을 보면, 메모들이 보다 충실하고 서로 밀접하게 조직되어 있는 것이 확인된다. 그렇게 보이는 이유는 이 메모들이 건드리는 영역이『적그리스도』와『도덕의 계보』『선과 악을 넘어서』가 다룬 영역과 똑같기 때문이다. 실제로, 이 메모들 중에 이 3권의 책에서 발견되는 것이 많다. 두 번째 섹션의 첫 번째 장은 '종교에 대한 비판'이라 불리며, 거기엔『적그리스도』에 소개되지 않은 자료는 거의 없다. 표현 방식까지도 아주 비슷하기 때문에, 나는 니체가 기독교를 맹렬히 공격하는 내용을 구성하면서 이 노트를 이용했을 것이라고 짐작한다. 그래서 나는 이 부분에서는 전작에 나타나지 않는 내용 외에는 거의 인용을 하지 않았다. 여기서도『적그리스도』에서와 똑같이 종교의 기원을 탐구하고, 기독교 이상들을 분석하고, 기독교 원리들의 역사를 더듬고, 기독교 신앙의 전파에 반대하는 주장을 편다. 그럼에도 지금 논하고 있는 메모들은 꼼꼼한 학생의 관심을 불러일으킬 만큼은『적그리스도』와 다르며, 니체의 다른 글에서는 접하지 못할 고찰을 이따금 보인다. 일반적인 독자에게 새롭게 관심사항으로 다가올 내용은 이 섹션에는 거의 없다.

두 번째 섹션의 두 번째 장인 '도덕에 대한 비판'에도 앞의 비판이 그대로 유효하다. 현재 논하고 있는 메모들이 고려하고 있는 주제들은『도덕의 계보』에도 나온다. 도덕적 가치 판단의 기원, 양심의 바탕, 집단의 영향, 미덕의 지배, 소위 악한 사람에 대한 중상, "향상"과 "고양" 같은 단어들의 의미 등이 고려되고 있는 것이다. 그러나 이 메모들에도 읽을 가치가 충분한 새로운 자료들이 있다. 몇 가지 예외를 제외하곤 새로운 이슈가 거의 제기되지 않지만, 그 전의 책들에서 요약 형식으로만 제기되었던 일부 주제들이 상세하게 설명되고 있다. 계층 구분의 원리가 특히 거기에 해당한다.

니체는 오직 개인주의자의 도덕만을 옹호한다는 비난을 받아왔다. 그러나 진실은 그가 두 가지 규범을 제시하고 있다는 것이다. 그는 집단을 위한 도덕을 설파했다. 이는 지배적인 계층에 봉사하는 계층의 필요에 적합한 체계이다. 한편 탁월한 개인들을 위해서 그는 이와 다른 규범을 가르쳤다. 지배자들의 필요에 적절하고 맞는 규범이다. 집단 도덕은 언제나 평범한 인간이라는 한 가지 유형을 창조하고 유지하려고 노력했다. 니체는 열등한 유형의 사람만 아니라 탁월한 유형의 사람의 필요에 대해서도 강조했다. 현재 논하고 있는 메모들을 보면, 니체는 이 원리를 지금까지의 그 어떤 책보다 더 깊이 파고들고 있다. 게다가 그는 약자와 관련해서 자신의 입장을 분명히 밝히고 있다. 그는 이렇게 말한다. "나는 무기력한 기독교 이상에 맞서 전쟁을 선포했다. 이유는 내가 기독교 이상을 무효화시키기 위해서가 아니라 기독교 이상의 횡포에 종지부를 찍고 다른 이상들, 보다 더 강건한 이상들에게 길을 열어주기 위해서이다."

보다 지적인 비판을 기대할 수 있는 학계에서도, 니체가 약하고 무능한 사람들을 완전히 제거하는 것을 선호했다는 식의 언급이 자주 보인다. 니체의 가르침에는 그런 것을 옹호한 흔적이 전혀 보이지 않는다. 정반대로, 앞의 인용에서 확인할 수 있듯이, 니체는 단지 약한 자가 사회를 지배하는 데 반대하는 설교를 했을 뿐이다. 니체는 약한 자들이 지적인 사람을 지배하는 현상에 분개했다. 약한 자들의 존재는 너무나 필요한 사항이라고 니체는 주장했다. 이 같은 믿음은 곳곳에서 보이며, 지금 논하고 있는 메모 중 사회주의에 대한 비판을 읽을 때에도 그 점을 잊지 말아야 한다.

이 메모에서 발견되는 또 다른 새로운 사항은 도덕을 전파하는 자들이 채택하는 비도덕적인 방법들이다. 이런 새로운 문제가 제기되는 단락에서 나는 인용을 몇 개 끌어냈다.

두 번째 섹션 중 세 번째이자 마지막 장인 '철학에 대한 비판'에서, 우리는 『선과 악을 넘어서』의 1장인 '철학자들의 편견들'이, 그리고 『우상의 황혼』 중 2개의 장, 즉 '소크라테스의 문제'와 '철학에서의 '이성''이 확장되고 있다는 사실을 확인한다. 이 부분의 메모들(일반적인 언급에 해당하는 몇 쪽을 제외하고)은 그리스 철학에 대한 비판과 철학적 진리와 실수에 대한 분석에 할애되고 있다. 이 메모들은 니체의 원리들을 오직 간접적으로만 건드리고 있으며, 그의 지적 방법에 대한 설명으로 여겨질 수 있다.

앞에서 말한 바와 같이, 이 책에 담긴 메모들은 파편적임에도 불구하고 니체의 목적을 파악하는 데 도움을 준다. 이 책에서 인용을 끌어내면서, 나는 이전의 책에서 만난 적이 있는 결론에 관한 진술보다는 그의 철학을 새롭게 밝히는 그런 구절을 선택했다.

니체는 이렇게 말했다

니힐리즘이란 무슨 의미인가? 가장 높은 가치들이 그 가치를 잃고 있다는 뜻이다.

철저한 니힐리즘은 이미 발견된 최고 가치들에 비추면 생명이 터무니없어진다는 확신이다. 니힐리즘은 또 초월적인 대상이나 사물이 그 자체로 존재한다고 단정할 권리가 인간에게 절대로 없다는 견해를 포함하고 있다. 여기서 말하는 대상이나 사물은 신성한 것이거나 도덕의 화신일 것이다.
이 같은 통찰은 "진실성"을 충분히 발달시킨 결과이고, 따라서 도덕성을 믿은 결과이다.

도덕적 평가는 비난이고 부정이며, 도덕은 생의 의지를 포기하는 것이다.

우리가 지금까지 우리의 관점에서 세상에 어떤 중요성을 부여하기 위해 끌어들이려고 시도했던 모든 가치들, 그리고 (세상에 적용하는 것이 불가능한 것으로 드러나는 경우에) 우리가 세상으로부터 모든 중요성을 박탈하는 결과를 낳은 그 모든 가치들은 심리학적으로 보면 어떤 공동체들의 지배를 유지하고 증대시킬 목적으로 확립된, 유용성에 바탕을 둔 이론들의 결과이다. 그런데 이 유용성 이론들이 엉뚱하게도 사물들의 본질로 투사되고 말았다. 인간이 스스로를 만물의 의미와 척도로 여기도록 만드는 것은 언제나 인간의 터무니없는 순진성이다.

순수하게 도덕적인 모든 가치 평가(예를 들면, 불교의 가치 평가)는 니힐리즘으로 끝난다. 유럽도 똑같은 것을 기대해야 한다. 사람은 종교적 배경이 없는 도덕을 바탕으로 해서도 잘 살아갈 수 있는 것으로 짐작되는데, 니힐리즘은 이 방향으로 활짝 열려 있다.

니힐리즘은 "무(無)"에 대한 명상일 뿐만 아니라, 다시 말해 모든 것은 사라질 자격이 있다는 믿음일 뿐만 아니라, 사람은 실제로 스스로를 파괴할 수 있다는 믿음이기도 하다.

지난 2,000년 동안 우리가 기독교인이었던 데 대한 대가를 치를 때가 다가오고 있다. 우리는 살아가는 데 필요한 평형 상태를 잃어가고 있다. 오랫동안 우리는 우리가 어느 방향으로 향하고 있는지에 대해 모를 것이다. 우리는 정반대의 가치 평가 쪽으로 자신을 무모하게 내던지고 있다. 그쪽으로 우리가 쏟는 에너지는 우리 자신에 대한 과대평가에서 나오는 것이 아니고는 도저히 불가능할 만큼 아주 과격하다. 지금 모든 것은 그 뿌리부터 거짓이고, 말뿐이며, 그 말도 혼란스럽고, 허약하고, 피로에 지친 말들뿐이다.

현대의 페시미즘은 단지 현대 세상이 무용하다는 점을 표현하고 있을 뿐이며, 세상과 존재 자체가 무용하다는 점을 표현하고 있는 것은 아니다.

"고통이 쾌락보다 우월하다는 인식" 혹은 그 반대의 인식(쾌락주의), 이 두 가지 원리는 이미 니힐리즘을 가리키고 있는 이정표이다. … 왜냐하면 두 경우 모두가 쾌락이나 고통 현상 이 외의 다른 최종적 목표를 추구하고 있지 않기 때문이다.

"삶은 살 만한 가치가 없어." "체념" "눈물의 선(善)은 무엇인가?" 이런 것들은 허약하고 감상적인 정신의 태도를 표현하고 있다.

사람들은 너무나 명백한 것을 아직 보지 않았다. 즉, 페시미즘이 하나의 문제가 아니라 징후라는 것을, 페시미즘이라는 용어가 "니힐리즘"으로 대체되어야 한다는 것을, "살 것이냐 말 것이냐" 하는 문제는 그 자체로 하나의 병이고 쇠퇴의 신호이며 하나의 특이성이라는 것을 사람들이 모르고 있는 것이다.
니힐리즘 운동은 단지 생리적 쇠퇴의 한 표현일 뿐이다.

쇠퇴와 약화, 폐물은 그 자체로는 반대할 것이 전혀 아니다. 그것들은 생명과 활기찬 성장의 자연스런 결과이다. 쇠퇴 현상도 진보나 향상

못지않게 삶에 필요하다. 우리 인간은 쇠퇴를 억제할 수 있는 위치에 있지 않다. 거꾸로, 이성적으로 판단할 경우에 쇠퇴에도 권리를 부여하는 것이 합당하다.

모든 악덕과 병, 범죄, 매춘, 빈곤에 종지부를 찍는 상황이나 사회적 결합이 가능하다는 주장은 사회주의 이론가들에게 치욕으로 들릴 것이다. … 그러나 그런 상황은 생명을 저주하는 것이나 마찬가지이다.

쇠퇴 자체는 배척될 수 있는 것이 아니다. 쇠퇴는 절대적으로 필요하며, 모든 시대와 모든 민족에게 적절하다. 가능한 모든 수단을 동원해 배척해야 할 것은 유기체의 건전한 부분들 사이에 쇠퇴가 전염되는 현상이다.

지금까지 쇠퇴의 원인으로 여겨졌던 모든 것은 실제로 보면 쇠퇴의 결과이다.

자연이 쇠퇴한 자들에게 동정을 전혀 보이지 않는다 하더라도, 그것은 비도덕적이지 않다. 인간 종족에서 생리적 및 도덕적 악들이 증가하는 것은 오히려 병적이고 부자연스런 도덕의 결과이다.

우리의 사회학은 무리, 즉 다수의 단순 부호(符號)들의 본능 외에 다른 본능에 대해서는 전혀 모른다. 이 본능에서는 모든 부호가 "동등한 권리"를 가지며, 무리 안에서는 무(無)로 지내는 것이 미덕이다.

니힐리즘은 다음과 같은 것들을 말해주는 신호이다. 실패한 자들과 망가진 자들이 더 이상 어떠한 위안도 얻지 못할 것이고, 실패한 자들과 망가진 자들이 파괴되기 위해 파괴할 것이고, 그들이 도덕을 박탈당했기 때문에 "체념할" 이유를 더 이상 갖지 않게 될 것이고, 그들이 정반대의 원리의 영역에서 자신의 입장을 정하고 강력한 자들이 자신들의 교수형 집행자가 되도록 강요함으로써 스스로 힘을 행사할 것이라는 점을 니힐리즘은 보여주고 있다.

곤궁을 약화시키고, 곤궁을 영광으로 여기고, 불쾌한 가능성들을 상대로 미리 전쟁을 벌이기 위해 무차별적으로 노력하는 우리 시대는 틀림없이 가난한 자들의 시대이다.

과로와 호기심, 동정, 이런 것들이야말로 현대의 악덕이다.

기독교와 혁명, 노예제 폐지, 평등권, 박애주의, 평화에 대한 사랑, 정의, 진리, 이런 허풍스런 단어들은 투쟁에서 슬로건으로서만 쓸모가 있을 뿐이다. 실체로서가 아니라 실제와 전혀 다른 것을 의미하는 미사여구로서만 쓰임새가 있다는 뜻이다(이런 단어들은 실제 의미와 정반대로 쓰일 때가 종종 있다).

19세기는 16세기에 비해 어떤 면에서도 전혀 진보를 보이지 않고 있다. 1888년의 독일 정신은 1788년의 독일 정신과 비교할 때 퇴보하고 있음을 보여주는 한 예이다. … 인류는 향상하지 않는다. 인류는 존재조차 하지 않고 있다. 전반적인 양상은 거대한 실험 공방의 양상과 비슷하다. 거기선 예나 지금이나 어떤 것들은 성공하는 한편 무수히 많은 것들은 실패하고 있다. 또 거기엔 질서와 논리, 협동, 책임 같은 것은 없다. 기독교의 상승이 쇠퇴의 움직임이라는 사실에 어떻게 우리가 감히 눈을 감을 수 있는가? 또 독일 종교개혁이 기독교의 야만성을 재연한 것이라는 점을, 종교개혁이 사회를 대규모로 조직하는 본능을 파괴해 버렸다는 점을 어떻게 우리가 눈감아줄 수 있는가? …
인간은 동물과 비교할 때 진보의 예가 아니며, 문화의 허약한 아들은 아랍인이나 코르시카 섬 사람들과 비교하면 미숙아이고, 중국인이 유럽인보다 더 성공적인 유형이다.

인간이 웃을 줄 아는 유일한 동물인 이유를 나는 너무나 잘 알고 있다. 인간만이 극심하게 고통을 받다 보니 웃음을 발명하지 않을 수 없었던 것이다. 충분히 예상할 수 있듯이, 가장 불행하고 가장 우울한 동물이 가장 쾌활한 법이다.

사회주의, 즉 가장 비열하고 가장 생각 없는 자들의 폭정, 다시 말해 피상적인 자들과 시기심 강한 자들, 투덜거리는 자들을 맨 꼭대기에 올려놓는 사회주의는 사실 "현대적 이념들"과 그 이념들의 잠재적 무질서에 따른 논리적 결론이지만, 민주주의적 행복이 팽배한 온화한 상황에서, 결심하거나 심지어 결론을 내리는 능력은 마비된다. 사람들은 추종할 뿐, 더 이상 자신의 이성을 따르지 않는다. 그것이 사회주의가 대체로 가증스러운 문제가 되는 이유이다. 오늘날 사회주의

자들의 독기 품은 절망적인 얼굴과 그들의 희망과 욕망의 유치한 행복 사이의 부조화를 관찰하는 것보다 더 흥미로운 일은 없다.

삶 자체가 살아 있는 모든 것들에게 설파하는 가르침은 바로 발달의 도덕이다. 더 큰 성장을 성취하고 바라는 것, 그것이 삶인 것이다. 사회주의의 가르침 안에 "삶을 거부하려는 의지"가 엉성하게 숨겨져 있다. 이런 종류의 가르침을 고안한 사람은 실패한 자들과 실패한 종족들임에 틀림없다.

영적 계몽은 사람들을 불확실한 존재로, 의지가 약한 존재로, 원조와 뒷받침을 필요로 하는 존재로 만드는, 한마디로 말해 사람들의 내면에 군집 본능을 발달시키는 가장 확실한 수단이다.

권력의 감정이 갑자기 어떤 사람을 압도할 때, 그 사람의 내면에 자신의 인격과 관련해서 어떤 의문이 일어난다. 그는 이런 놀라운 감각의 원인이 감히 자기 자신이라고 생각하지 않는다. 그래서 그 사람은 보다 강력한 인격을, 신(神)을 그 원인으로 여긴다. 권력 감정이 압도하는 현상은 위대한 열정들이 피어날 때 일어난다.

종교는 "인간" 개념을 낮추었으며, 종교의 종국적 결론은 모든 선과 위대함과 진리는 인간을 초월하며 오직 신의 은총에 의해서만 획득될 수 있다는 것이다.

요컨대, 도덕 때문인 것으로 여겨지는 향상의 대가는 무엇인가? 이성이 정상적인 기능을 상실하고, 모든 동기들이 공포와 소망(처벌과 보상)으로 환원되고, 모두가 성직자들의 후견에 의존하고, 모두가 신의 의지를 표현한 것으로 여겨지는 예배서의 엄격함에 의존하고, 마치 사람이 해야 할 것과 해서는 안 되는 것이 모두 미리 정해진 것처럼, 경험과 실험 대신에 거짓 과학을 확립하는 어떤 "양심"을 인간의 내면에 이식하는 것이 그 대가이다. 요약하면, 상상 가능한 최악의 인간 훼손이 그 대가인 것이다. 그런데도 사람들은 그 같은 결과물을 놓고 "선한 인간"이라고 부르고 있다.

이교(異敎)는 자연스런 모든 것을 긍정하는 것이며, 자연적인 것 속의 순진무구함이며, "자연성"이다. 기독교는 자연적인 모든 것을 부정하며, 자연적인 것에서 존엄의 결여를 보며, 자연에 적대적이다.

기독교는 부패하고 배설물 같은 온갖 요소로 이뤄진 퇴행적인 운동이다. 기독교는 어떤 종족의 몰락을 표현하고 있는 것이 아니라, 뿌리에서부터 보면 기독교는 서로를 잡아당기면서 다른 것으로 끌리고 있는 온갖 병적인 요소들의 집합체이다.
따라서 기독교는 민족적인 종교도 아니며, 종족에 의해서 결정되지도 않는다. 기독교는 모든 지역에서 물려받지 않은 자들에게 호소력을 발휘하고 있다. 기독교가 성공적이고 지배적인 모든 것에 대해 분개를 표현하고 있고, 또 성공적이고 지배적인 모든 것을 저주할 어떤 상징을 필요로 하기 때문이다. 기독교는 모든 형식의 지적 운동에, 모든 철학에 반대하고 있으며, 기독교는 백치들을 보호하기 위해 곤봉을 휘두르고 있고 모든 지성을 향해 저주를 퍼붓고 있다. 재능을 타고나거나 배움이 깊거나 지적으로 독립적인 사람들에게 분개하는 기독교는 이런 사람들이 갖춘 성공과 우월의 요소를 의심한다.

기독교의 모든 "진리"는 무의미한 거짓이고 기만이며, 최초의 기독교 운동의 밑바닥에서 작용하던 진리와 정반대이다.

진정한 기독교인이 된다는 것은 교리와 의식, 성직자, 교회, 신학에 철저히 무관심해진다는 것을 의미한다.

우리의 죄를 대신해 죽은 신, 신앙을 통한 구원, 사후 부활 등은 모두 진정한 기독교의 위조품이다. 이 위조품에 대한 책임은 파멸적인 명칭이 바오로가 져야 한다.

기독교는 처음부터 언제나 상징적인 것을 현실의 것으로 바꿔왔다.
(1)"진짜 삶"과 "거짓 삶"이라는 대립적인 개념을 오해해서 "이승의 삶"과 "내세의 삶"으로 바꿔 놓았다.
(2)덧없는 개인적인 삶과 반대되는 "영생"이라는 개념이 "개인의 불멸"로 해석되었다.
(3)히브리인과 아랍인의 방식을 따라서 똑같은 음식과 음료수를 나눠 먹고 마시는 친교의 과정이 "성변화(聖變化)의 기적"으로 해석되었다.

(4)영적인 측면에서 "다시 태어난다"는 의미로 "진정한 삶"으로 들어간다는 뜻으로 받아들여졌던 "부활"이 역사적인 사건이 되어 각 개인에게 사후의 어느 때에 일어나는 일로 여겨지게 되었다.

(5)사람의 아들을 "신의 아들"로 가르친 것, 말하자면 인간과 신 사이의 생명 관계를 가르친 것이 "삼위일체의 제2위격"이 되었으며, 따라서 심지어 가장 저급한 인간까지 포함하는 모든 인간과 신의 자식 관계가 폐지되었다.

(6)신앙을 통한 구원(즉, 그리스도가 가르친 삶의 실천을 통하지 않고는 신과의 자식 관계에 이를 길이 전혀 없다는 뜻)이 모든 죄를 속죄하는 기적적인 방법이 있다는 믿음으로, 말하자면 우리 자신의 노력이 아니라 그리스도를 통한 방법이 있다는 믿음으로 변질되었다.

이런 모든 목적을 위해, "십자가에 매달린 그리스도"가 새롭게 해석되어야 했다. 죽음 자체는 그 사건의 중요한 특징이 되지 않을 것이며, … 그리스도의 죽음은 단지 세상의 당국과 법 앞에서 처신하는 방법을 가리키는 또 다른 표시였을 뿐이다. 사람은 자신을 방어하지 못하게 되어 있다는 가르침을, 이런 것이 모범적인 삶이라는 가르침을 말이다.

복음이란 행복에 이르는 길이 하층민이나 가난한 사람에게도 열려있다는 것을, 또 사람이 해야 할 것은 자기 자신을 모든 제도와 전통, 그리고 높은 계층의 후견으로부터 해방시키는 것뿐이라는 점을 선언하는 것이다. 따라서 기독교는 사회주의자들의 전형적인 가르침 외에는 아무것도 아니다.

재산과 획득, 모국, 신분과 서열, 법정, 경찰, 국가, 교회, 교육, 예술, 군대. 이 모든 것은 행복의 길에 놓여 있는 장애물이고, 실수이고, 덫이고, 악마의 책략이다. 복음은 이런 것들에게 판결을 내리고 있는데, 이런 행태는 사회주의 원리의 전형을 보여주고 있다.

이 모든 것들의 뒤에서 "주인"에 대한 증오가 폭발하고 있다. 자유의 행복을 식별하는 본능이 아주 오랫동안 억눌려 있다가 터진 것이다.

기독교는 철저한 오해와 자기기만 속에 군집성 도덕의 자연스런 특성들을 배제시켰다. 군집성 도덕의 보다 자연스런 형식은 민주주의이며, 민주주의는 허위성도 덜하다. 억압당하는 계층과 낮은 계층, 노예, 그리고 계급이 서로 다른 부모를 둔 사람들이 우세하게 될 것이라는 점은 하나의 사실이다. 이들은 다음과 같은 단계를 거쳐 우세해질 것이다.

첫 단계: 그들은 스스로를 자유의 몸으로 만든다. 그들은 처음에는 공상 속에서만 자신을 분리시키다가 이어서 서로를 인정하고, 자신을 최고의 존재로 여긴다.

두 번째 단계: 그들은 갈등을 빚으면서 자신들에 대한 인정과 평등권, "정의"를 요구한다.

세 번째 단계: 그들은 특권을 요구한다(권력의 대표자들을 자기편으로 끌어들인다).

네 번째 단계: 그들만이 권력을 잡길 원하고 최종적으로 전권을 수중에 넣는다.

비중 있는 인물 중에서 기독교의 이상을 닮은 인물이 도대체 언제, 어디에 있었던가? 적어도 심리학자들과, 가슴과 속박에 대해 잘 아는 사람들이 볼 때엔 그런 인물은 없었다. 플루타르크(Plutarch)의 '영웅전'에 등장하는 영웅들을 보라!

고결한 인간은 두려움을 모르고 불운에 맞서려는 각오로 인해 저급한 인간과 뚜렷이 달라 보인다. 행복을 안겨주는 가치들이 지배하기 시작하는 것(생리적 피로와 의지력의 약화가 나타나는 것)은 쇠퇴의 한 신호이다. "축복"을 예상하는 기독교는 고통 받고 빈곤한 인간 종의 전형적인 태도이다. 그런 가운데 과잉의 힘은 작동하며 힘들어하다가 결국엔 사라지고 말 것이다.

이상(理想)은 어떤 것이든 위험하다. 이상이란 것이 현실을 낮춰보고 현실에 낙인을 찍기 때문이다. 이상은 모두 독(毒)이다.

기독교인이 알고 있는 "구원의 상태"는 단순히 병에 걸린 상태의 변형에 지나지 않는다. 그것은 간질 발작을 과학이 아니라 종교적 열광이 제시하는 특별한 공식을 바탕으로 해석한 것이나 다름없다.

어떤 사람이 양심의 가책을 느낀다는 것은 그 사람의 성격이 아직 행동과 일치하지 않는다는 것을 보여주는 신호이다. 선한 행동을 한 뒤에도 양심의 가책 같은 것이 느껴지는데, 이런 경우에 양심의 가책은 선한 행동이 익숙하지 않고 또 기존의 낡은 상황과 부합하지 않기 때문에 일어난다.

우리 비(非)도덕주의자들에겐 "비행"(非行)을 믿지 않으려는 경향이 있다. 모든 행동은 종류를 불문하고 뿌리는 다 똑같다는 것이 우리 비도덕주의자들의 믿음이다. 이는 우리에게 불리하게 작용하는 행동이 경제적 관점에서 보면 유익하고 전반적으로 바람직할 수 있는 것과 똑같다. 일부 개인적인 예들에서, 우리는 그런 행동을 하지 않았으면 더 좋았을 것이라는 점을, 그리고 상황 때문에 어쩔 수 없이 그런 행동을 했을 것이라는 점을 인정한다. 우리 중에서 상황 때문에 이미 온갖 범죄를 저지르지 않은 사람이 있는가? … 그것이 "이런저런 것은 절대로 해선 안 돼."라는 식으로 말해서는 안 되는 이유이다. "내가 이런저런 것을 이미 수백 번을 하지 않았다는 사실이 얼마나 신기한지 몰라."라는 식으로 말해야 한다. 사실, 극소수의 행동만이 전형적인 행동이고, 인격의 진정한 모습을 보여줄 뿐이다. 그리고 인격자가 극히 드물다는 점을 고려한다면, 단 하나의 행동이 그 사람의 인격을 말해주는 경우는 거의 없다. 행동은 대부분 상황에 따른 것이며, 행동은 피상적이거나 단순히 자극에 따라 수행하는 반사적인 움직임일 뿐이다. 그런데 이 반사적인 움직임은 우리라는 존재의 깊은 곳이 그 문제와 관련해 자극을 받기 훨씬 전에 일어난다.

경험은 이렇게 가르치고 있다. 어떤 사람이 동료들의 평균보다 아주 높이 스스로를 향상시키는 경우에, 권력이 커진 만큼 선과 악으로부터의 자유도 더 커지고, "참"과 "거짓"으로부터도 더 자유로워지며,

그 사람은 내면의 선량함이 명령하는 것을 고려하지 않게 된다고 말이다.

생존을 위해 이런 식으로 상호 지원하고, 약한 자들을 연대하도록 하고, 자연의 선택을 방해하는 것이 아니라면, 기독교의 "미덕"과 "인간애"는 무엇이란 말인가? 모두가 나머지 모든 사람들을 보살필 경우에 모든 개인이 보다 오랫동안 존속할 것이라고 예측하는 약자들의 집단 이기주의가 아니라면, 기독교의 이타주의는 무엇이란 말인가? … 이런 정신의 태도를 부도덕한 것으로, 생명에 반하는 범죄로 생각하지 않는 사람은 병든 군중에 속하고 군중의 본능을 공유하고 있다. … 인류에 대한 순수한 사랑은 종을 위해 희생할 것을 요구한다. 인류에 대한 순수한 사랑은 원래 어렵고, 자제를 많이 요구한다. 그것이 인간의 희생을 필요로 하기 때문이다.

매우 엄중한 비난을 들어 마땅한 것은 기독교 같은, 아니면 교회 같은 종교가 내세우고 있는 목표가 모호하고 비겁할 만큼 연약하다는 점이다. 기독교는 죽음과 자기 파괴를 권하지 않으며 실제로 보면 실패한 자와 망가진 자를 보호하고 그들이 자신과 똑같은 후손을 낳도록 권장하고 있다.

"진정한 기독교도"가 자신의 본능이 금지하는 모든 것을 어떻게 처리하는지를 보자. 기독교도는 아름다움과 긍지, 부(富), 자립, 재치, 지식, 권력을, 한마디로 말해 문화의 모든 것을 의심과 진흙으로 가려

버린다. 기독교도의 목표는 문화로부터 깨끗한 양심을 박탈하는 것이다.

우리가 기독교에서 문제로 삼으며 퇴치하려 드는 것은 무엇인가? 기독교가 강한 자들을 파괴하고, 강한 자들의 정신을 깨뜨리고, 강한 자들이 피로하거나 쇠약해진 순간을 악용하고, 강한 자들의 정당한 확신을 불안과 양심의 문제로 바꿔놓는 것을 목표로 잡고 있다는 점이다. 또 기독교가 가장 숭고한 본능에 독을 주입하고 본능이 병을 앓게 하는 방법을 알고 있다는 점도 문제이다. 기독교의 이런 노력은 강한 자들의 힘과 권력 의지가 자신의 내면으로, 자신에게 반하는 방향으로 향할 때까지, 다시 말해 강한 자들이 과도한 자기경멸과 자기희생을 통해 사라질 때까지 이어질 것이다.

모든 미덕은 생리학적인 상태로 여겨져야 한다.

예전엔 모든 형태의 도덕에 대해 "그 열매로 그들을 알 것이니."라는 식으로 말했다. 나는 모든 형태의 도덕에 대해 이렇게 말하고 싶다. "그 열매를 보면 그것이 어떤 토양에서 자랐는지 알 수 있느니라."

나의 주된 원리는 이것이다. 도덕적 현상 같은 것은 절대로 없다. 오직 현상에 대한 도덕적 해석만 있을 뿐이다. 도덕에 대한 해석의 기원은 도덕의 울타리 밖에 있다.

유럽의 전체 도덕은 무리에 유익한 가치들에 바탕을 두고 있다.

무리는 예외의 수준이 전반적인 수준보다 위이냐 아래이냐를 불문하고 예외를 무리에 반대하고 위험한 존재로 여긴다. 무리가 자신들보다 위에 있는 예외, 즉 강하고 힘 있고 똑똑하고 생산적인 사람들을 다룰 때 쓰는 책략은 그 사람들이 수호자나 목동, 파수꾼이 되도록, 말하자면 하인 우두머리가 되도록 설득하는 것이다. 그러면 무리는 위험한 요소를 유익한 요소로 바꿔놓게 된다.

나의 가르침은 이것이다. 무리는 한 가지 유형의 인간을 지키고 간직하려 노력한다. 무리는 두 가지 측면으로, 말하자면 무리의 계층보다 아래로 떨어지려 하는 자(범죄자 등)와 무리의 계층보다 월등히 높은 수준으로 올라가려 하는 자들에게 반대하는 방법으로 스스로를 보호한다.

나의 철학은 새로운 위계질서를 구축하는 것을 목표로 잡고 있다. 개인주의 도덕을 세우는 것이 나의 철학의 목표가 아니다. 무리의 정신은 무리 안에서만 지배해야 한다. 무리를 벗어나서까지 지배하려 들어선 안 된다. 무리의 지도자들은 자신들의 행동에 대해 근본적으로 다른 가치 평가 기준을 갖고 있어야 한다.

양심이 어떤 행위를 비난하는 것은 그 행위가 오랫동안 비난의 대상이 되어 왔기 때문이다. 양심이 할 수 있는 것은 모방이 전부이다. 양심은 가치를 창조하지 않는다. 처음에 어떤 행동을 비난하도록 만든 것은 양심이 아니라, 그 행위의 결과에 대한 지식(혹은 그 행위에 반대하는 편견)이었다. … 양심의 승인, 행복의 감정, "내적 평화"의 감정은 예술가가 자신의 작품을 보고 느끼는 희열과 같은 종류의 감정일 뿐이며, 양심의 승인은 아무것도 입증하지 않는다.

미덕은 어떤 수단으로 권력을 확보하는가? 그 수단은 정당(政黨)이 동원하는 것과 똑같다. 이미 권력을 잡고 있는 가치들을 중상하고, 의심하고, 훼손시키고, 그 가치들의 이름을 바꾸고, 그것들을 체계적으로 박해하고 경멸하는 것이다. 한마디로, 일반적으로 "부도덕한" 행위들을 동원하는 것이다.

잔혹성이 변화를 겪으면서 비극적 동정으로 고상하게 다듬어졌다. 그래서 사람들은 잔혹성을 더 이상 잔혹성으로 인정하지 않게 되었다. 남녀 성애(性愛)에도 똑같은 현상이 일어났으며, 그 결과 성애가 사랑의 열정이 되었다. 정신의 노예적 경향이 기독교의 순종으로, 비참함이 겸허함으로 바뀌었다. 예를 들어, 교감신경계의 병은 페시미즘, 파스칼주의, 칼라일주의로 칭송되고 있다.

대립적인 관계에 있는 종족이나 계층의 힘을 이루는 특성들은 그 종족이나 계층이 가진 것들 중에서 가장 사악하고 해로운 요소로 선언된다. 그런 특성들 때문에 그 종족 또는 계층이 우리에게 해로울 수 있기 때문이다.

내가 인정하는 미덕은 이런 특성을 갖고 있다. (1)미덕은 인정해 달라고 고집부리지 않는다. (2)미덕은 모든 곳에 존재한다고 전제하지 않으며, 다른 것도 존재한다는 점을 인정한다. (3)미덕은 미덕의 부재로 인해 고통 받지 않으며, 미덕이 부재하게 된 현상의 원인을 어떤 관점에서 찾는다. 미덕은 스스로를 칭찬하지 않는다. (4)미덕은 선전을 전혀 하지 않는다. (5)미덕은 언제나 개인의 미덕이기 때문에 어느 누구에게도 판사의 역할을 허용하지 않는다. (6)미덕은 일반적으로 금지된 것을 한다. 내가 미덕으로 이해하고 있는 것은 모든 군집적인 법안에서 실제로 '금지'되고 있다. (7)간단히 요약하면, 내가 생각하는 미덕은 르네상스 스타일의 미덕, 말하자면 모든 도덕적 의견으로부터 자유로운 미덕이다.

소유욕과 권력욕, 나태, 소박, 공포. 이 모든 것은 미덕과 이해관계가 깊다. 그것이 미덕이 그렇게 확고하게 서 있을 수 있는 이유이다.

악덕은 생리적 쇠퇴에 따른 효과들을 다소 자의적으로 요약 정리한 것이다. 기독교가 가르치는 것과 같은 일반적인 주장, 예를 들어 "인간은 악하다."는 주장은 쇠퇴한 유형의 사람을 정상적인 것으로 여기는 한에서만 타당하다. 그러나 이것은 터무니없다. 당연히, 기독교가 번창하고 지배하는 곳에선, 이 주장이 합당한 것으로 여겨진다. 그러나 그것으로 인해 거기에 건전하지 못한 토양, 즉 쇠퇴를 부르는 영역이 존재한다는 것이 증명될 뿐이다.

인간이 자신의 길을 개척해 나가고, 환경을 인내하고, 환경을 자신에게 유리한 방향으로 바꾸고, 반대자들을 타도하는 기술을 이해하고 있는 그 속을 깊이 들여다볼수록, 인간에 대한 존경심은 더욱 깊어진다. 그러나 욕망의 측면을 본다면, 인간은 동물들 중에서 가장 터무니없다.

사회주의자의 이상(理想)에 대해 말하자면, 그것은 기독교의 도덕적 이상을 대단히 멍청하게 오해하고 있는 것에 지나지 않는다.

지배하려 들거나 스스로를 강력히 내세우려는 이상은 다음과 같은 방식으로 그 목적을 추구하려 한다. (a)가짜 기원(起源)을 주장하고, (b)그 이상과 기존의 강력한 이상 사이에 어떤 연결이 있다고 주장하고, (c)마치 의심할 바 없는 어떤 초월적 권력자가 나타나고 있다는 듯이, 미스터리를 이용해 흥분을 일으키고, (d)반대자들의 이상을 중상하고, (e)이상이 낳지도 않을 이점을, 예를 들면, 행복과 영적 평화, 전반적 평화, 혹은 강력한 신의 후원 같은 것을 거짓으로 가르친다.

나의 견해는 이렇다. 생명의 원천인 모든 힘들과 본능들은 도덕의 금지를 당하고 있다. 도덕은 생명을 부정하는 본능이다. 생명이 자유롭게 풀려나려면, 도덕이 폐지되어야 한다.

모든 사람의 소망은 자신이 성공을 성취하는 데 도움이 될 가르침과 가치 판단 외에는 아무것도 없었으면 좋겠다는 것이다. 그래서 어느 시대에나 약한 자와 평균적인 사람들의 기본적인 경향이 강한 자들을 약화시켜 약한 자의 수준으로 떨어뜨렸다. 약한 자와 평균적인 사람들이 이렇게 하는 과정에 주로 휘두른 무기는 도덕 원칙이었다. 강한 자가 약한 자를 대하는 태도는 악으로 낙인 찍히고, 강한 자의 최고 상태는 나쁜 상태의 전형이 된다.

모든 작은 공동체(혹은 개인)는 어떤 싸움에 개입하고 있다는 사실을 깨달을 때 스스로 이 점을 확신하려 노력한다. "훌륭한 취향, 훌륭한 판단, 그리고 미덕은 우리 편이다." 전쟁은 사람들이 이런 식으로 자긍심을 과도하게 키우도록 강요한다.

("기독교 교도"로서나 "자유로운 정신"으로서, "비도덕가"로서, 또는 "독일 제국주의자"로서) 어떤 종류의 기이한 이상을 품고 있든, 그것이 유일한 이상이라는 식으로 주장해서는 안 된다. 그런 식으로 주장할 경우에 이상이 특권적인 성격을 박탈당하기 때문이다. 사람은 두드러지기 위해 이상을 가져야 한다. 이상을 선전하면서 자신을 인류의 나머지와 같은 수준으로 떨어뜨리는 일이 일어나서는 안 된다.

진정한 영웅적 자질은 자기희생이나 복종, 무욕이라는 깃발 아래에서 싸우는 데에 있는 것이 아니라 조금도 싸우지 않는 데에 있다.

겸손하고, 근면하고, 자비롭고, 절도 있는 사람. 그대는 이런 사람이 선한 사람이라고 생각하는가? 그런 사람을 나는 단지 노예로, 미래의 노예로밖에 보지 않는다.

근면, 겸손, 자비, 중용 등은 주체적인 감정과 위대한 독창력, 영웅적인 목표, 자기 자신을 추구하는 숭고한 존재 등을 방해하는 장애물일 뿐이다.

나는 무기력한 기독교 이상과 그것과 밀접히 관련 있는 것들을 상대로 전쟁을 선포했다. 무기력한 기독교 이상을 전멸시키길 원해서가 아니라, 기독교 이상의 횡포에 종지부를 찍고 다른 이상들, 보다 강건한 이상들을 위해 길을 열어주기 위해서이다.

만약에 사람이 순전히 동정심에서 선한 행위를 한다면, 그 사람이 원조하고 있는 대상은 그 사람 자신이지 이웃이 아니다.

"사람은 다른 사람들을 희생시키며 자신의 '에고'의 이익을 지속적으로 추구한다." "삶이란 타인들을 희생시키며 사는 것을 말한다." 이같은 사실을 파악하지 못한 사람은 자신에 관한 진실을 찾으려는 첫걸음조차 아직 떼지 못했다.

도덕과 "사랑"의 종교, 확신에 찬 정신의 약화, 그리고 인내와 체념, 도움, 협동을 권장하는 원칙은 그런 계급들 안에서 심지어 그들의 지배자들의 눈에도 대단히 가치 있는 것이 될 수 있다. 왜냐하면 그런 도덕과 종교가 경쟁과 분노, 시기의 감정을 억제하기 때문이다. 이런 감정들은 실패하고 망가진 사람들 사이에서 너무나 자연스럽게 일어나는 것들이 아닌가. 또 그런 도덕과 종교는 겸손과 복종, 노예생활, 피지배, 빈곤, 질병, 천박 등의 이상 아래에서 실패한 자와 망가진 자들을 신격화하기도 한다. 이것은 모든 시대의 지배 계급(혹은 종족)이나 개인이 항상 이타심에 대한 숭배를, 비열한 자들의 복음과 "십자가에 매달린 신"의 복음을 지지한 이유를 설명해준다.

이기주의에 대한 증오는 (사회주의자의 경우처럼) 개인이 품는 경우에 복수심에 불타는 가운데 결정된 가치 판단으로 나타나기도 하고, 또 고통을 받는 사람의 보존 본능에 따른 신중한 행동으로, 말하자면 협동과 통합의 감정을 증대시키는 형태로 나타나기도 한다. … 사실, 이기주의(자신의 것이거나 타인의 것이거나 불문하고)를 판단하고 거부하고 처벌하는 과정에 일어나는 분노의 분출은 실패한 자와 망가진 자들의 입장에서 보면 자기보존적인 조치이다. 요약하면 이렇다. 이타주의를 숭배하는 것도 단지 이기주의의 한 특별한 형식에 불과하며, 이타주의 숭배는 명백한 어떤 생리적인 상황에서 규칙적으로 나타난다.

마땅한 분노를 품은 사회주의자가 "정의"와 "권리", "평등권"을 외칠 때, 그것은 단지 그가 부적절한 문화에 의해 억압을 받고 있으면서도 그 이유를 제대로 이해하지 못하고 있다는 점을 보여줄 뿐이다. 그는 또 외침에서 즐거움을 느끼고 있다. 만약 그가 조금 더 편안하다면, 그는 그런 식으로 외치지 않으려 신경을 쓸 것이다. 그런 경우라면 그는 다른 곳에서 즐거움을 추구할 것이다. 기독교인에 대해서도 똑같이 말할 수 있다. 기독교인은 "세상"을 저주하고, 비난하고, 중상하는데, 이때 기독교인은 자기 자신도 예외로 여기지 않는다. 그러나 그것이 기독교인을 진지하게 받아들여야 하는 이유는 전혀 될 수 없다. 두 가지 예에서, 우리는 똑같이 외침에서 좋은 기분을 느끼고 중상에서 위안을 얻고 있는 병약자를 보고 있을 뿐이다.

나는 권력의 크기와 의지의 충만을 근거로 사람을 평가한다. 쇠약과 그에 따른 병적 상태를 평가의 근거로 삼지 않는다. 나는 의지를 부정하라고 가르치는 철학을 인간의 명예를 훼손할 뿐만 아니라 인간을 중상하는 것으로 여긴다. … 나는 의지의 힘을, 그 의지가 제공할 수 있는 저항의 크기와 의지가 견뎌낼 수 있는 고통과 고문의 크기에 따라 측정한다. 나는 존재의 악과 고통을 비난하지 않는다. 나는 오히려 삶이 언젠가는 그 어느 때보다 더 사악해지고 더 고통스런 것이 되리라는 희망을 품고 있다.

나의 최종적 결론은 이렇다. 진정한 인간은 지금까지 존재한 이상들이 "바랐던 유형"의 인간보다 훨씬 더 높은 가치를 대표하고, 인간과 관련해서 "간절히 열망했던" 모든 것은 터무니없고 위험한 낭비였으며, 그런 이상형이 제기된 것은 특별한 어떤 부류의 인간이 자신의 보존과 성장을 위한 조치를 모두를 위한 법으로 확립하기를 원했기 때문이고, 시대가 원한 종류의 인간은 인간의 가치와 인간의 힘, 그리고 미래에 대한 인간의 믿음을 추락시켰고, 인간이 이상적인 인간을 만들어 내려는 욕망을 드러내고 있는 지금 인간의 궁핍과 평범한 지력이 오히려 더 분명하게 드러나고 있으며, 가치들을 결정하는 인간의 능력이 지금까지 너무 형편없이 발달한 탓에 인간의 실제 가치조차 제대로 다루지 못하고 있으며, 현재까지 이상은 인간과 인간의 힘을 가장 심하게 중상했던 권력이었으며 지금도 이상은 독성을 품은 연기(煙氣)로 현실 위에 걸려 있으면서 인간들이 비(非)실재를 갈망하도록 유혹하고 있다.

사람들을 행동으로 도덕적인 존재로 만들려는 사람은 대단히 비도덕적이어야 한다. 도덕주의자의 수단은 지금까지 사용된 것들 중에서 가장 끔찍하다. 행동에서 비도덕가가 될 용기가 없는 사람은 다른 일에는 적합할지 몰라도 도덕주의자의 의무에는 어울리지 않는다.

모든 시대의 성직자들은 항상 사람들을 "향상"시키길 원하는 척 꾸몄다. … 그러나 성직자들과 다른 신념을 가진 우리는 사자를 길들이는 사람이 "향상된" 사자에 대해 이야기하려 할 때면 웃음을 터뜨릴 것이다. 대체로, 짐승을 길들이는 과제는 그 짐승을 저하시킴으로써만 성취될 수 있다. 도덕적인 인간은 더 나은 인간이 아니며, 도덕적인 인간은 자신의 종(種) 중에서 약한 축에 속한다.

지금까지, 도덕은 다음과 같은 것들의 희생을 바탕으로 발달해 왔다. 지배적인 계급과 그들의 특별한 본능, 잘 다듬어져 있고 아름다운 자연, 모든 측면에서 독립적이고 특권을 타고난 계급들이 도덕에 희생된 것이다.

도덕은 보다 높은 유형에 이르려는 자연의 노력에 맞서고 있는, 일종의 대항 운동이다. 도덕의 효과는 이런 것들이다. 생명에 대한 전반적인 불신(생명의 경향들이 비도덕적인 것으로 느껴진다는 점에서), 감각에 대한 적대감(최고의 가치들이 보다 높은 본능에 반하는 것으로 느껴진다는 점에서), 갈등을 의식하지 않을 수 없게 되는 "보다 높은 천성들"의 쇠퇴와 자기파괴 등이다.

강한 자들이 모든 점에서, 심지어 가치 평가에서까지도 주인의 역할을 한다고 가정해보자. 그런 경우에 강한 자들이 질병과 고통, 희생에 대해 어떤 태도를 취하게 될 것인지 한번 생각해 보라. 그 결과, 약한 자들 사이에 자기비하가 나타날 것이다. 약한 자들은 사라지면서 자신과 같은 부류를 멸종시키려고 최대한 노력할 것이다. 그렇다면 이것이 바람직한 일인가? 우리는 섬세함과 배려, 지성, 유연성을 결여한 세상을, 말하자면 약한 자의 영향력이 배제된 세상을 진정으로 좋아하는 것일까? …

나는 "정신적 자유"를 매우 명확한 무엇인가로 이해한다. 정신적 자유란 바로 이런 상태를 말한다. 사람이 자기 자신을 대하는 엄격성에서, 강직함에서, 용기에서, 그리고 '노'라고 말하는 것이 위험할 때조차도 '노'라고 말하려 하는 절대 의지의 측면에서 철학자들과 "진리"의 다른 사도들보다 백 배 더 탁월할 수 있는 상태 말이다. 나는 지금까지 등장했던 철학자들을 여자 같은 "진리"의 속치마 속에 숨어 있는 한심한 방탕자로 여긴다.

11장

권력 의지(Ⅱ)

『권력 의지』 2권은 파편적인 형식임에도 불구하고 니체의 책들 중에서 가장 중요하다. 이 책은 그의 중요한 건설적인 책들에서 언급된 주요 원리들을 하나의 표지로 모으며, 그 원리들을 그의 근본적인 가설인 권력 의지의 관점에서 설명한다. 이 작품의 1권에서 우리는 권력 의지가 도덕과 종교, 철학에 적용되는 것을 보았다. 2권에선 권력 의지가 과학과 자연, 사회, 훈련과 예술에 적용되고 있다. 이 메모들은 1권의 메모들보다 더 분석적이며, 주제 자체도 니체의 주요 이론과 직접적으로 연결되기 때문에 훨씬 더 중요하다. 2권은 또한 더욱 충실하고 동질적이며 새로운 자료를 많이 포함하고 있다. 구성이 워낙 탄탄하기 때문에, 이 메모들을 적을 당시에 니체를 고무한 목적이 무엇이었는지가 뚜렷이 느껴진다.

니체의 윤리 체계를 이해하기 위해선, 니체가 생명의 기본적인 표현으로 여기고 있는 원리인 권력 의지에 대한 이해부터 확실히 이뤄져야 한다.『즐거운 지식』이후에 나온 모든 책에서, 우리는 권력 의지를 간접적으로 언급하는 대목과 권력 의지에 근거한 결론을 보았다.『권력 의지』를 구성하고 있는 메모들이 출간될 때까지 권력 의지에 대한 정의가 명확하게 최종적으로 내려진 적은 없지만, 그럼에도 불구하고 권력 의지는 니체의 건설적인 글 모두에서 동기로 작용하고 있었다. 간단히 언급하면, 권력 의지는 스스로를 보존하고 유지하고 발달시키려는 생물학적 본능이다. 니체는 단순한 생존 본능이라는 다윈의 보편적인 법칙은 생명 안에서 작용하고 있는 힘들을 오해한 것이라고 주장한다. 그는 존재는 하나의 조건, 즉 행동이 일어날 환경이지 결코 목적이 아니라고 지적한다. 자연에서 존재하려는 경향의 결과로 인해 적자만이 생존하는 것은 맞는 말이다. 그러나 생존 본능 이론은 생존이 확립된 다음에 일어나는 행동을 설명하지 못한다. 이 행동들을 설명하기 위해, 니체는 권력 의지 이론을 제시하면서 모든 행동을 권력 의지에 비춰 검토한다. 또 다윈의 보편적인 법칙이 이 이론에 의해 폐기되는 것이 아니라 오히려 설명되고 더욱 발달하게 된다는 사실이 확인된다.

다윈의 생물학 법칙의 작동에는 많은 힘들이 작용하고 있다. 말하자면, 생존 사실이 확립되기만 하면, 존재의 한계 안에서 수많은 힘들이 작용하고 있는 것이 확인된다는 뜻이다. 자연의 힘들이 같은 목표를 향해 단합하며 작용하는 경우는 극히 드물다. 요약하면, 자연의 힘들은 상호적이지 않다는 뜻이다. 반대로, 자연의 힘들은 서로 불리하게 작용하는 경우가 훨씬 더 잦다. 그 힘들은 서로 대립적인 것이다. 즉시 힘들의 전쟁이 벌어진다. 자연 속의 온갖 행위들이 바로 이 전쟁이다. 자연 속에서 어느 한 힘이 다른 힘으로 향할 때, 거기엔 반드시 저항이 따르게 되어 있다. 이런 식으로 행동하고 저항하는 본능이 그 자체로 하나의 행동 의지이다. 이런 식이 아니라면, 적자(適者)가 단순한 생존을 확립할 경우에 타성이 생명의 조건이 되어 버릴 것이다. 그러나 생명은 움직이지 않는 것이 아니다. 어떤 유기체가 생존을 위한 투쟁에서 승리를 쟁취한 까닭에 더 이상 존재를 위한 경쟁을 벌일 필요가 없게 된 상황에서도, 행동 의지는 지식된다. 니체에 따르면, 이 행동 의지가 곧 권력 의지이다. 행동 의지가 지속되는 이유는 힘들이 충돌을 일으킬 때마다 각각의 힘이 반대되는 힘을 극복하고 저항하려는 시도가 벌어지기 때문이다. 이때 힘의 작용이 클수록, 반작용 또한 그만큼 더 커진다. 따라서 자기주장을 펴거나 반대 세력을 압도하려 하거나 개인의 권력을 증대시키려는 경향의 밑바닥을 보면 자기 자신을 지속시키려는 경향이 작용하고 있는 것이 확인된다. 자신을 지속시키려는 의지가 발견되는 곳마다 행동 의지가 있으며, 권력 의지가 없는 곳에서는 행동 의지가 있을 수 없다고 니체는 주장한다. 존재와 발달을 추구하려는 욕망 자체가 곧 권력에 대한 욕망이기 때문이다.

　지금까지 간단히 요약한 내용이 바로 니체의 원리를 생물의 세계와 무생물의 세계에 적용한 것이다. 이 원리를 이데올로기의 세계에 적용해도, 추론은 바뀌지 않는다. 관념에서도 니체는 이와 똑같은 권력 의지를 발견한다. 그러나 관념의 세계에서 권력 의지는 물질세계에 고유한 그 원리를 반영하는 것에 지나지 않는다. 관념들 자체에는 고유의 의지가 전혀 없다. 이데올로기의 세계에도 물질 세계가 투영하는 권력 의지가 있다는 이 가정은 니체의 개념들 중에서 가장 중요한 것에 속한다. 이 가정이 모든 관념을 우리 자신의 파생물로 만들고, 따라서 모든 관념들이 자연 법칙을 따르는 것으로 만들기 때문이다. 이 가정은 초자연적인 권력이라는 개념을 폐기하고, 관념은 생물과 무생물의 세계가 지닌 힘보다 더 우세한 힘을 지녔다는 옛날의 철학적 믿음을 폐기한다. 니체는 힘보다 더 막강한 어떤 것이 있다는 이론을 영원히 폐기하고, 이 같은 믿음을 영원히 지워버림으로써 모든 관념을 합리적으로 설명하고, 사고를 명백하고 안정적인 바탕 위에 올려놓았다. 니체는 『권력 의지』 2권의 첫 섹션에서 과학 연구에 권력 의지를 적용하는데, 이 대목에서 새로운 이론의 전모가 분명하게 나타난다. 그래서 나는 학생들에게 이 섹션을 잘 읽으라고 권한다. 니체의 말을 그대로 빌려서 그의 새로운 이론을 명확하게 전하는 것이 대단히 어렵기 때문이다.

『권력 의지』 2권은 두 권의 책으로 구성되어 있다. 첫 번째 책은 '새로운 평가의 원칙들'이고, 두 번째 책은 '훈련과 훈육'이다. 첫 번째 책은 4개의 섹션, 즉 '과학의 권력 의지'와 '자연의 권력 의지' '사회와 개인에게 드러나는 권력 의지' '예술의 권력 의지'로 나뉘어져 있다. 두 번째 책은 '등급의 순서' '디오니소스' '영원 회귀' 등 3개의 섹션으로 구성되어 있다.

1권의 첫 번째 섹션, 즉 '과학의 권력 의지'에 대해선 이미 말한 바 있다. 이 섹션에서 니체는 과학이 얼마나 자의적인 학문인지, 과학의 결론이 과학자들의 본능, 즉 권력 의지의 본능과 얼마나 밀접히 연결되어 있는지를 보여준다. 과학자들은 필연적으로 모든 현상을 존속과 유지를 위한 투쟁과 양립할 수 있는 언어로 바꿔놓아야 한다. 설명되지 않고 남아 있는 자연 속의 사실은 자연의 상황을 완전히 정복하는 데 하나의 위험이며 장애이다. 따라서 과학자는 자신의 권력 의지에 자극을 받으며 모든 사실들을 자신의 권한과 통제 아래에 놓을 수 있는 설명을 발명함으로써 자신의 권력 감정을 높인다. 그 결과, 생명의 위대한 사실들은 과학자들의 설명에 부차적인 중요성을 지니는 것으로 전락하며, 과학은 지식을 지적으로 탐구하는 것이 아니라 관련자들의 지배 감정을 증대시키는 해석 체계가 되었다. 따라서 권력 의지의 법칙은 생물의 세계와 무생물의 세계에서 분명하게 드러나는 그대로 이데올로기의 세계에서도 지배적인 본능이 되었다.

이 대목에서, 니체가 진리에 대해 어떤 식으로 인식하고 있는지를 보는 것이 적절할 것 같다. 우리는 그가 진리의 절대주의를 부정하고 진리가 상대적이라고 선언하는 것을 보았다. 그러나 지금 논하고 있는 이 책에서 그는 거기서 한 걸음 더 나아가 권력이 증대되는 느낌이 진리를 결정하는 요소라고 주장한다. 니체의 글에서 본 바와 같이, 만약에 과학의 "진리"가 단순히 과학자의 권력 의지에서 나오는 해석에 지나지 않는다면, 진리 자체는 이 본능의 부산물임에 틀림없다. 개인의 성장과 발달에 기여하는 것, 달리 말해 능력의 느낌을 증대시키는 것은 필히 진리이다. 이 같은 관점으로부터, 많은 진리들이 사실과 정반대라는 결론을 끌어내는 것은 어려운 일이 아니다. 왜냐하면 보존이 실제로 엉터리인 것을 고수하는 경우가 너무나 자주 있기 때문이다. 따라서 어떤 현상의 엉터리 인과 관계는 권력 의지에 따른 논리의 부산물인데, 이 엉터리 인과관계가 진리로 꾸며질 때가 드물지 않다. 니체는 이 원리가 진리에 대한 유일한 정의를 포함하고 있다고 주장한다. 이 원리에서 우리는 니체가 진리와 거짓의 문제에 대해 논할 때 보인 수많은 역설에 대한 설명을 발견한다.

첫 번째 책의 두 번째 파트는 자연 속의 권력 의지에 대해 설명하고 또 그의 다른 글에서 제시된 기본 이론에 대해서도 완벽하게 설명한다. 이 파트는 세상을 순수하게 기계적으로 해석하는 데 대해 반대하면서 물리학자의 "에너지" 개념을 반박하는 것으로 시작한다. 화학 법칙과 물리 법칙, 원자 이론과 기계적인 운동 개념 등을 니체는 과학자들과 연구원들이 자연 현상을 이해함으로써 권력 감정을 증대시킬 목적으로 제시하는 "발명"으로 규정한다. 니체에 따르면, "법칙"으로 여겨지는 현상들의 순서는 단지 "두 개 이상의 힘들 사이의 권력 관계"일 뿐이다. 말하자면 그 순서는 상호의존의 문제이고, "순간들의 행렬이 원인과 결과로 서로를 규정하지 않는" 그런 어떤 과정에 지나지 않는다는 것이다. 이 같은 관찰에서 우리는 니체가 사실들을 찾아내는 현재의 방법들을 반박할 때 추리하는 과정을 볼 수 있을 뿐만 아니라 그가 권력 의지의 원리를 자연의 현상 속으로 끌어들이는 방법을 확인할 수 있다.

니체가 자신의 생명 원리와 다윈의 생명 원리의 다른 점에 대해 길게 설명하는 것은 이 파트이다. 또 그가 쾌락과 고통의 심리학을 권력 의지와의 관계에서 다루는 것도 이 파트이다. 쾌락과 고통의 심리학에 관한 그의 언급은 그가 가르치는 생명의 본능들을 이해하는 데 대단히 중요하다. 이 언급에서 쾌락과 고통에 똑같이 행동을 결정하는 데 별다른 역할을 부여하지 않기 때문이다. 니체에 따르면, 쾌락과 고통은 수반되는 요소일 뿐이며 절대로 원인이 아니다. 또 쾌락과 고통은 어떤 지배적인 가치에서 파생된 평범한 가치일 뿐이다.

니체는 사람이 행복을 위해 노력한다는 점을 부정한다. 정반대로, 그는 모든 확장과 성장과 저항, 한마디로 모든 운동은 고통의 상태와 관계있다고 주장하고 또 현대인은 자연의 힘들의 주인이 되고 자기 자신의 주인이 되었을지는 몰라도 원시인에 비해 조금도 더 행복하지 않다고 강조한다. 그렇다면 사람이 지식과 성장이 행복을 안겨주지 않을 것이라는 것을 알면서도 그것을 위해 노력하는 이유는 무엇인가? 사람에겐 생존이 이미 확보되어 있기 때문에 생존을 위해서가 아니다. 권력을 위해서, 말하자면 지배력이 증대되는 감정을 위해서이다. 따라서 니체는 인간의 행동 의지에 대한 두 가지 평범한 설명, 즉 존속의 필요성과 행복에 대한 욕구에 대해 권력 의지라는 자신의 원리로 대답하고 있다.

계층과, 높고 낮은 계층의 필요를 충족시킬 다양한 도덕규범의 필요성에 관한 니체의 가르침은 모두 첫 번째 책의 세 번째 파트에 포함되어 있다. 여기서도 다시 그는 두 가지 규범의 필요성을 강조하고 탁월한 개인과의 관계에서 자신의 입장을 분명히 밝힌다. 앞의 여러 장에서 강조했듯이, 니체는 열등한 계층들의 도덕을 폐지하려는 시도를 하지 않았다. 그는 기독교 같은 종교적 신념이 열등한 계층에 반드시 필요하다고 보았다. 그의 싸움은 기독교를 모든 계층에 두루 적용하는 관행과 기독교의 지배를 상대로 한 것이었다. 내가 이 점에 대해 여기서 다시 언급하는 이유는 그것이 니체의 철학을 오해하는 바탕이기 때문이다. 파트 III은 고결한 사람들을 위한 것이며, 만약에 이 관점이 독자에게 이해가 된다면, 거기서 맞닥뜨리게 되는 원리와 관련해서는 어떠한 혼동도 일어나지 않을 것이다. 이 파트의 진술들은 사실 니체의 전작들에서 발견되는 것과 비슷하지만, 여기서 제시되는 모든 예는 권력 의지와 직접 연결되고 있다. 이 같은 사실 때문에 그 진술들은 앞의 책들 속에서 보여주지 않았던 의미를 새롭게 보여주게 된다.

네 번째 파트인 '예술의 권력 의지'에서는 니체의 예술 이론이 전부 발견된다. 이 파트의 내용은 단순히 어떤 미학 체계에 관한 것이 아니다. 왜냐하면 니체가 예술을 삶 자체와 분리시킨 적이 한 번도 없기 때문이다. 그에 따르면 예술가는 탁월한 유형이고 가치 창조자이다. 아름다움과 추함이라는 개념은 디오니소스의 권력이 넘치게 된 결과 생긴 것이며, 우리가 현재의 개념들을 갖게 된 것은 과거의 위대한 예술가들, 즉 직관 유형의 탁월한 인물들 덕분이다. 이곳에서 제시되는 원리는 가치 평가에 관한 니체의 철학에서 중요한 원리이다. 인간이 가치 있는 세계를 갖게 된 것은 종족 중에서 극소수 개인들의 덕분이라는 것이다. 예술에 관한 니체의 사상과 예술가들에 대한 그의 인식을 더 깊이 파고들면서 그의 이론에서 디오니소스적인 인물과 아폴론적인 인물이 어떤 식으로 구분되는지에 대해 알고 싶어 하는 학생들에게, 나는 조금도 주저하지 않고 앤터니 루도비치(Anthony Ludovici)의 책 『니체와 예술』(Nietzsche and Art)을 권한다.

『권력 의지』 2권 중 두 번째 책의 첫 섹션에 니체의 글 중에서 가장 훌륭한 글 일부가 포함되어 있다. 제목 '등급의 순서'가 그 부분이 무엇을 말하려 하는지를 잘 설명하고 있다. 그것은 다양한 부류의 사람에 대해 묘사하고 그들만의 속성을 설명하고 있다. 이 철학자의 글 중에서 다양한 부류의 사람들에 대한 정의가 여기만큼 훌륭하게 제시되는 곳은 없다. 한 파트는 강한 자와 약한 자가 어떤 존재인지, 그들이 서로에게 영향을 미치는 방식에 대해 설명하고, 다른 한 파트는 "귀족"을 다루고 귀족의 특징을 구체적으로 나열하고 있다. 그런데 애석하게도 이 목록이 너무 길어서 이 장에서 인용하지 못한다. 다른 한 파트는 '땅의 주인들'을 정의하고, 또 다른 한 파트는 "위대한 인간"을 묘사하고 그런 인간의 구체적인 자질을 열거한다. 이 외에 "미래의 입법자로서 가장 고귀한 사람"을 다루는 파트도 있다. 그러나 이 섹션은 별도로 동떨어진 상태에서 다양한 부류의 사람에 대한 정의를 내리고 있는 것이 아니라, 니체가 권력 의지를 개인의 등급에 적용한 결과 제시하게 된 윤리규범을 요약하는 중요한 대목이다.

나머지 2개의 섹션, 즉 '디오니소스'와 '영원 회귀'는 짧으며 새로운 것을 다루고 있지 않다. 아폴론적인 요소와 디오니소스적인 요소에 대한 니체의 정의를 요약하고 있는 '디오니소스' 섹션에는 강력하고 훌륭한 구절이 몇 개 있지만, '영원 회귀'에는 '영원 회귀'라는 제목의 팸플릿과 『차라투스트라는 이렇게 말했다』에서 발견되지 않는 내용은 전혀 없다. 나는 니체가 이 마지막 섹션을 다듬을 뜻을 분명히 갖고 있었을 것이라는 점에 대해 전혀 의심하지 않는다. 그가 회귀의 원리를 자신의 철학에서 가장 중요한 원리의 하나로 생각했기 때문이다. 그러나 현재 상태로 보면 그것은 길이도 몇 페이지에 지나지 않고 그의 다른 철학적 원리들을 전혀 건드리지 않고 있다. 이 원리가 니체의 초인 철학에서 중요성을 지닌다 하더라도, 니체뿐만 아니라 그의 비평가들도 그 중요성을 전혀 제시하지 못했다.

그럼에도 권력 의지라는 원리가 니체의 글 속에서 지니는 중요성을 잊지 말아야 할 뿐만 아니라 그 원리가 우리 자신의 문제에 지니는 중요성도 잊지 말아야 한다. 이 원리를 제시하면서 니체는 인간이 자신의 위대한 지배력을 깨닫기를 바랐다. 모든 일들의 바탕이 인간에게 있다는 식으로 줄기차게 주장한 것은 인간들에게 무장을 단단히 하라는 명령이나 다름없었다. 모든 위대한 현상을 초자연적인 힘으로 돌리면서 초자연적인 힘 앞에서 그것을 정복하려는 노력을 하지 않고 굴복하는 인간들의 내면에 용기를 불어넣으려는 시도였던 것이다. 니체의 목적은 인간이 스스로를 더욱 확신하고, 긍지를 더욱 강하게 품고, 모든 일에 더욱 과감하게 나서고, 잠재력을 충분히 발휘하도록 만드는 것이었다. 요약하면, 이것이 권력 의지의 가르침이다. 이 원리에서 어떤 새로운 모습의 남자다움이 강조되고 있다. 가만히 앉아서 타협하는 그런 남자다움이 아니라 투쟁과 고통에서 나오는 그런 남자다움이다. 이는 곧 삶에 대한 위대한 사랑을 보여주는 신호이다. 강력한 믿음, 긍정의 힘, 주도권, 긍지, 용기와 대담성 등등. 이런 것들은 권력 의지를 발휘할 경우에 주어지는 보상들이다. 드물게 이뤄지는 원기 왕성한 성숙뿐만 아니라 위대한 사랑의 힘과 위대한 행동의 생명력도 권력 의지라는 원리 안에 포함된다. 이 원리의 목표는 우리에게 잃어버린 생명을, 다시 말해 아름답고 풍성하고 강하고 충만한 생명을 되찾아주는 것이다.

너체는 이렇게 말했다

수백 년 동안, 모든 행동의 동기는 쾌락과 고통인 것으로 여겨져 왔다. 그러나 이 문제에 대해 약간만 생각해 보더라도, "쾌락"과 "고통"의 상태가 전혀 없는 상황에서도 모든 일이 똑같은 순서의 원인과 결과로 이어진다는 사실이 확인될 것이다.

지식욕의 크기는 어떤 종(種) 안에서 권력 의지가 성장할 수 있는 범위에 좌우된다. 종은 주어진 어떤 양(量)의 현실을 통달하고 이롭게 활용하기 위해 그 현실을 파악하고 나선다.

세상을 해석하고 있는 것, 그것은 우리의 필요이다. 우리의 본능과 이 본능이 세상에 대해 찬성하거나 반대하는 것이 곧 세상에 대한 해석인 것이다. 모든 본능은 일종의 권력 욕망이다.

종의 보존에 아무리 유익한 믿음일지라도 진리와 아무런 관계가 없다는 점은 우리가 시간과 공간과 운동을 절대적인 실제로 여겨야 한다는 느낌을 전혀 받지 않으면서도 그런 것들을 믿어야 한다는 사실에 의해서 확인되고 있다.

진리란 살아 있는 종이 생존하는 데 꼭 필요한 오류이다.

이성과 논리, 범주의 형성에서 결정적인 힘을 행사하는 요소는 우리 내면에 있는 어떤 필요성이다. 그것은 "알아야" 하는 필요성이 아니라, 명료성과 예측성을 높이기 위해 분류하고 도식화할 필요성이다.

논리는 우리가 스스로 고안한 어떤 '존재'(Being)의 설계에 따라 실제 세상을 이해하려는 시도이다. 더 정확히 말하면, 논리는 우리 자신의 목적을 위해서 실제 세상을 보다 예측 가능한 곳으로, 공식에 보다 잘 들어맞는 곳으로 만들려는 시도이다.

"진리"는 의식에 닿는 다양한 감각들의 지배자가 되려는 의지이다. 진리는 현상을 명확한 범주에 따라 분류하려는 의지이다. 이런 식으로, 우리는 사물들의 "진정한 본질"에 대해 어떤 믿음을 갖기 시작한다(현상을 진정한 것으로 여기게 된다는 뜻이다).

'생성' 과정에 있는 세상의 성격은 공식으로 쉽게 정리되지 않는다. 공식은 "거짓"이고 "그 자체로 모순"이다. 지식과 진화 과정은 서로를 배척한다. 따라서 지식은 다른 무엇인가가 되어야 한다. 지식보다 먼저 사물들을 알 수 있는 것으로 만들려는 의지가 선행되어야 하고, 일종의 '생성'(Becoming)이 스스로 '존재'(Being)의 인상을 창조해 내야 한다.

심리학자들이 저지르는 중대한 오류는 바로 이것이다. 심리학자들은 명백하지 않은 관념을 명백한 관념보다 저급한 종류로 여긴다는 점이다. 그러나 우리의 의식으로부터 거리를 두고 있는, 그래서 모호한 것들도 그 자체로 꽤 선명할 수 있다. 어떤 일이 희미해진다는 사실은 의식의 원근법의 문제일 뿐이다.

진리의 기준은 권력 감정의 증대에 있다.

논리는 사고를 용이하게 하는 한 방법으로 만들어졌다. 말하자면 표현의 한 수단으로 만들어졌다는 뜻이다. 논리는 결코 진리가 아니다. … 그런데 논리는 그 후 줄곧 진리처럼 행세하고 있다.

기본적으로 허위인 세상에서, 진실성은 자연에 반하는 경향일 것이다. 진실성의 유일한 목표는 보다 높은 수준의 허위에 닿을 수단을 제공하는 것이 될 것이다.

우리 인간은 원인을 절대로 경험하지 못한다. 그럼에도 심리학적으로 보면, 우리는 전체 생각을 우리 자신이 바로 원인이라는 주관적인 확신에서 끌어내고 있다.

"진리"는 현재 있거나 발견되어야 하는 그런 것이 아니다. 진리는 창조되어야 하는 그 무엇이며, 어떤 정신 과정에, 더 정확히 말하면 그 자체로는 전혀 아무런 목표를 갖고 있지 않은, 압도하려는 의지에 붙여진 이름이다.

절대적인 것은 부조리한 개념이며, "절대적인 유형의 존재"는 난센스이고, "존재"와 "사물" 같은 개념은 우리에게 언제나 상대적이다. 문제는 "표면적"과 "진정한"이라는 낡은 대립적인 표현 때문에 "거의 가치가 없는 것"과 "절대적 가치를 지니는 것"이라는, 상관적 가치 판단이 널리 퍼뜨려졌다는 점이다.

인간은 "진리"를 추구한다. 그 자체로 모순되지 않는 세계, 기만하지 않는 세계, 변화하지 않는 세계, 진정한 세계를, 말하자면 고통도 전혀 없고 고통의 원인인 모순과 기만과 변화성도 전혀 없는 그런 세계를 추구한다는 뜻이다. 인간은 자신이 생각하는 세계 같은 것이 존재할 것이라는 점에 대해 조금도 의심하지 않는다. 인간은 그런 세계에 이르는 길을 기꺼이 발견할 것이다. ⋯ 틀림없이, 진리 의지는 단지 안정적인 세계에 대한 갈망에 지나지 않는다.

감각은 기만하고, 이성은 오류를 바로잡는다. 그러므로 이성이 정적인 상태에 이르는 길이라고 결론 내릴 수 있다. 가장 영적인 관념들이 "진정한 세상"과 가장 가까이 있을 것이기 때문이다.

어떤 사람의 의지력의 크기는 그 사람이 일들의 의미에서 벗어나 있는 정도를 바탕으로 측정될 것이다. 말하자면 사람이 의미를 생각하지 않고 세상을 견뎌낼 수 있는 정도가 그 사람의 의지력을 말해준다는 뜻이다. 그가 의미를 생각하지 않는 것은 그 사람 자체가 이미 세상의 일부가 되어 있기 때문이다.

확립된 사실 같은 것은 절대로 있을 수 없다. 모든 것은 동요하고, 모든 것은 무형이고 유연하다. 어쨌든, 만물 중에서 가장 오래 지속되는 것은 우리 인간의 의견이다.

세상의 가치가 인간의 해석에 달려 있다는 점(아마 다른 어딘가에선 인간의 의견 외에 다른 의견이 가능할 것이다), 지금까지 이뤄진 해석이 견해에 근거한 가치 평가였고 인간이 이 가치 평가를 바탕으로 삶 속에서, 다시 말해 권력 의지와 권력의 성장 속에서 생존할 수 있었다는 점, 인간의 모든 향상이 보다 편협한 해석의 극복을 수반한다는 점, 새로 획득한 보다 높은 수준의 힘이나 권력은 반드시 새로운 관점을 수반하고 새로운 지평(地平)에 대한 믿음을 가르친다는 점, 이런 원리들이 나의 저술 곳곳에 흩어져 있다.

우리 물리학자들이 신을 창조하고 세상을 창조할 때 의기양양하게 사용한 "에너지"라는 개념을 더욱 완전하게 다듬을 필요가 있다. 에너지에도 내가 "권력 의지"라고, 말하자면 권력을 드러내려는 탐욕스런 욕망이라고 규정한 내면의 의지를 부여해야 한다. 아니면 권력의 적용과 행사를 창조적 본능으로 보아야 한다.

어떤 현상들이 늘 똑같은 순서로 일어난다고 해서 그것이 어떤 "법칙"을 증명하는 것은 아니며, 단지 두 개 이상의 힘들 사이의 권력 관계만을 보여줄 뿐이다.

권력의 양(量)은 어떤 효과를 일으키거나 영향력에 저항하는 특징이 있다. 이쪽과도 무관하고 저쪽과도 무관한 그런 상태의 권력은 생각으로는 가능하지만 현실에 존재하지는 않는다. 권력은 기본적으로 폭력을 행사하려는 의지이고, 폭력에 맞서 자신을 방어하려는 의지이다. 권력은 자기 보존이 아니다. 모든 원자는 존재하는 모든 것에 영향력을 행사한다. 의지력이 이런 식으로 발산한다는 점을 고려한다면, 권력은 존재하지 않는 것으로 여겨진다. 그것이 내가 "권력 의지"의 양이라고 부르는 이유이다.

나의 의견은 이렇다. 모든 육체는 모든 공간의 지배자가 되고, 권력을 확장하고(권력 의지), 자신에게 맞서는 모든 것을 뒤로 밀어붙이려고 애쓴다. 그러나 다른 육체들도 똑같이 하기 때문에, 모든 육체는 다른 육체들 중에서 자신과 관련이 깊은 육체들을 받아들이는 쪽으로(다른 육체들과 "연합"함으로써) 최종적으로 타협하고, 따라서 이 육체들은 권력을 위해 공동 전선을 편다. 이 과정은 지속적으로 일어난다.

다윈의 경우에 "환경"의 영향을 터무니없을 만큼 과대하게 평가하고 있다. 삶의 과정에 근본적으로 중요한 요소는 바로 형태를 창조하고 다듬으려는 내면의 힘이다. 이 내면의 힘은 오직 "환경"을 이용하고 착취한다.

분투의 유용성과 별도로, 짐이 많이 실려 있다는 감정, 힘의 증대를 수반하는 그런 감정이 실질적인 진보이다. 바로 이런 감정에서 전쟁을 치르려는 의지가 나온다.

살아 있는 생명체는 무엇보다 힘을 발산하기를 원한다. "자기 보존"은 힘을 발산한 결과 중 하나일 뿐이다.

원형질(原形質)의 가장 근본적이고 가장 중요한 활동은 자기 보존 의지로 인해 일어나는 활동으로 여겨질 수 없다. 왜냐하면 원형질이 자기 보존에 필요한 양보다 터무니없을 만큼 많은 양의 물질을 흡수하기 때문이다. 더구나 원형질은 그 과정에 "자기 자신을 보존하지" 않으며, 실제로 보면 산산조각 찢어진다. … 이 과정을 지배하고 있는 본능은 유기체 안에 자신을 보존하려는 욕망이 전혀 없는 이유를 설명해준다.

권력 의지는 장애에 봉착할 때에만 나타날 수 있다. 따라서 권력 의지는 자신에게 저항하고 있는 것을 찾아 나선다. 원형질이 헛발을 뻗으면서 환경을 느끼려 하는 원초적 경향이 바로 그런 것이다. 전용(專用)과 동화의 행위는 무엇보다 추가적인 건축과 재건축의 결과이다. 이 재건축 활동은 종속적인 생명체가 탁월한 생명체의 권력의 일부가 되어 탁월한 생명체의 권력을 증대시킬 때까지 계속된다.

왜 모든 활동이, 심지어 감각의 활동까지도 쾌락과 연결되는가? 활동이 가능해지려면, 장애 또는 짐이 제거되어야 하기 때문이다. 아니면 모든 행동이 극복의 과정이고, 주인 되는 과정이고, 권력 감정을 증대시키는 과정이라서 그럴까?

인간은 한 사람의 개인일 뿐만 아니라 집단의 유기적인 삶을 어떤 명확한 노선으로 지속시키는 존재이기도 하다. 인간이 생존해 있다는 사실은 어떤 종류의 해석이 생존하고 있다는 점을, 그리고 이 해석 방법이 하나의 체계로서 변화하지 않았다는 점을 증명한다.

근본적인 현상은 무수히 많은 개체들이 소수의 개체들을 위해, 이 소수의 개체들이 존재할 수 있도록 하기 위해 희생되고 있다는 것이다. 절대로 속지 않도록 하라. 민족이나 종족의 경우도 이와 똑같다. 민족과 종족은 그 위대한 과정을 이어갈 가치 있는 개인들을 낳는 "육체"나 마찬가지이다.

삶은 내적 관계를 외적 관계에 맞춰 지속적으로 조정해 나가는 그런 적응이 아니라, 내면에서 시작해서 "외부" 현상을 점점 더 많이 종속시키고 통합시키려 하는 권력 의지이다.

하나의 종으로서 인간은 진보하고 있지 않다. 보다 높은 표본들을 성취하긴 했지만, 그 표본들은 계속 이어지지 못하고 있다. 인간 종의 전반적인 수준은 높아지지 않고 있다. … 하나의 종으로서 인간은 다른 동물과 비교해서 조금도 더 진보하지 않았다.

인간 길들이기(문화)가 지나치게 깊이 이뤄지면 곤란하다. 인간 길들이기가 피부 저 깊은 속까지 내려가면, 그 즉시 길들이기는 쇠퇴로 이어진다(기독교 신자가 대표적인 예). "야생적인" 인간(도덕적 용어로 표현하면, 사악한 인간)은 자연으로 회귀하는 인간이며, 야생적인 인간은 어떤 의미에서 보면 회복을, "문화"의 영향으로부터의 치료를 의미한다.

강한 사람들은 약한 사람들의 질시 앞에서, 행복한 사람들은 불행한 사람들의 질시 앞에서, 건강한 사람들은 병에 걸렸거나 생리적으로 망가진 사람들의 질시 앞에서 언제나 자신을 증명해 보여야 한다. 우리의 도덕을 현실에서 끌어낸다면, 그 도덕은 이런 식으로 말할 것이다. 범속한 사람들이 예외적인 사람들보다 더 가치 있고, 쇠퇴한 사람들이 평균 정도의 사람들보다 더 가치 있고, 비(非)실재를 따르려는 의지가 생명 의지보다 더 강하다고 말이다.

종(種)들이 상승의 경향을 보인다는 것은 너무나 터무니없는 주장이다. 지금까지 종들은 단지 직선적인 경향을 보였을 뿐이다. 보다 높은 유기체가 낮은 유기체로부터 발달했다는 점을 입증할 증거는 전혀 없다.

권력 의지는 다른 모든 동기들을 낳는 근본적인 원동력이다.

심리학적 관점에서 보면, "원인"이라는 개념은 의도적인 행동에 담긴 권력 감정이다. "효과"라는 개념은 이 권력 감정이 그 자체로 사물을 움직이는 힘이라고 믿는 미신이다.

하나의 개별적인 예로서의 생명(이것은 존재 전반에 걸쳐 적용할 수 있는 가설이다)은 최대의 권력 감정을 추구한다. 생명은 근본적으로 더욱 큰 권력을 추구하는 것이다. … 모든 것들 중에서 가장 근본적이고 가장 깊은 것이 바로 이 의지이다.

인간은 행복을 추구하지도 않으며 불행을 피하지도 않는다. 내가 여기서 반대하고 있는 이 유명한 편견들은 모두가 잘 알고 있는 것들이다. 쾌락과 고통은 단순한 결과이고, 부수적인 현상이다. 모든 인간, 그리고 살아 있는 모든 유기체의 작은 입자까지 누리고자 하는 것은 권력의 증대이다. 권력의 증대를 추구하다 보면, 쾌락과 고통에 직면하게 된다. 유기체가 반대를 찾아 나서고 길을 가로막는 방해물을 필요로 하는 것은 권력 증대의 의지 때문이다. … 따라서 권력 의지를 방해하는 것으로서의 고통은 정상적인 특징이며 유기체의 모든 현상의 자연스런 요소이다. 인간은 고통을 피하지 않는다. 반대로 인간은 지속적으로 고통을 필요로 한다. 모든 승리와 모든 쾌락 감정, 모든 사건은 극복할 장애를 전제하고 있다.

인간은 지금 자연의 힘들을 지배하고 있는 주인이고, 자신의 야생적인 감정(열정도 감정의 뒤를 따라 유용하게 되는 방법을 배웠다)을 지배하고 있는 주인이다. 원시적인 인간과 비교할 때, 오늘날의 인간은 엄청난 양의 권력을 갖고 있지만 행복은 조금도 더 키우지 못했다. 이런 마당에 어떻게 인간이 행복을 추구했다고 주장할 수 있겠는가?

"신"은 정점의 순간이다. 생명은 신격화와 비(非)신격화가 영원히 이어지는 한 과정이다. 그래도 가치의 절정 같은 것은 절대로 없으며, 오직 권력의 절정만 있을 뿐이다.

인간은 무시무시하고 근본적인 한 가지 소망을 갖고 있다. 인간은 권력을 바라고 있으며, 자유라 불리는 이 충동은 최대한 오랫동안 억제되어야 한다. 그러므로 윤리학은 본능적으로 권력 욕망을 억제시킬 그런 교육을 목표로 잡고 있으며, 따라서 우리의 도덕은 강한 자를 비방하고, 자비와 애국심, 무리의 야망을 찬미하고 있다.

어떤 사회의 본능들이 그 사회가 최종적으로 전쟁을 포기하고 정복을 거부하도록 만들 때, 그 사회는 쇠퇴기에 접어들고 있다. 그런 사회는 민주주의와 상인들의 지배를 받아야 할 단계에 이르렀다.

군국주의 국가를 지키거나, 군국주의가 사라졌을 경우에 그것을 부활시키는 것이 과거의 위대한 전통을 고수하는 최후의 수단이다. 군국주의 국가에 의해, 탁월하거나 강한 유형의 인간이 보존되며, 민족 감정이나 보호 관세 같이 국가들 안에서 위계질서와 대립을 영속화시키는 온갖 조직과 이념은 바로 강한 유형의 인간을 보존한다는 이유로 정당화되는 것 같다.

'결혼의 미래에 관해': 유산으로 물려받은 재산에 대해 과세를 하고, 공동체 안에서 일정 연령에 이른 독신자들의 병역 기간을 연장한다.
소년을 많이 낳는 아버지들에게 온갖 종류의 특혜를 부여하고, 경우에 따라서 복수(複數)의 투표권을 부여한다.
결혼 조건으로, 지방 당국의 확인을 받은 건강진단서를 제출하게 한다. 결혼 당사자들과 의료 책임자는 진단서에 적힌 일련의 질문("가족력")에 대답해야 한다.
매춘에 대한 대책으로, 혹은 매춘을 정화하는 수단으로, 나는 (연 단위 혹은 월 단위로 지속되는) 시한부 결혼을 권한다. 이때도 아이들을 보호하기 위한 조치는 적절히 취해져야 한다.
모든 결혼은 일정한 수의 선한 사람들의 허락을 받도록 한다.

사회는 많은 경우에 실제로 생식 행위를 막아야 하며, 계층이나 혈통, 지능을 불문하고 가장 강력한 형태의 강제와 제한을 가할 준비가 되어 있어야 하며, 일부 상황에서는 거세까지 동원해야 한다.

처벌 개념은 폭동 억제라는 개념이 되고 피정복자들을 다스리는 무기(길거나 짧은 기간의 수감을 통해서)가 되어야 한다. 그러나 처벌은 어느 경우에도 모욕과 연결되어서는 안 된다. 범죄자는 어쨌든 자신의 생명과 명예, 자유를 건 사람이며, 그러므로 범죄자는 용기 있는 사람이다. 범죄와 처벌 사이에 어떤 교환 비율 같은 것이 있다는 듯이, 처벌을 참회나 속죄로 여겨서는 안 된다. 처벌은 죄인을 순화시키지 못한다. 단순한 이유는 범죄가 범죄자를 더럽히지 않기 때문이다.

"권력 의지"는 민주적인 시대에 아주 심한 혐오의 대상이 된다. 그래서 민주적인 시대의 심리학은 권력 의지를 약화시키고 중상하는 것에 초점을 맞추고 있는 것처럼 보인다.

내가 사회주의에 반대하는 이유는 그것이 순진하게도 "선과 진리, 아름다움, 평등권"에 대해 꿈을 꾸고 있기 때문이다(아나키즘은 사회주의와 똑같은 이상을 한층 더 잔인하게 추구한다).
내가 의회 정치와 언론 권력에 반대하는 이유는 그것들이 가축 떼가 주인이 되는 수단이 되기 때문이다.

보다 높은 등급의 인간이라는 사상에 쏟아지는 증오는 군주 본인들에게 쏟아지는 증오보다 훨씬 더 격하다. 귀족주의에 대한 증오는 언제나 군주제에 대한 증오를 가면으로 쓰고 있다.

유용과 쾌락은 삶에 관한 노예 이론이다. "노동의 축복"은 노예들을 위해 고상하게 다듬어진 표현이다. 그건 여가를 즐길 능력을 갖추지 못했다는 뜻일 뿐이다.

살 권리, 일할 권리, 행복할 권리 같은 것은 절대로 없다. 이 측면에서, 인간은 가장 저급한 벌레와 조금도 다르지 않다.

근본적인 오류는 개인이 아니라 무리를 하나의 목표로 여기고 있다는 점이다. 무리는 단지 하나의 수단일 뿐, 그 이상은 절대로 아니다. 그런데도 오늘날 사람들은 무리를 하나의 개인으로 이해하려고 애쓰면서 무리에 개인들보다 더 높은 권리를 부여하려고 노력하고 있다. … 이것 외에, 군집에 기여하는 모든 것, 예를 들어 동정 같은 것이 우리 본성의 보다 소중한 측면으로 여겨지고 있다.

억압받는 사람들과 온갖 종류의 노예들 사이에, 권력 의지는 "자유" 의지의 형식으로 나타난다. 무엇인가로부터 느슨하게 풀려난다는 단순한 사실이 그 자체로 하나의 목적처럼 보인다(종교적, 도덕적 의미에서 본다면, "사람은 오직 자신의 양심에만 대답할 수 있을 뿐이다." 라는 생각과 "복음주의적 자유" 등이 그런 예이다).

권력을 향해 올라가고 있는 강한 종의 경우에, 권력 의지는 승리하려는 의지로 나타난다. 이 의지가 실패하면, 권력 의지는 "정의(正義) 의지"로, 말하자면 지배 계급이 소유하고 있는 권리와 똑같은 크기의 권리를 추구하려는 의지로 축소된다.

가장 강하고, 부유하고, 독립적이고, 용기 있는 종의 경우에, 권력 의
지는 "인간애"나 "민족애" "복음" "진리" "신" "동정" "자기희생"
등에 대한 사랑으로 나타난다. 또 압도하거나, 체포하거나, 다른 사람
에게 봉사를 강요하거나, 본능적으로 자기 자신을 보다 큰 권력 집단
의 일부로 여기며 그 집단에 방향을 제시하는 행동으로 나타난다. 영
웅과 예언자, 카이사르, 구세주, 지도자 등이 그런 예이다.

개인주의는 적절하면서도 무의식적인 형태의 권력 의지이다. 개인주
의를 중요하게 여기는 사람은 인류의 한 단위로서 자신을 사회(혹은
국가나 교회)의 지배적 권력으로부터 자유롭게 해방시키는 것이 충
분히 가능하다고 생각하는 것 같다. 그런 사람은 하나의 인격체가 아
니라 하나의 단위로서 반대 입장을 보이며, 그 사람은 전체에 맞서 다
른 모든 개인들의 권리를 대변하고 있다. 말하자면, 그 사람은 본능적
으로 자기 자신을 다른 모든 단위와 똑같은 차원에 놓는다. 그가 퇴치
하려고 애쓰고 있는 그것에 맞서, 그는 한 사람의 개인으로서가 아니
라 집단에 맞서는 단위들의 대표로서 싸운다.

도덕적인 행위 같은 것은 절대로 없다. 도덕적인 행위는 순전히 공상
의 산물이다. 도덕적인 행위가 존재한다는 점을 보여주는 것은 불가
능할 뿐만 아니라(예를 들어, 칸트와 기독교도 똑같이 이 점을 인정
한다), 도덕적인 행위는 가능하지도 않다. 심리학적 오해 때문에, 인
간은 생명의 본능적인 충동과 반대되는 것을 만들어 놓고는 그것을
새로운 종류의 본능이라는 식으로 믿어 버렸다. 존재하지도 않는 '제

1 운동자'(primum mobile) 같은 것이 있는 것으로 여겨진 것이다. "도덕적인 것"과 "비도덕적인 것"이라는 대립 개념을 낳은 가치 평가에 따르면, 이렇게 말해야 한다. 이 세상에는 비도덕적인 의도와 비도덕적인 행위 외에는 아무것도 없다고.

"도덕적인 것"과 "비도덕적인 것"의 구분은 도덕적인 행동과 비도덕적인 행동이 똑같이 자발적인 의지의 결과라는 가정에서, 요컨대, 그런 의지가 존재한다는 가정에서, 달리 말하면, 도덕적 판단은 오직 자유로운 직관과 행동에 한해서만 유효하다는 가정에서 비롯된다. 그러나 이런 행위와 의도는 전적으로 공상의 산물이다. 도덕적 기준이 적용될 수 있는 세계는 전혀 존재하지 않는다. 도덕적인 행위나 비도덕적인 행위 같은 것은 절대로 없다.

예술이 사람의 내면에 하나의 자연의 힘으로 나타나 그 사람이 동의하든 동의하지 않든 상관없이 그를 마음대로 부릴 수 있는 상태는 두 가지가 있다. 예술이 환상의 상태를 억제하는 요소가 되거나, 격렬한 감정을 불러일으키는 충동이 될 수 있는 것이다.

성애, 도취, 잔혹성. 이 모든 것은 인류 역사에서 가장 오래된 축제에서 즐거움을 불러일으키는 요소이다. 이 요소들은 또 재능이 피어나는 예술가들의 내면에도 두드러지게 나타난다.

예술과 아름다움에 대한 욕망은 성욕의 황홀경을 간접적으로 추구하는 것이며, 이 황홀경은 뇌로 전달된다.

모든 예술은 강장제 같은 역할을 한다. 예술은 힘을 증대시키고, 욕망에 불을 붙이고(예를 들면, 힘의 감정), 도취의 민감한 기억들을 자극한다.

비예술적인 상태는 객관성, 반영(反映), 의지의 중단 등이다. … 비예술적인 상태는 생명을 허약하게 만들거나, 제거하거나, 바래게 하는 상태이며, 그런 상태에선 생명이 고통을 겪는다. 기독교 신자가 그런 예이다.

사람은 비예술적인 사람들이 "형식"이라고 부르는 모든 것을 실질적인 내용물로, 말하자면 "중요한" 것으로 여길 수 있어야만 예술가라 불릴 수 있다.

예술의 근본적인 특징은 존재를 완성시키는 힘을 지녔고 완벽과 풍요를 낳는다는 점이다. 예술은 기본적으로 존재를 긍정하고, 축복하고, 신성시한다.

예술가의 위대성은 그가 불러일으키는 아름다운 감정들에 의해 측정되지 않는다. 그런 믿음은 소녀들이나 품도록 내버려 두라. 예술가의 위대성은 웅대한 양식에 어느 정도 다가섰느냐, 웅장한 양식을 다듬어내는 능력이 어느 정도인가에 따라 평가되어야 한다. 이 양식과 위대한 열정은 다음과 같은 공통점을 지니고 있다. 즐겁게 하는 것을 경멸하고, 설득하려 하지 않고, 명령하고, 의지력을 발휘한다는 점이다.

… 사람의 내면에 있는 카오스를 지배하고, 내면의 카오스가 형태를 취하도록 하고, 일관되고 단순하고 모호하지 않고 수학적인 법칙이 되는 것, 이런 것이 위대한 야망이다.

의문스럽고 몹시 힘든 것을 선호하는 것은 힘을 보여주는 한 징후이다. 반면에 사소하고 매력적인 것을 좋아하는 취향은 약한 자와 섬세한 자의 특징이다.

예술은 삶을 가능하게 만드는 위대한 수단이고, 삶을 풍성하게 가꾸는 위대한 유혹자이고, 삶을 강하게 자극하는 요소이다.
예술은 생명을 부정하려는 모든 의지보다 유일하게 더 강한 요소이다. 예술은 특히 반(反)기독교적이고, 반(反)불교적이고, 반(反)니힐리즘적인 힘이다.

권력의 양만이 등급을 결정하고 등급을 구분할 수 있다. 그 외의 다른 것은 그렇게 하지 못한다.

보다 높은 사람들이 대중을 상대로 전쟁을 선포할 필요가 있다. 평범한 사람들이 사방으로 자신들이 주인이 되기 위해 서로 손을 맞잡고 있다. 응석을 받아주고, 달래주고, "민족"이나 "여자"를 전면으로 내세우는 모든 것이 보통 선거권에, 말하자면 열등한 인간들이 지배하는 데에 유리하게 작용하고 있다.

인간의 경제적 소비가 점점 더 늘어나고 관심과 일이 더욱 밀접히 연결되는 현상과 더불어, 어떤 대항 운동이 일어나고 있다는 점을 강조할 필요가 있다. 나는 이 대항 운동을 잉여 인간의 분리라고 부른다. 이 대항 운동에 의해, 보다 강한 부류와 보다 높은 부류의 인간이 전면으로 드러나야 한다. 이런 부류의 인간은 보통 사람들과 그 기원도 다르고 삶을 영위하는 방식도 다른 모습을 보인다. 이런 부류의 인간을 나는 "초인"이라고 부른다.

독자들은 내가 물리치려고 노력하고 있는 것이 무엇인지를 이제 막 보기 시작했다. 경제적 낙관주의이다. 모든 사람의 자기희생이 커지면 당연히 모든 사람의 전반적인 행복도 커지게 된다는 식으로 생각하는 태도 말이다. 내가 볼 때엔 그와 정반대가 진리인 것 같다. 모든 사람의 자기희생은 곧 집단적 상실이라는 뜻이다. 사람들이 열등해지기 때문이다. 그 단계에 이르면, 이 괴물 같은 목표가 인간에게 어떤 점에서 이로운지에 대해 아는 사람은 아무도 없을 것이다.

모든 악의 뿌리, 그것은 겸손과 순결, 이기심, 절대 복종 등 노예 도덕이 승리를 거두었다는 점이다. 그 결과, 지배력을 행사하던 본성들이 위선적인 모습을 보이고 양심의 가책을 느껴야 하는 상황이 벌어지게 되었다. 또 창조적인 본성들은 스스로를 신을 거역하는 반항아로 느끼고 또 영원한 가치들에 의해 가둬져 있다는 느낌을 받았다.

권력과 의지의 소유자들이 자기 자신에게 요구할 수 있는 것이 곧 그들이 자신에게 허용하는 기준이 된다. 그런데 그런 천성은 사악하고 난폭하게 구는 사람들의 천성과 정반대이다. …

이 점에서 보면, "모든 인간은 신 앞에서 동등하다"는 개념은 인간에게 엄청난 피해를 안기고 있다. 강한 자들만의 능력에 속하는 정신의 행동과 태도가 금지되기 때문이다. 마치 그런 정신의 행동과 태도는 그 자체로 인간의 것이 되어서는 안 된다는 듯이. 약한 자들의 방어 무기가 가치 평가의 기준이 되었기 때문에, 강한 자들의 모든 경향은 나쁜 평을 듣기에 이르렀다.

지배자와 지배 계급들의 쇠퇴가 역사에 나타난 온갖 심각한 무질서의 원인이었다.

군집하지 않고 고독한 유형은 군집 유형의 관점에서 평가되어서는 안 된다. 그 반대도 마찬가지이다.

누가 감히 자신의 범속(凡俗)의 평범함에 대해 혐오감을 드러내겠는가! 그대도 관찰하듯이, 나는 그와 정반대이다. 평범함을 멀리하는 매 걸음은 '비도덕성'으로 안내한다고 나는 가르친다.

내가 강조하는 바는 이것이다. 규칙의 지속적 존속이 예외가 가치를 얻는 첫 번째 조건이라는 식으로 이해를 할 것이 아니라, 예외적인 형태가 규칙을 상대로 전쟁을 선포해야 한다는 것이다.

보다 높은 종의 임무가 열등한 사람들을 이끄는 것이라고 단정해서는 안 되며(예를 들면, 콩트가 주장한 것처럼), 열등한 사람은 보다 높은 종이 높은 삶을 영위하는 바탕으로, 보다 높은 종만이 올라설 바탕으로 여겨져야 한다.

인간의 본성이 사악하고, 이 같은 사실이 인간의 힘을 보장한다는 점이 나에게 위안이 된다.

진정한 학자들 중에서 피 속에 진정한 군인의 본능이 흐르지 않는 사람은 하나도 없다. 당당하게 명령하는 한편으로 복종할 수도 있으며, 자신을 보통 사람들 속에 두면서도 언제든 지도할 준비를 갖추고 있으며, 안락보다 위험을 선호하며, 상인의 결정이 허용하는 것과 금지하는 것을 중요하게 여기지 않으며, 사악한 것보다 사소하거나 교활하거나 기생(寄生)적인 것을 더 멀리하는 그런 기질이 진정한 학자에겐 있는 것이다. 사람이 힘든 학교에서 배우는 것이 무엇인가? 복종하고 명령하는 것이 아닌가.

강한 종(種)이 스스로를 지키는 수단은 이렇다.
강한 종은 스스로에게 자제력과 자유의 힘을 테스트하는 한 방법으로 예외적인 행위를 할 권리를 부여한다.
강한 종은 사람이 야만인 외에 다른 존재가 되는 것이 허용되지 않는 그런 상태를 스스로 포기한다.
강한 종은 온갖 종류의 금욕을 통해 의지의 힘을 키우려 노력한다.

강한 종은 여기저기에 떠벌리지 않으며, 침묵을 실천하고, 모든 마법을 경계한다.

강한 종은 자기 유지를 도모하는 방향으로 복종하는 법을 배운다. 명예가 걸린 문제에서 진정한 명예를 실천하도록 최대한 신경을 쓴다.

강한 종은 "거위의 암컷에게 좋은 양념은 당연히 거위의 수컷에게도 좋다."는 식으로 절대로 주장하지 않는다. 거꾸로 강한 종은 보상하고 보답하는 능력을 하나의 특권으로, 하나의 명예로 여긴다.

강한 종은 다른 사람들의 미덕을 탐내지 않는다.

관대함이든, 동정이든, 아니면 적대감이든, 열정에 맹목적으로 굴복하는 것이 가장 위험한 악의 원인이다. 성격의 위대함은 이런 열정들을 갖지 않는 데 있는 것이 아니다. 정반대로, 인간은 이런 열정을 무서울 만큼 많이 갖되 그것을 굴레를 씌워 끌고 가야 한다.

교육, 그것은 기본적으로 규칙을 위하여 예외를 망가뜨리는 수단이다. 문화, 그것은 기본적으로 평범함을 위하여 예외를 배척하는 태도를 퍼뜨리는 수단이다.

무엇이 고귀한가? 지속적으로 어떤 역할을 하지 않을 수 없게 되는 것. 몸가짐에 신경쓰지 않을 수 없는 상황을 지속적으로 추구하는 것. 행복을, 다시 말해, 내면의 평화와 미덕, 안락, 그리고 스펜서 스타일의, 영국 빈민가에서 천사처럼 잘난 척 구는 태도 등으로 이뤄진 행복을 최대 다수에게 넘기는 것. 본능적으로 무거운 책임을 찾는 것. 심지어 자신의 마음이 아픈 것까지 감수하면서 온 곳에서 적을 만드는 방법을 아는 것. 최대 다수에게 말이 아니라 그들과 달리 행동하는 방식으로 맞서는 것. 그런 것이 고귀하다.

가장 먼저 행해져야 할 일은 필요한 의지와 본능들을 몇 세대 동안 보장할 수 있는 그런 새로운 종류의 인간을 양성하는 것이다. 이 인간은 새로운 종류의 지배적인 종과 계급이 되어야 한다. … 목표는 특별히 강한 종류의 인간을, 지능과 의지를 가장 많이 물려받은 인간을 위하는 쪽으로 가치의 재평가를 준비하고 또 그런 인간이 목적을 이룰 수 있도록, 그의 내면에서 지금까지 중상모략을 당하며 억눌려 있던 본능들을 서서히 조심스럽게 해방시키는 것이 되어야 한다.

나의 의견엔, 전체 민족의 혁명과 혼란, 절망은 위대한 개인들이 발달 과정에 겪는 불운에 비하면 덜 중요하다. 우리는 절대로 현혹되는 일이 없어야 한다. 권력자들이 특별히 통감하는 때를 제외한다면, 절대 다수를 이루는 사소한 사람들의 많은 불행은 결코 핵심적이지 않다.

가장 위대한 인간들도 위대한 미덕을 갖추고 있지만, 그들은 또한 이 미덕들과 반대되는 것도 갖고 있다. 위대한 인간은 바로 이런 반대되는 요소들이 존재한다는 사실에서, 또 이 요소들이 불러일으키는 감정에서 나온다고 나는 믿고 있다. 왜냐하면 위대한 인간은 넓은 강의 양쪽 둑을 잇는 긴 아치 같은 존재이기 때문이다.

위대한 인간들에게서 삶의 특별한 자질들, 즉 불공평과 허위, 착취가 대단히 두드러지게 나타난다. 그러나 그들의 영향력이 언제나 대단히 압도적이기 때문에, 그들의 근본적인 본성은 철저히 오해되면서 선(善)으로 해석되어 왔다.

우리는 인간들을 "보다 선하게" 만들어서는 안 된다. 또 우리는 마치 "도덕 자체"나 전반적으로 이상적인 유형의 인간이 당연하다는 듯이 인간들에게 어떤 도덕에 대해 말해서도 안 된다. 대신에 우리는 보다 강한 인간을 필요로 하는 상황을 창조해 내야 한다. 말하자면, 인간들을 강하게 만들고, 강하게 된 인간들이 계속 고수할 그런 도덕(혹은 육체적 및 정신적 훈련)이 요구되는 환경을 조성해야 한다는 뜻이다.

영혼의 위대함과 지적 위대함을 분리시켜서는 안 된다. 왜냐하면 영혼의 위대함이 독립을 수반할 것이지만 지적 위대함이 없는 경우에 독립이 허용되어서는 안 되기 때문이다. 지적 위대함을 갖추지 않은 상태의 독립은 행복을 갈망하고 "정의"를 실현하려는 욕망에서 재앙을 낳을 뿐이다. 열등한 정신의 소유자는 복종해야 하며, 따라서 그들은 위대성을 갖출 수 없다.

세상에는 고급한 인간들과 저급한 인간들이 있고, 단 한 사람의 개인이 어떤 상황에서는 수천 년 동안 존재해도 정당하다고, 말하자면 어떤 한 사람이 불완전하고 파편적인 무수한 인간들에 비해 더 부유하고, 더 재능이 많고, 더 위대하고, 더 완전한 인간이 될 수 있다고 나는 가르친다.

가치들을 결정하면서 천 년의 의지를 이끌되, 가장 높은 본성들을 이 끎으로써 그렇게 하는 사람, 그 사람이 가장 높은 인간이다.

관찰할 때, 우리는 아주 높이 올라가야 한다. 독수리가 날아다니는 그 높이까지 올라가야 한다. 그래야만 모든 것이 저마다 제 갈 길을 걷고 있다는 것을, 온갖 "불완전성"과 그 불완전성이 수반하는 고통은 바람직한 모든 것들에 고유하다는 사실을 이해할 수 있을 것이다.

쾌락은 권력 감정과 함께 나타난다.

행복은 권력과 승리가 우리의 의식 속으로 들어갔다는 의미이다. 진보는 유형을 강화하는 것이고, 위대한 의지력을 행사하는 능력이 다. 진보 외의 다른 모든 것은 하나의 오해이고 위험이다.

인간은 야수(野獸)와 초(超)야수의 결합이고, 보다 높은 인간은 괴물 과 초인의 결합이다. 상반된 요소들이 인간에게 존재하는 것이다. 위 대함과 고상함 쪽으로 인간의 성장이 이뤄질 때마다, 인간은 동시에 아래로 그 깊음 속으로, 그리고 끔찍한 것들 쪽으로도 성장한다.

"디오니소스적"이라는 단어는 이런 것들을 표현한다. 화합을 강요 하는 것. 인격과 평범, 사회, 현실 그 위로 올라가는 것. 덧없는 것들의 심연 위로 솟아오르는 것. 보다 어둡고 보다 충만하고 보다 불규칙한 상태에서 풍성함을 아플 만큼 열정적으로 감각하는 것. 온갖 변화가 일어나는 가운데서도 내내 동일하고 똑같이 강력하고 행복하게 남는, 존재의 집단적인 성격에 대해 무아경의 상태에 빠져 '예스'라고 말하는 것. 범신론적인 차원에서 쾌락과 고통에 공감하면서 더없이 끔찍하고 더없이 의문스런 존재의 특성들까지도 선한 것으로 선언하고 그런 특성들을 신성시하는 것. 생식과 결실, 회귀를 향한 영원한 의지. 창조와 절멸의 필요성에 대한 일체감. "디오니소스적"이라는 단어의 뜻은 그런 것이다.

이 시점에서 나는 그리스인들의 신 디오니소스를 내세운다. 생명을 부정하거나 부분적으로만 인정하는 것이 아니라, 생명을, 생명의 모든 것을 종교적으로 긍정했던 그 디오니소스를 말이다.

십자가에 매달린 신은 생명에 대한 저주이고, 사람들이 생명에서 멀어지는 길을 안내하는 이정표이다. 반면에 갈기갈기 찢긴 디오니소스는 생명의 약속이며, 디오니소스는 영원히 새롭게 태어나면서 파괴로부터 새롭게 일어설 것이다.